2021

课程思政经典案例选编

（四）

沈　赤　主编

ZHEJIANG UNIVERSITY PRESS
浙江大学出版社

图书在版编目（CIP）数据

2021课程思政经典案例选编 / 沈赤主编. —杭州：
浙江大学出版社，2022.8
ISBN 978-7-308-22926-5

Ⅰ.①2… Ⅱ.①沈… Ⅲ.①思想政治教育－教案（教育）－高等学校 Ⅳ.①G641

中国版本图书馆 CIP 数据核字（2022）第 149078 号

2021
课程思政经典案例选编
沈　赤　主编

责任编辑	范洪法　樊晓燕
责任校对	汪　潇
封面设计	雷建军
出版发行	浙江大学出版社
	（杭州市天目山路 148 号　邮政编码 310007）
	（网址：http://www.zjupress.com）
排　　版	浙江时代出版服务有限公司
印　　刷	杭州宏雅印刷有限公司
开　　本	710mm×1000mm　1/16
印　　张	34.75
字　　数	681 千
版 印 次	2022 年 8 月第 1 版　2022 年 8 月第 1 次印刷
书　　号	ISBN 978-7-308-22926-5
定　　价	140.00 元（共 2 册）

指导委员会

编辑委员会

前　言

　　培养什么样的人、如何培养人以及为谁培养人是高等教育的根本问题,立德树人是高校的根本任务也是检验高校一切工作成效的根本标准。医学以仁心仁术造福人民为宗旨,是一门追求至真至善至美的学科。医学教育培养的是解决社会健康问题的未来医务工作者,医学生要具备扎实过硬的专业知识和技能、勇于追求真理的科学精神、悬壶济世的人文情怀、心怀家国的责任担当,方能为建设健康中国、增进人民健康福祉做出贡献。长期以来我国广大卫生与健康工作者弘扬"敬佑生命、救死扶伤、甘于奉献、大爱无疆"的精神,这种医者精神需要一批又一批医学生传承永续。

　　为深入贯彻落实习近平总书记关于教育的重要论述和全国教育大会精神,贯彻落实中共中央办公厅、国务院办公厅发布的《关于深化新时代学校思想政治理论课改革创新的若干意见》,教育部 2020 年 5 月颁发《高等学校课程思政建设指导纲要》(教高〔2020〕3 号),明确提出要把思想政治教育贯穿人才培养体系,全面推进高校课程思政建设,发挥好每门课程的育人作用,提高高校人才培养质量。专业课程是课程思政建设的基本载体。要深入梳理专业课教学内容,结合不同课程特点、思维方法和价值理念,深入挖掘课程思政元素,将其有机融入课程教学,达到润物无声的育人效果。医学类专业课程要在课程教学中注重加强医德医风教育,着力培养学生"敬佑生命、救死扶伤、甘于奉献、大爱无疆"的医者精神,注重加强医者仁心教育,在培养精湛医术的同时,教育引导学生始终把人民群众的生命安全和身体健康放在首位,尊重患者,善于沟通,提升综合素养和人文修养,提升依法应对重大突发公共卫生事件的能力,做党和人民信赖的好医生。

　　绍兴文理学院一直以来秉持"立德树人"理念,传承和弘扬"修德求真、追求卓越"的校园精神,将价值塑造、知识传授和能力培养三者融为一体,医学专业教学和医德教育齐头并进。在 2020 年新冠肺炎疫情抗击战中,我校毕业生中有 44 位驰援武汉,61 位进入隔离病房,其中 3 人获国家级奖励。他们在危难之时经受住了考验,获得了社会的认可。学校积极探索具有医学特色的课程思政方案,制定出台《绍兴文理学院关于加强"仁心仁术"医学人才培养的若干意见》《医学院进一步推进"课程思政"建设的实施方案》等制度文件,成立医学人文教育研究中心、新医科教育研究所,组织融思政教育、专业教育、职业精神培养为一体的学生活动,如"清明节缅怀'无语良师'"、"5·12护士节授帽仪式"和"医学生毕业宣誓仪式"、"业界精英进课堂"活动、"抗疫"优秀校友事迹报告会等,培养学生"敬佑生命、大医精诚、甘于奉献"的职业精神,将救死扶伤、解除病痛、预防疾病和维护人民健康作为自己的神圣职责。

《2021课程思政经典案例选编(四)》是绍兴文理学院医学类专业前期实施课程思政教育的经验和成果的总结。本册书包括四个部分,分别为专业课程思政元素解读、课程思政教学设计、课程思政示范课程建设和课程思政建设成果。第一部分内容为临床医学、护理学、医学检验技术、医学影像学、康复治疗学等五个专业的课程思政元素的解读,各专业围绕着社会主义核心价值观结合本专业凝练课程思政元素、解读课程思政元素,通过案例资料进一步呈现课程思政元素。专业课程思政元素的凝练是以教育部《高等学校课程思政建设指导纲要》为指导,通过文献检索、问卷调查、专家咨询等方法,结合我校的人才培养特色,确立了"促进健康、敬佑生命、知情同意、合规守正、大爱无疆、仁爱协作"为课程思政核心元素。所引用思政案例源自大报大刊、党报党刊,有较广的覆盖面,具有深度和权威性。第二部分内容为课程思政实施中的教学设计,分为针对具体章节内容和课程的两类设计,是专业教师课程思政教学过程的具体展现,体现了专业知识、能力和价值塑造的融合。第三部分内容为课程思政示范课程。在学校的积极推动下,目前医学院有8门课程为学校立项的课程思政建设项目,本册书选取其中"医学生物化学B""病原生物学与免疫学""健康教育学""基础护理学1"等专业课程和"人类生命密码的解码和应用"全校性选修课程,展现课程思政建设的思路和教学设计。第四部分内容为医学院在课程思政实践过程中所取得的点滴成果,包括媒体报道和论文。

由于课程思政教育工作是一项"常做常新"的工作,因而本册书的内容也难免有这样或那样的局限,如专业思政元素中特殊性和普遍性的问题,尚需进一步厘清和完善,将在今后的工作和广泛的交流中进一步解决。期待同人们共同努力,更好建设"课程思政",为高校更好落实立德树人根本任务,培养德智体美劳全面发展的社会主义建设者和接班人做出贡献。

目 录

一、专业课程思政元素解读

二、课程思政教学设计

三、课程思政示范课程建设

四、课程思政建设成果

一、专业课程思政元素解读

专业特色思政元素：救治生命

一、思政元素

爱岗敬业、职业道德、救死扶伤、防病治病、恪尽职守、关爱生命、严谨、慎独、利他、至诚至精、仁心仁术

二、案例解读

每个人在社会上立足，求得生存和发展，总要通过一定的职业途径来实现。临床医生的职业使命是救治生命。人的生命是珍贵的，有了生命才有可能去创造各种价值。救死扶伤是医生的职责所在，是敬业价值观在技术和道德上的准则与要求。"救治生命"是医学道路上无数前辈为我们树立起的标杆，是每一名临床医学学生职业和人生的指南。同时，良好的职业道德和素养是创造和谐社会的必由之路。

案例《屠呦呦荣获诺贝尔奖》体现的是严谨、务实的敬业精神；医典启明，"青蒿截疟"，由此开启青蒿素研发的历程；敬业促使团队不断创新，成功研发青蒿素，终获"2015 年诺贝尔生理学或医学奖"。案例《衣原体之父：汤飞凡》讲述了为了获取病原体，汤飞凡将沙眼衣原体种入自己的眼睛的事迹。科学家们把这些常人难以想象的事情当作工作的一部分，这不仅需要勇气和魄力，也反映出科学家们为了科学事业而勇于奉献的精神，是敬业精神的进一步升华。

加强民生保障和社会治理创新

持续增进民生福祉。完善企业职工基本养老保险省级统筹制度,稳妥推进城乡居民基本养老保险基金省级管理。推进基本医疗保险市级统筹,完善大病保险制度,大病保险合规费用支付比例提高到70%。分层分类实施社会救助。推动养老服务事业和产业协调发展,努力让养老服务触手可及,加强失能失智失独的困难老人照护。推进无障碍环境建设。加快发展3岁以下婴幼儿照护服务,完善全面二孩配套措施。提升高等教育办学水平,建设一批"登峰学科"、优势特色学科、一流学科,积极扩大研究生培养规模。加快职业教育产教融合发展,深入实施高水平职业学校和专业建设。支持特殊教育发展。促进学生身心健康全面发展,采取有力措施降低学生近视率1个百分点以上,持续推进学生减负工作。全力推进8个国家医学中心和区域医疗中心建设,支持发展10个医学重点培育专科,启动建设国家中医药综合改革示范省。深化县域医共体和城市医联体建设,实施重点人群健康关爱工程、重点慢性病干预计划。广泛开展全民健身活动,加紧做好杭州亚运会、亚残运会筹备工作。

努力让养老服务更方便。新建340家乡镇(街道)居家养老服务中心,新增2万户困难老年人家庭适老化改造;组织开展100个康养联合体试点,新建300个乡镇(街道)社会工作站。

努力加强残疾人救助康复。提升建设300家用于智力残疾、精神残疾和其他重度残疾人日间照料和辅助性就业的"残疾人之家",提升建设100家规范化残疾儿童康复机构。

努力增强基层医疗和公共卫生服务能力。新增村卫生室(社区卫生服务站)600个,实施传染病院(病)区改造项目100个、疾病预防控制中心标准化改造项目40个。

(来源:浙江省人民政府.2021年浙江省政府工作报告[EB/OL]. http://www.zj.gov.cn/art/2021/2/1/art_1229493828_59083401.html.)

三、案 例

覆盖全民,建起世界最大基本医保体系

从无到有,只用了 20 年时间,我国建起了世界上最大的基本医疗保障体系。13 亿多中国人看得起病、用得起药,大病、慢病患者有新药、特效药,贫困患者被资助参保,因病致贫、返贫人口减少到 100 多万人。我国发挥制度优势,创造了今日的奇迹。我国坚持以人民健康为中心,一个更高质量、更可靠的全民医疗保障体系正在完善。

52 岁的河北省参保居民张女士,自 2018 年 1 月以来,因治疗癌症先后 24 次在北京协和医院住院,共花费 24.75 万元,其中医保支付 17.56 万元,报销比例达到 70.95%。

2017 年,河北与北京两地就接入了国家异地就医结算平台,京津冀又签署了医疗保障协同发展合作协议。河北将天津 3 家、北京 15 家优质医疗机构纳入医保定点,与省内住院同标准、同待遇。2019 年 7 月开通了网上备案,居民看病报销更加便利。

一方面,报销比例得到提升,协议签署之前,张女士的医疗费用共结算 21 次,报销比例 70.22%;协议签署之后,共结算 3 次,报销比例达到 79.83%。另一方面,报销更加便利,在微信公众号备案,看完病不需要拿单据回参保地报销,不需要跑腿、垫资、等待报销款,出院时直接结算。"对于我这种经常需要异地看病的人来说,医保就像是保护伞,也是及时雨,我给医保点赞。"张女士说。

从看病靠自己到全民有医保,异地就医从跑腿垫资到直接结算,张女士的经历正是我国医保发展的真实写照。

(来源:李红梅,申少铁.全民医保,群众满满获得感[N].人民日报,2020-01-17.)

中国卫生健康事业发展统计公报

国家卫生健康委发布《2019 年我国卫生健康事业发展统计公报》。该公报显示,居民人均预期寿命由 2018 年的 77.0 岁提高到 2019 年的 77.3 岁,孕产妇死亡率从 18.3/10 万下降到 17.8/10 万,婴儿死亡率从 6.1‰下降到 5.6‰。

(来源:国家卫生健康委规划发展与信息化司.2019 年我国卫生健康事业发展统计公报[EB/OL].http://www.nhc.gov.cn/guihuaxxs/s10748/202006/ebfe31f24cc145b198dd730603ec4442.shtml.)

临床医学专业

专业特色思政元素:促进健康

一、思政元素

医学科技现代化、应收尽收、生命健康权、生存权

二、案例解读

富强是中国共产党人的初心和使命,民主是社会主义制度的根本要求,富强和民主是中国人民的不懈追求和美好夙愿,是社会主义核心价值观的重要组成。健康是促进人的全面发展的必然要求,是经济社会发展的基础条件。实现国民健康长寿,是全国各族人民的共同愿望,是国家富强、民族振兴的重要标志。居民平均寿命的提升、健康水平的提高与居民生存环境的改善和医学科技进步密切相关,是综合国力提升的具体体现。

案例《覆盖全民,建起世界最大基本医保体系》呈现了一个高质量、可靠的全民医疗保障体系下人民的获得感和满意度,是坚持以人民健康为中心发展理念的体现。《中国卫生健康事业发展统计公报》显示,中国居民 2019 年人均预期寿命为77.3 岁,主要健康指标总体上居于中高收入国家前列。而在中华人民共和国成立初期,中国的人均寿命为 35 岁。人均预期寿命的延长见证了我国医疗卫生体系在"十三五"时期的不断提升。案例《加强民生保障和社会治理创新》体现了政府对民生保障的重视和关注,提出努力让养老服务更方便,努力加强残疾人救助康复,努力增强基层医疗和公共卫生服务能力,全面提升人民群众的幸福感、安全感。

三、案　例

屠呦呦荣获诺贝尔奖

屠呦呦荣获2015年诺贝尔生理学或医学奖。屠呦呦和团队创制的抗疟药青蒿素，是科学技术领域的重大突破，开创了疟疾治疗新方法，显著降低了疟疾患者的死亡率，挽救了全球特别是发展中国家数百万人的生命，对促进人类健康、减少病痛发挥了难以估量的作用。

中国科学家首次获得诺贝尔奖，必将为我国广大科技工作者带来巨大鼓舞，也将激发更多的中国科学家不断开拓创新，迈向一个又一个科学高峰，为实现中华民族伟大复兴的中国梦和全人类科技、经济和社会发展做出更多更大的贡献！

（背景资料：20世纪70年代，因疟原虫对奎宁、氯喹的耐药性增加，越南战场上，大量伤病员急需抗疟新药。于是，在我国开启了多学科、超规模的研究新型抗疟药物的序幕。

屠呦呦及其所属团队开始时选用胡椒、辣椒研制新药，但在动物实验中失败了。后来，她通过阅读研究医典转向对青蒿素的研究。葛洪的《肘后备急方》中有15个字："青蒿一握，以水二升渍，绞取汁，尽服之。"屠呦呦深思：为什么古人不用水煎服呢？是不是高温容易破坏青蒿素的结构？于是她想到采取乙醚提取原药，这样，自然科学的奥秘终于被打开。在乙醚小于40℃的低温环境下提取青蒿素，在鼠疟模型中获得100%成功。后来，因为青蒿素在动物实验中出现严重不良反应而致实验动物死亡，屠呦呦亲自和2名所属团队成员共3人以身试药，发现青蒿素对人体的不良反应比较轻。在后续的临床试验中，经过团队协作终获得成功。）

（来源：科学技术部. 科技部致信祝贺屠呦呦荣获诺贝尔奖［EB/OL］. http://www.most. gov.cn/ztzl/tyy/gjhx/201510/t20151006_121871.htm.）

衣原体之父：汤飞凡

20世纪50年代，沙眼呈世界性广泛流行，是致盲的首要原因，但其病原体一直未明，因此科学家们针对沙眼病原体进行了大量的研究，主要形成了3种学说，即病毒、细菌及立克次体感染。1927年，日本科学家野口英世声称分离出了沙眼病原体——一种杆菌。这一发现，在世界上引起了轰动，却遭到汤飞凡的怀疑。从1932年到1935年的3年内，汤飞凡进行了系统的实验，甚至亲自参加人体实验，把细菌接种到自己眼中，彻底推翻了野口的细菌病原说。

1954年，汤飞凡恢复了因为抗战而中断了近20年的研究。经过反复的实验摸索，历经无数次失败，终于在1955年用鸡胚卵黄囊试验成功分离出了1株沙眼"病毒"！为了进一步确定所分离的病毒就是沙眼病原体，1958年1月，汤飞凡命助手将沙眼病毒滴入自己的眼睛，造成沙眼。在其后的40天内，他坚持不做治疗，红肿着眼睛，收集了可靠的临床资料，彻底地解决了数十年来关于沙眼病毒的争论。1970年，国际上将沙眼病毒和其他几种介于病毒和细菌之间的、对抗生素敏感的微生物命名为衣原体，汤飞凡被称为"衣原体之父"。

（来源："衣原体之父"汤飞凡[N/OL].株洲日报数字报,http://zzrb.zznews.gov.cn/content/201709/13/c1392500.html.）

专业特色思政元素:敬佑生命

一、思政元素

真善美、以人为本、精神文明、社会文明、科学精神、健康素养

二、案例解读

文明是社会主义现代化国家建设的应有状态,是对社会主义文化的概括,是实现中华民族伟大复兴的重要支撑。作为社会进步的表现,文明是社会主义核心价值观的内在要求,是国家富强、民族振兴、人民幸福的重要保证。文明体现在诸多方面,敬佑生命就是其题中之义。敬佑生命,不仅是指对生命的敬畏和守护,也体现在对生命的科学认知。人们对健康的追寻、对发展的期盼都对生命的认知提出了更高的要求,而这种要求的实质是社会文明进步与和谐发展的表达。

奉献了一生,死后希望遗体也能为国家的医学教育事业奉献最后的力量,案例《百岁老兵圆了捐献遗体梦》体现了一名百岁老兵的生命价值观。在案例《人死气随春风去,愿为医学数据添》中,93岁的离休干部逝世后,家人完成了他生前的遗愿。两位老人虽然有不同的人生轨迹,但都做出了遗体捐献的决定,他们都相信遗体捐献是为医学、为他人奉献,是生命的一种延续,是社会的大爱。作为临床专业的学生,不可辜负前辈的期望,只有努力学好专业知识与技能,为祖国的医疗健康事业建设添砖加瓦才能对得起这份信任与奉献。

三、案 例

百岁老兵圆了捐献遗体梦

2019 年 2 月 23 日下午,百岁老人安甫老的遗体在医护人员的护送下,被送往绍兴文理学院医学院,他是绍兴市年龄最长的遗体捐献者。

103 岁的安甫老是嵊州市新四军历史研究会的老会员。他 1917 年 11 月出生于长乐镇汴坑村,1945 年 4 月参加党领导的游击战争,先后担任会稽抗暴游击总队副总队长、浙东人民解放军第二纵队第二支队参谋处副主任等职,经历巍山、扁毛山、上阳岭、瑠田、上白岭、澄潭、陈蔡、石璜、汤家店等多次战斗,为会稽山游击根据地的创建及发展壮大、浙东解放战争胜利做出了艰苦努力和重要贡献。

离休后的安甫老一直尽自己所能开展关心下一代工作。20 多年前,他就曾资助因家庭经济困难面临辍学的孩子,为孩子们解决学费问题。如今,这些孩子早已学业有成、长大成人。每年寒暑假,他还经常到老家的学校,为孩子们讲革命战争故事。他说,要让孩子们了解革命历史,珍惜如今的幸福生活。

早在 20 年前,安甫老就有了遗体捐献的想法。他不仅希望在有生之年为人民服务,多做贡献,也想在去世之后,能够为医学事业奉献最后的价值。安甫老的大儿子安银初说,父亲在世时再三表示,不开追悼会,不通知亲友,悄悄把遗体交给红十字会就行了,丧事要一切从简。最终,家属们遵从安老的遗愿,将他的遗体捐献给了医学教育事业。

(来源:张亮宗,汤桂平.百岁老兵圆了捐献遗体梦[EB/OL]. https://zjnews.zjol.com.cn/zjnews/sxnews/201902/t20190226_9537835.shtml.)

人死气随春风去,愿为医学数据添

2017 年 5 月 22 日下午,一场特殊的告别仪式——93 岁离休干部王培孔同志的遗体告别暨捐献仪式在医学院解剖实验室庄重举行。王培孔同志,生于 1924 年 11 月,山东泰安人,1946 年 2 月入伍,1947 年 2 月入党,曾任新昌、嵊州粮食局局长,嵊县县委财贸部部长,嵊州供销社主任,嵊县副县长,绍兴市粮食局局长,绍兴市第一届人大常委会委员、财经工作委员会主任、人大常委会办公室主任等职,1985 年 9 月离休。2006 年 10 月,王老在召开家庭会议征得直系亲属全部同意后,顺利办理了遗体捐献登记手续。2017 年 5 月 21 日王老逝世后完成了捐献。

王老一生任劳任怨,无论在哪个工作岗位上,都兢兢业业,勤劳简朴,为人诚恳,为政清廉,为了党和人民的事业,倾其心血,无怨无悔,在群众中享有较高威信。即使离休以后,他还是一如既往地关心着绍兴的经济社会发展,关心人大工作,关心医学事业。他编印健身手册,热情为老年人健康服务。他亲笔写下了题为《无偿捐献遗体》的诗作:"上甘岭上身作土,泸定桥下体未还。而今葬骨比高贵,不惜万金风水选。世上本无鬼与魂,只缘神话似成真。来世之说传万代,谁是阴阳轮回人。盛世无处不美景,头白鸳鸯比翼飞。人人皆求身体健,医学滞后怎如愿。惊闻剖教供材难,多少遗体化作烟。人死气随春风去,愿为医学数据添。"

王老秉持着乐观积极的信念和诚恳待人的态度度过了他平凡而伟大的一生,在93岁高龄时走完了生命的最后一程。家人按照其生前的遗愿,将王老的遗体无偿捐献给了国家医疗卫生事业。

（来源:徐小翔.愿为医学数据添[EB/OL].http://zjdaily.zjol.com.cn/zjlnb/html/2017-10/13/content_3579926.htm.）

专业特色思政元素：一视同仁

一、思政元素

意志自由、客观独立、开拓进取、权利平等、一视同仁、医患平等、资源共享

二、案例解读

自由作为社会主义核心价值观的重要内容，是指人人都有自我发展、自我实现的权利和机会，具有积极实质。平等是社会主义制度的基本原则，是现代社会的基本特征，是衡量人类文明进步的重要标准，也是人类向往的理想价值，应将每个人作为平等的社会成员来对待，确保每个人生存和发展的需求都受到同等程度的尊重和照顾。自由与平等体现于诸多方面，医疗公平、和合大同就是其中关键环节。医疗公平是指根据生命权的要求，按合理的或大家都能接受的道德原则，给予每个人所应得到的医疗服务。诚如"人人享有基本医疗保障""六统一"，其最突出的亮点是城乡居民医保和新农合消除政策上差异，实现真正整合的关键。又如案例《医疗服务公平性大幅改善》所表述的，我国居民对基层医疗服务的利用不断增加，信任度和满意度有较大提升；加大政府投入、改善基础设施、改良服务环境、优化居民体验是今后发展的目标。

和合的现代意义是自然、社会、人际、心灵、文明间诸多形相、无形相冲突融合，与在冲突融合的动态变化过程中诸多形相、无形相和合为新事物、新生命的总和。"大同"可以更好地体现自由、民主、平等、公平、正义等现代价值。在兼顾公平时，要做到"急危优先"。尤其是目前全球新冠肺炎病毒肆虐阶段，在做好疫情防控的同时，要保持医疗机构正常的诊疗秩序，医疗机构应该开辟绿色通道，优先安排急危重症患者，特别是对符合手术和治疗指征的患者要进行合理安排和治疗。

三、案　例

医疗服务公平性大幅改善

在日前举行的第三届中国医疗质量提升大会上,国家卫生健康委基层卫生健康司运行评价处处长陈凯表示,我国居民对基层医疗服务的利用不断增加,信任度和满意度有较大提升,未来还要继续加大投入,改善基础设施条件和服务环境,优化居民体验。

"我国医疗服务的公平性和可及性大幅改善。"陈凯介绍说,最新的卫生服务调查显示,90.3%的家庭离最近的医疗机构在3公里之内,63.9%的家庭离最近的医疗机构在1公里之内,84%的家庭能在15分钟内到达最近的医疗机构。

数据还显示,2017年,81%的家庭患一般性疾病到基层机构就诊,在农村这一比例达到93%,基层医疗卫生机构床位数也在不断增加。

"提升基层医疗质量,加强县级医院的能力建设是重点。"陈凯介绍说,2017年,我国实施了500所县医院综合服务能力提升工程。2012—2017年,中央财政投入了476.4亿元支持2057个县医院建设。同时,我国还出台了县医院医疗服务能力推荐标准和基本标准,以人才、技术、重点专科为关键环节,让县级医院真正成为县域内的医疗服务中心。

从就医费用来看,2010—2017年,乡镇卫生院和社区卫生服务中心次均门诊费用平均每年增加5%左右。乡镇卫生院人均住院费用为1617元,大约是二级医院的四分之一,是三级医院的八分之一。

陈凯认为,县域内提升医疗质量的重点是医共体建设,要以多种方式建立长期稳定的县医院与基层机构分工协作机制,让县医院"舍得放",让基层"接得住"。

中国医药教育协会会长黄正明表示,医疗质量是医疗技术、医疗管理和经济效益三者的结合,要提升医疗质量就要从这三方面着手,提高医疗技术水平,加强医疗管理,提升经济效益。

(来源:经济日报—中国经济网.我国医疗服务公平性大幅改善[EB/OL]. http://www.ce.cn/xwzx/gnsz/gdxw/201812/03/t20181203_30934325.shtml.)

急危优先、兼顾公平

疫情防控阻击战。昨天下午,北京市新型冠状病毒感染的肺炎疫情防控工作新闻发布会召开。北京市卫生健康委新闻发言人高小俊通报了本市最新的疫情。

他同时表示,在做好疫情防控的同时,要保持医疗机构正常的诊疗秩序,医疗机构应该优先安排急危重症患者,特别是对符合手术和治疗指征的患者要进行合理安排和治疗。

高小俊表示,保持医疗机构正常诊疗秩序是一贯的要求。国家卫生健康委和北京市卫生健康委都已经下发相关通知,在做好疫情防控的同时,要保持医疗机构正常的诊疗秩序。医疗机构应该优先安排急危重症患者,特别是对符合手术和治疗指征的患者要进行合理安排和治疗。此外,为了减少患者在医院的聚集、防止交叉感染,市卫生健康委建议非急诊手术、非急症手术应该适当延缓。但就这个延缓,医疗机构相关医务人员要向患者进行充分沟通,征得患者理解,不能擅自停止治疗和手术。

(来源:医疗机构应优先安排急危重症患者[N/OL].北京青年报,http://bj. people. com. cn/n2/2020/0205/c82840-33765086. html.)

专业特色思政元素:合规守正

一、思政元素

依法行医、权利意识、责任意识、隐私保护、规范诊疗、医疗公平

二、案例解读

合规守正是社会主义核心价值观在医疗行业的内涵体现,是公正法治思政元素的进一步凝练展现。合规要求在于从事医疗行业者需修德于身,行为举止遵循诊疗法规,在依法行医过程中明确自身权利界限,不逾越且规范。守正则要求医务工作者恪守正道,廉洁奉公,在医疗操作中强化主体责任意识,保证医患双方权利公平,在知情同意的前提下尽最大努力救治。

医疗行业还与普通群众的健康息息相关,行业从事者如若逾越规范,产生的社会危害将会非常巨大,案例《齐齐哈尔第二制药公司的假药事件》揭示了这种巨大的社会危害及对行业信誉的重大损害,每位临床医学学生应该引以为戒。

三、案　例

齐齐哈尔第二制药公司的假药事件

2006年4月22日和4月24日,广东某医院住院的重症肝炎病人中先后出现2例急性肾功能衰竭症状,至4月29日、30日又出现多例相同病症的病人,这引起了该院高度重视。医院及时组织肝肾疾病专家会诊,分析原因,怀疑可能是患者新近使用齐齐哈尔第二制药有限公司生产的"亮菌甲素注射液"引起的。

据广东药监局报告,发现部分患者使用齐齐哈尔第二制药公司生产的"亮菌甲素注射液"后,出现严重不良反应。造成该事件的原因系制药公司在购买药用辅料丙二醇用于亮菌甲素注射液生产时,购入的丙二醇实际是"二甘醇"。丙二醇是一种药用溶剂,无色黏稠,易燃低毒。二甘醇与丙二醇物理性质相似,二甘醇为工业用溶剂,有很强的毒性。齐齐哈尔第二制药公司未按国家规定,对药品从原料加工到成品的每个环节都实行检验,而且化验室11名职工无一人会进行图谱分析。

调查发现:齐齐哈尔第二制药公司生产和质量管理混乱,检验环节失控,检验人员将二甘醇判为丙二醇投料生产,造成假药案件的发生。涉及齐齐哈尔第二制药公司的其他品种正在进一步检验中。现已基本查明,王桂平于2005年9月将"二甘醇"一吨假冒"丙二醇"卖给了齐齐哈尔第二制药公司。此外,其在购销活动中还存在伪造药品注册证、药品生产许可证等违法行为。该犯罪嫌疑人已被江苏警方刑拘,并对其所有购销二甘醇的情况进行彻底调查。

齐齐哈尔第二制药公司已被依法查封,根据涉案情况及规定已交公安部门继续侦破,主要涉案人员涉嫌触犯刑法,已由公安部门进行了控制。

（来源:食品药品监管局. 通报齐二药假药案调查最新进展[EB/OL]. http://www.gov.cn/gzdt/2006-05/15/content_281026.htm. ）

专业特色思政元素:医者仁心

一、思政元素

诚实、守信、社会公德、包容、团结、尊重、推己及人

二、案例解读

诚信和友善是社会主义核心价值观对现代公民个人行为、道德规范的标准与指引,蕴藏着公民守信、包容、团结、互相尊重的价值准则与品格。"医者仁心"是对临床医生职业价值观的内涵及构成要素的凝练与升华。医者有慈悲仁善、解救人民疾痛的同理心,此为"仁";而医学的本质和目的是解决患者健康问题,医者须博览医书深入探究,专心勤奋不懈怠,即为"诚";唯有仁心与诚心结合,方能到达"仁者至善"的至高境界,也体现了"医乃仁术"的医学真正精髓。

案例《E. L. Trudeau 医师墓志铭》让我们明白,虽然医学的最终目的是治愈和健康,但在技术手段尚未达到这样的境界之前,医务工作者出于真心的理解和安慰也能给患者带来巨大的精神鼓舞。同样,案例《"玻璃女孩"魏瑞红》也告诉我们,不只有手术刀有力量,心理上的引导与支持也能够让患者和家庭获得更多的力量。而案例《关于论文造假等违规案件查处结果的通报》则从反面警示我们,一个人一旦信用破产,除了寸步难行,还要承担相应的法律责任。

三、案 例

E. L. Trudeau 医生的墓志铭

美国纽约东北部的撒拉纳克湖畔,E. L. Trudeau 医生的墓碑上镌刻着这样一句话:"有时去治愈;常常去帮助;总是去安慰。"

这段墓志铭越过时空,久久地流传在人间,至今仍熠熠闪耀着人文光辉。

特鲁多(Trudeau)医生于 1915 年去世,享年 67 岁。在他逝世的 29 年之后,在 1944 年人类首次分离出了链霉素,开启了结核病抗生素治疗的时代。但是结核病至今还远远没有达到治愈的境界,每年全球还有 150 万名病人死于结核病,其中很多是多重性耐药菌株致病,科学研究还在继续。特鲁多医生的一生很好地体现了他自己的名言,"有时去治愈;常常去帮助;总是去安慰"。

我们明白医学的最终目的是治愈和健康,医学工作者在此目标的指引下一直在不断地努力。但就是在 21 世纪科学发展的今天,在我们的医学能够成功应对众多侵扰人类健康的疾病的时候,答案往往是可能和有时。

(来源:费县中医医院网站.特鲁多医生的墓志铭给我们的深刻启示[EB/OL]. https://www.fxzgyy.cn/hulitiandi/19.html.)

"玻璃女孩"魏瑞红

我们生而破碎,用活着来修修补补。

——尤金·奥尼尔

每年 2 月的最后一天为国际罕见病日。"罕见病"又被称为"孤儿病",世界卫生组织将罕见病定义为患病人数占总人口的 0.65‰至 1‰之间的疾病或者病变。目前全球约有 6000 余种罕见病。成骨不全症作为罕见病的一种,又称为"脆骨病",而更多时候我们将患该种病的病人称为"瓷娃娃"。他们就像是折断了翅膀的天使,不得不小心翼翼地活着,饱受病痛的折磨和外界的指指点点。

魏瑞红,是一位成骨不全症患者,太阳语罕见病心理关怀中心发起人。她自发地组织多样的活动号召"瓷娃娃"参与其中,包括开设绘画、剪纸等有趣的课程。小课堂的功能也许没那么大,时间没那么长,但是它的作用是为了给"瓷娃娃"病友们打开一扇窗,能够让他们看到世界是多样的,也能看到未来自己能做到的事,会有更多的梦想。

"瓷娃娃"打着石膏,缠着胶带,他们一次次承受着骨折的疼痛,他们勇敢,他们忍耐,他们拥有顽强的生命力。对于这个群体,我们应该去帮助他们,支撑他们,而不是去排斥、歧视他们。

　　每当这个人、这个家庭洋溢着幸福的笑容时,我们才知道,其实不只有手术刀有力量,心理上的引导与支持也能够让这个家庭获得更多的力量。面对自己的困难,不成为社会的负担,问题就迎刃而解了。

　　正如魏瑞红所说,"太阳语"不是一时的慰藉,而是他们新的开始。

　　(来源:央视网新闻. "玻璃女孩"魏瑞红[EB/OL]. http://news. cctv. com/2017/09/05/ARTIVhpbVP4sFtq7OQG9MGHO170905. shtml.)

关于论文造假等违规案件查处结果的通报

　　为全面贯彻党中央、国务院决策部署要求,进一步规范科研项目及资金管理,加强科研诚信建设,严肃惩处违规行为,营造科技创新的良好环境,科技部会同相关部门和单位对学术论文造假、违规使用科研项目资金等案件进行了调查,严肃处理了相关责任者。为进一步强化警示教育,现将部分已完成调查处理的违规案件情况通报如下。

　　一、中国医科大学肿瘤医院张睿购买论文问题。经查,中国医科大学肿瘤医院张睿为通讯作者、闫晓菲为第一作者的论文"Interleukin-37 mediates the antitumor activity in colon cancer through B-catenin suppression",系委托第三方代写、代投的论文。中国医科大学对相关责任人员做出处理,终止张睿承担的国家自然科学基金项目、责令退回项目资金,取消其申报国家自然科学基金项目资格 5 年,取消其研究生招生资格等;取消闫晓菲申报国家自然科学基金项目资格 5 年。

　　二、青岛大学附属医院张坚购买论文问题。经查,青岛大学附属医院张坚为第一通讯作者和第一作者、青岛大学张建立为第二通讯作者的论文"Interleukin-35 expression is associated with colon cancer progression",系张坚委托第三方代写、代投的论文。张建立监管不力并使用该论文申领科研奖励。青岛大学对相关责任人员做出处理,取消张坚申报科技计划项目、奖励资格 5 年,终止或撤销其依托论文获得的科研项目、学术奖励、荣誉称号等;对张建立给予警告处分,并追回已发放的科研奖励。

　　三、福建医科大学附属漳州市医院蔡丽生购买论文问题。经查,福建医科大学附属漳州市医院蔡丽生为通讯作者、蔡铭智为第一作者的论文"Epigenetic silenced miR-125a-5p could be self-activated through targeting SUV39H1 in gastric cancer",系蔡丽生委托第三方代写、代投的论文。蔡铭智使用该论文申报研究生招生资格。福建医科大学对相关责任人员做出处理,取消蔡丽生申报科技计划项目资格 5 年,暂停其研究生招生资格 3 年;取消蔡铭智申报科技计划项目资格 3 年,暂停其研究生招生资格 2 年。

四、南京医科大学附属苏州医院王贞购买论文问题。经查,南京医科大学附属苏州医院王贞为通讯作者的论文"Interleukin-36 receptor antagonist is associated with the progression of renal cell carcinoma",系王贞委托第三方代写、代投的论文。南京医科大学对王贞予以解聘,免去其肾内科主任职务,撤销其肾内科党支部书记职务,追回引进人才经费,取消其申报科技计划项目、奖励资格5年。

(来源:科技部.关于论文造假等违规案件查处结果的通报[EB/OL]. http://www. most. gov. cn/tztg/202009/t20200915_158751. htm.)

护理学专业

专业特色思政元素:促进健康

一、思政元素

医疗技术现代化、生命健康权、生存权

二、案例解读

富强是中国共产党人的初心和使命,民主是社会主义制度的根本要求。作为中国人民不懈的追求和美好夙愿,富强与民主是社会主义核心价值观的重要组成。健康关乎每一个人及其家庭的幸福安乐,人民健康更是经济社会发展的基础条件,是民族昌盛和国家富强的重要标志。党的十八大以来,党中央把健康置于优先发展的位置。党的十九大进一步强调实施健康中国战略,为人民群众提供全方位、全周期健康服务,充分体现了党对人民健康福祉的高度重视和战略部署。护理专业一贯以专业化知识和技术为人的健康提供服务,在人的生老病死过程中担负着促进健康、防治疾病、减轻病痛、救死扶伤的专业职责。促进健康是新时代护理发展的新任务和新要求。护士作为推进健康中国建设的中坚力量,要树立"以健康为中心"的理念,在实践中将护理服务的内涵外延和人民群众的健康需求对接,从疾病临床治疗向慢病管理、康复护理、长期照护、安宁疗护等方面拓展,努力为人民群众健康提供全方位、全生命周期的专业服务。

在新冠肺炎疫情全球肆虐之时,中国在较短时间内取得抗击新冠肺炎疫情斗争的重大战略成果,充分显示了我国的制度优势与综合国力。案例《新冠疫苗全民免费接种》体现了人民健康至上的理念,也是综合国力的具体体现。人口平均预期寿命是衡量一个社会的经济水平和医疗卫生服务水平的指标,也是一个国家富强程度的标志。案例《"健康中国2030"规划纲要》明确提出全民健康是建设健康中国的根本目的,国家为人民提供全人群全生命周期健康服务。人民对健康的需求和向往就是护理工作者最大的动力。在案例《山再高总能登顶 路再长定能到达》中,中华护理学会吴欣娟理事长道出了全体护理人员的心声:携手同行,不负重托、不辱使命,共同开创更加灿烂美好的明天。

三、案　例

新冠疫苗全民免费接种

2021 年 1 月 9 日,国务院联防联控机制召开新闻发布会。国家卫健委副主任曾益新表示,迄今为止,我国已累计开展新冠病毒疫苗接种近 900 万剂次,证明我国新冠病毒疫苗具有较好的安全性。下一步将全面有序地推进高传播人群、高危人群和普通人群的接种工作并实施全民免费接种。国家医疗保障局副局长李滔表示,接种费用将由医保基金和财政共同负担,居民个人不负担费用。

(来源:国务院联防联控机制新闻发布会.新冠疫苗全民免费接种,全部费用政府出![N].人民日报,2021-01-09(02).)

"健康中国 2030"规划纲要

新中国成立以来特别是改革开放以来,我国健康领域改革发展取得了显著成就,城乡环境面貌明显改善,全民健身运动蓬勃发展,医疗卫生服务体系日益健全,人民健康水平和身体素质持续提高。2015 年我国人均预期寿命已达 76.34 岁,婴儿死亡率、5 岁以下儿童死亡率、孕产妇死亡率分别下降到 8.1‰、10.7‰ 和0.20‰,总体上优于中高收入国家平均水平,为全面建成小康社会奠定了重要基础。

全民健康是建设健康中国的根本目的。立足全人群和全生命周期两个着力点,提供公平可及、系统连续的健康服务,实现更高水平的全民健康。要惠及全人群,不断完善制度、扩展服务、提高质量,使全体人民享有所需要的、有质量的、可负担的预防、治疗、康复、健康促进等健康服务,突出解决好妇女儿童、老年人、残疾人、低收入人群等重点人群的健康问题。要覆盖全生命周期,针对生命不同阶段的主要健康问题及主要影响因素,确定若干优先领域,强化干预,实现从胎儿到生命终点的全程健康服务和健康保障,全面维护人民健康。

(来源:中共中央、国务院."健康中国 2030"规划纲要[EB/OL].http://www.nhc.gov.cn/guihuaxxs/s3586s/201610/21d120c917284007ad9c7aa8e9634bb4.shtml.)

山再高总能登顶　路再长定能到达

伴随着 5 月的芬芳,全球护理工作者共同的节日——"5.12"国际护士节如期而至。

2019年国际护士节的主题是"护士：引领之声——人人享有健康"。在应对全球面临的多种卫生挑战方面，护理所发挥的作用日益凸显。在新的时代，广大护理同人以敬业的精神、严谨的态度和无私的奉献，践行着呵护生命、维护健康的神圣职责；用真挚的关怀、精湛的技术和优质的服务，增进了人民群众的健康福祉。护士已成为推进健康中国建设的主力军，在协助诊疗、救治生命、减轻痛苦、促进康复等方面，都发挥着不可替代的作用。

2019年是新中国成立70周年，也恰逢中华护理学会建会110周年。回眸学会百余年的发展历程，从最初的白手起家，到今天在国际护理舞台上发出中国护理的声音，我们无限感慨：中国护理事业的进步与国家命运密切相连、不可分割。目前，全国注册护士数量已从新中国成立初期1950年的3.78万人增长到400余万人，护士队伍的学历结构不断改善，护理服务领域不断拓展。这不仅是70年来国家卫生健康事业快速发展的生动缩影，更是中华民族从站起来、富起来到强起来的有力体现。

展望未来，任重道远。人民对健康的需求和向往就是我们最大的动力。"山再高，往上攀，总能登顶；路再长，走下去，定能到达"，我将继续与大家携手同行，不负重托、不辱使命，共同开创中国护理更加灿烂美好的明天。

（来源：吴欣娟.寄语护士节［EB/OL］. http://www.cjmn.net/article/content/view? id＝7327.）

专业特色思政元素:敬佑生命

一、思政元素

求真创新、耐心细致、同理心、互尊互敬、真善美

二、案例解读

作为社会进步的表现,文明与和谐是社会主义核心价值观的内在要求,是国家富强、民族振兴、人民幸福的重要保证。人们对健康的追寻、对生命的尊重、对发展的期盼,实质是社会文明进步与和谐发展的表达。"人命至重,有贵千金。"所谓敬佑生命,是指对生命的守候和照顾,体现了对生命的尊重和保护。敬佑生命是医者的职责所在,不仅体现在生死攸关的抢救时刻,也体现在日常的护理实践过程中,对专业知识求真探索,对具体工作耐心细致、操作规范娴熟,对患者态度和蔼可亲,急病人所急,想病人所想,沟通言语亲切文明等,以及同事间的友好互助、互尊互敬。文明和谐的护患关系和医疗环境是呵护生命的基础和保障。

案例《献给护士医生,以及那些从中国来帮助我们的人》展现中国的医护人员为佑护人类生命,走出国门尽己所能帮助当地抗击疫情的风采。护理学科的不断发展要求护理人员在工作中不断学习、善于探究。案例《护理小岗位 创新大作为》反映了护理人员在临床实践中的求真创新之举。护士是卫生服务的中坚力量,是社会公民的组成部分。在案例《本真之美》中,刘丽兰路遇他人车祸不图回报施以援手,《汶川姑娘驰援武汉的七次请战》,两位年轻的护士从不同的角度诠释了护理人的真善美。护理服务的对象是不同的个体,存在着价值观、文化习俗、个人信仰等的差异,作为护士要理解并尊重差异。在案例《麻风村里的天使》中,潘美儿在工作中,用耐心细致照护病患,用同理心赢得信任,建立了和谐的护患关系,也赢得了社会的认可和尊重。

三、案　例

献给护士医生，以及那些从中国来帮助我们的人

新冠肺炎病毒正在引发一场肆虐全球的疫情危机。美国约翰斯·霍普金斯大学实时疫情数据显示，截至北京时间 2020 年 4 月 11 日，全球新冠肺炎累计确诊病例超过 170 万人，累计死亡病例超过 10 万人。目前中国已向多国派出医疗专家组，共享中国抗疫经验。

"从大熊猫的故乡来到意大利。出发前没有犹豫，到来后身披铠甲，我们把抗击疫情的中国经验带到这里，相信一定能携手共克时艰。"3 月 17 日，意大利首都罗马，中国首批援助意大利抗击新冠肺炎疫情医疗专家组成员、四川大学华西医院重症医学科小儿 ICU 护士长唐梦琳趁工作间隙，在日记本上记录一天的感受。

从接到这次特殊的任务到正式出发，唐梦琳只有不到 18 个小时的准备时间。经过 13 个小时的长途飞行，3 月 12 日晚，专家组抵达意大利，同机抵达的还有 31 吨意方急需的医疗物资。

两周的行程密密麻麻，唐梦琳和另外 8 位专家来不及倒时差，便马不停蹄挺进抗疫一线，与意大利同人并肩战斗。他们的足迹遍布疫情严重的拉齐奥大区、威尼托大区以及伦巴第大区：了解疫情，探讨诊疗经验，到各家医院查看病例，参加多学科视频互动会议，向当地民众和华人华侨普及防护常识……截至目前，中国已向意大利派出了三批医疗专家组，累计派出 36 人。

"我们非常需要中方的经验、专业的医疗技术和积累了丰富经验的中方医护人员。"罗马国家传染病研究所附属医院诊疗研究室主任尼古拉·彼得罗西洛接受媒体采访时说。

3 月 17 日，唐梦琳收到朋友发的一张图片，那是意大利那不勒斯女孩奥罗拉创作的漫画：意大利护士和中国医生在地图两侧共同托起意大利。奥罗拉将这幅漫画"献给护士医生，以及那些从中国来帮助我们的人，希望战斗在一线的他们能看到"。

"感谢中方派出医疗专家组。在意大利遭遇新冠肺炎疫情的危难时刻，中国是第一个向意大利伸出援手的国家。"意大利驻欧盟代表毛里奇奥·马萨里说。

（来源：大河网.全球新冠肺炎死亡病例超过 10 万：抗击疫情唯有合作［EB/OL］. https://news.dahe.cn/2020/04-12/633777.html.）

护理小岗位　创新大作为

5月的蓉城,天朗气清。解放军成都总医院病房里,神经外科ICU护士长宋敏正在指导一名长期卧床的患者使用足下垂矫形器。患者在家人的帮助下,顺利落地并缓慢步行,在场的人们激动地拍起了手。"足下垂矫形器"是宋敏的得意之作,不仅申请到了国家发明专利,还荣获2016年中华护理学会首届创新发明奖。

谈起当初搞研究发明的初衷,宋敏至今印象深刻。2013年的一天,在去科室的路上远远看到一名患者正在康复锻炼,头上缠着纱布,这名患者是她们科室的病人。正想去打个招呼并鼓励一下,没想到这名患者的脚一下子没抬起来,重重摔倒在地上。

在神经外科,许多患者由于疾病原因长期卧床,导致肢体废用,足下垂的情况时有发生。通过与家属交流,宋敏得知患者是家里的顶梁柱,由于康复缓慢,让本已拮据不堪的家庭更是雪上加霜。"当时心里很不是滋味,想着一定要为患者做些什么。"宋敏说。

经过一番了解,宋敏发现市面上出售的下肢矫形器一般穿在鞋内,为塑料材质,质硬不舒适,脚尖无法抬起,行走困难,而且价格昂贵。怎样才能做出既能抬起脚尖使者走路不费力又经济实惠的矫形装置呢?宋敏和同事们反复试验,终于,由市面上常见的布鞋改装而成的足下垂矫形器研制成功了。患者只要穿上它,脚尖就能很好地抬离地面,安全平稳地走路。

"护理工作是为了更好地服务患者,在知识化、网络化、专业化快速发展的今天,护理学科无论是形式还是内容,都发生了深刻变化。"宋敏告诉记者,新时代的护士,不能仅仅局限于打针换药,更应该立足本职岗位,运用创新思维,为患者解决疾苦。

（来源:赖瑜鸿,赵芝洪.护理小岗位　创新大作为[N].解放军报,2018-05-09(11).）

本真之美

2012年度"最美宁波人",最美四姑娘:刘丽兰、褚伟娟、王赛珍、周丽。

2012年10月1日上午,4位姑娘路遇发生车祸的李大伯后,一个拿出手机拨打120,一个从包里掏出卫生棉迅速止血,一个用左手托着李大伯头部避免二次伤害,一个为大伯进行胸部按压,做心肺复苏。由于她们施救得当,李大伯保住了生命。事后,李大伯的家属发出"寻人启事",搜寻4位消失在人群中的"最美姑娘",在全市引起了一场"爱的搜索"。

颁奖词:不是亲人,是路人,四姑娘联手相救;不图回报,图心安,四姑娘悄然离身;她们以无声有力的行动,唤醒了人性的温暖。她们是平凡人,可谁说瞬间美就不能变成永恒？

（注：刘丽兰，绍兴文理学院 2010 届毕业生、宁波鄞州人民医院护士。）

（来源：浙江在线."最美宁波人"2012 年度人物事迹[EB/OL]. https://www.zjol.com.cn/05zjol/system/2013/03/06/019191148_03.shtml.）

汶川姑娘驰援武汉的七次请战

12 年前，佘沙目睹医护人员如神兵天降，疗愈汶川的伤口。12 年后，她多次申请，成为武汉抗疫一线的白衣天使。

2020 年，24 岁的佘沙是四川省第四人民医院肿瘤科护士。两次主动请战后，她于 2 月 2 日随四川第三批援助湖北医疗队来到武汉，是这批医疗队里年龄最小的队员。

"我觉得我应该去。"佘沙说，"因为我和其他护士不一样，我是汶川人呀！"汶川地震时，佘沙在读小学五年级，隔壁栋的教学楼与她的家都在地震中变为废墟。余震不断、公路损坏、信号全无，但地震后第二天，佘沙就在废墟中看见了驰援的医疗队员，此后，全国各地医护人员纷纷涌入。"感觉救死扶伤的他们很神圣。当时我就想，如果能成为他们中的一员就好了。"佘沙说。受这段经历的影响，佘沙选择学医，成为一名护士。

到达武汉后，佘沙被分配在医疗队驻点酒店负责医院感染防控工作，她边向华西医院的前辈们学习，边在工作中总结经验。工作理顺后，佘沙觉得自己可以做得更多，又三次申请去医院工作。2 月 11 日，她进入湖北省人民医院东院病区的清洁区工作，但佘沙还不满足，又两次申请进入污染区照顾病患。她说："自己学的是医学护理，希望能够到临床部门，直接帮助病人。"

四川大学华西医院呼吸与危重症医学科副主任刘丹说："汶川地震时，全国各个省市都来援助四川，现在我们也以同样的心情来回馈湖北的防疫工作。佘沙就是这样一位代表。"

（来源：乐文婉，佘勇刚.汶川姑娘驰援武汉的七次请战[EB/OL]. https://www.chinanews.com/sh/2020/02-24/9102517.shtml.）

麻风村里的天使

全球护士的最高荣誉——南丁格尔奖，是对医护人员非凡勇气和奉献精神的嘉奖。2010 年，浙江省皮肤病防治研究所上柏住院部护士长潘美儿获得了这个崇高的荣誉。作为"时代楷模"团队的一员，去年年初，她又当选全国人大代表。

潘美儿，1996 年毕业于湖州卫生学校。她第一次跟着有近 20 年工作经历的老护士长巡查病房,当潘美儿靠近病房时,一股刺鼻的气味扑面而来,她下意识地捂住了鼻子,只觉得反胃恶心。护士长看了她一眼,却没有批评她。后来她知道:这是麻风溃疡散发出来的味道。

第一次面对麻风病人,潘美儿也觉得害怕。因为麻风病患者的身体,大多是残缺的,很多人五官都不全。护士长向大家介绍,这是新来的护士潘美儿。话音刚落,房间里的每个人都突然欢腾起来。手脚不便的,拼命地点头;没有手指的,就用拳头使劲地拍着;还有人用自己能够利用的身体部位,用力地拍打着。她没有想到,一个从来没有和他们见过面的小护士,竟然能让他们如此拼尽全力地欢迎。这一刻,泪水涌上了潘美儿的眼眶。那以后,潘美儿就留在了上柏住院部。

有一次,麻风病休养员徐阿土过生日,包了饺子,特意邀请潘美儿去吃。潘美儿有点害怕、忐忑。在徐阿土小小的房间里,热腾腾的饺子出锅了。阿土把盘子举到了潘美儿的嘴边。潘美儿至今还记得徐阿土当时的眼神:有些羞涩,但更多的是期待,纯真得像个孩子。潘美儿实在没有勇气拒绝,就把嘴边的一个饺子,几乎没咀嚼就吞了下去。至今,她都不知道那是什么馅儿。看到潘美儿真的吃了饺子,阿土的表情变化了。这表情,让潘美儿终生难忘。徐阿土先是愣愣地看着,接着,突然大哭起来。一个男人,在他50岁生日的那天,咧着嘴大哭,这在旁人看来简直是不可思议的事情。徐阿土说,他过了有生以来最难忘的一次生日。就在这一天,潘美儿深刻地意识到:在阳光没有照到的角落,同样有花开的期盼。

带着这样的幸福工作,山坳里的人生豁然开朗。用心交流,就能听到花开的声音。

曹大妈是麻风反应病人。刚进麻风村时,因为药物色素沉淀,她全身发黑,眼神是呆滞的,从来不开口说话。潘美儿每天给大妈溃疡的伤口换药。为了不增加老人的痛苦,她用生理盐水一点一点将粘连着的衣服剥离,每次都要花上很长的时间。在这过程中,潘美儿都会跟老人讲讲自己所听到的、看到的有趣事情。直到有一天,她正趴在床上给大妈换药,很少开口说话的大妈突然哭了。老人说:"我自己都把自己当成鬼,只有你们才把我当成人啊!"那一刻,潘美儿和大妈一起心酸流泪。泪水冲刷的不仅是她心里的委屈,更是曾经的绝望。看到老人脸上重新洋溢着生命的光彩,潘美儿知道大妈找到家了,是家的温暖,让枯萎、无望的生命之花重新绽放。

当潘美儿站在南丁格尔奖的领奖台时,她感到了这份职业的神圣而伟大。她说,他们的工作确实很平凡,只是一些日常护理的事情,是作为医护人员该尽的责任。可是,他们的工作又确实很重要!这些平凡而琐碎的事情,不仅治疗麻风病人的伤痛,还能抚慰他们的心灵,让他们真正体会到社会不但没有歧视、抛弃他们,而且对他们充满关爱!

(来源:严红枫,陆健.潘美儿:麻风村里的天使[N].光明日报,2020-07-26(08).)

专业特色思政元素：知情同意

一、思政元素

客观独立、自主权、开拓进取、权利平等、一视同仁、医患平等、资源共享

二、案例解读

一直以来，自由与平等始终是人类的价值追求，是衡量人类文明进步的重要标准，同时也是社会主义核心价值观的重要组成。自由是人类在获得基本生存保障的前提下，渴求实现人生价值、获得幸福、提高生活质量进而提高生命质量的行为取向和行为方式。作为社会主义制度的基本原则，平等要求将每个人作为平等的社会成员来对待，确保每个人生存和发展的需求都受到同等程度的尊重和照顾。在医疗实践中，自由与平等体现于诸多方面，如患者的自主权、医疗资源的分配利用，以及护理人员客观独立地开展工作、一视同仁对待患者等。知情同意是医疗实践中尊重患者权利的具体体现，是指患者及其家属在医疗护理过程中，对病情、医生做出的诊断、即将接受的检查、治疗及其效果、已支付或即将支付的医疗费用，有权知道全部真实情况，并有权决定是否接受医务人员的建议。患者对护士的姓名和职称、学术专长有知情权，有根据情况做出是否接受其护理的选择权。在进行侵入性操作或某些特殊护理操作时，患者和家属有权知晓其获益和潜在风险，护理健康教育应满足病人或家属的此项权利。

作为护理操作规范，《经外周静脉穿刺中心静脉置管操作流程》明确规定护理人员在操作前需告知患者静脉置管操作的利弊和存在风险，并需获得患者的知情同意。《电子护理安全告知书》则是在医疗信息化时代对患者知情同意的创新之举，切实保障了患者的权利和护理安全。《中华人民共和国民法典》第1219、1220条款则是从法律层面维护了患者自由和平等的权利。

三、案　例

经外周静脉穿刺中心静脉置管操作流程

经外周静脉置入的中心静脉导管(peripherally inserted central catheter, PICC),是将导管由手臂上的外周静脉(贵要静脉、肘正中静脉、头静脉)穿刺插管,然后沿着血管的走行方向依次通过腋静脉、锁骨下静脉和无名静脉,最后将导管尖端插入上腔静脉。PICC为患者提供了一条方便、安全、有效的、可长期使用的静脉通道,被广泛运用于临床。其适应证包括需要长期静脉输液但外周静脉穿刺困难者;需反复输入刺激性、高渗性或强酸、强碱药物,如化疗药物;胃肠外营养支持者;需长期、反复静脉输液、输血者等。

操作前准备,包括核对医嘱及患者身份,评估病情及血管情况,评估病人的合作程度与心理反应,有无禁忌证,签署知情同意书。

(来源:绍兴文理学院附属医院.护理操作程序及评分标准.2018-04.)

电子护理安全告知书

护理安全是反映护理质量水平的重要指标,它可直接影响疾病治疗效果及医疗服务满意度。强化护理安全管理、规范护士行为、保障患者安全是护理管理中重要的组成部分。护理安全告知是维护患者知情同意权的重要方式,体现了以"患者为中心"的服务理念,突出了患者至上的服务本质,并且有利于提高护士素质,也是护士自我保护的需要,在很大程度上为护理安全管理提供了良好的途径。我国已进入医疗信息发展的新时代,数字化医院、无纸化办公成为医疗发展的新趋势,护理信息化是医院实现信息化的重要内容。

电子护理安全告知书的主体内容为患者可能出现的安全问题及防范措施,包括跌倒/坠床、压疮、管路滑脱、误吸/窒息、保护性约束、意外事件等,有责任护士按照各项护理危险因素评估量表要求进行评估后,对患者及其家属进行详细告知,确保患者家属理解和配合后,进行签字确认。

(来源:蔡卫新,陆朋玮.电子护理安全告知书在护理安全管理中的应用[J].护理学杂志,2017,32(14):71-72.)

《中华人民共和国民法典》第1219、1220条款

第一千二百一十九条　医务人员在诊疗活动中应当向患者说明病情和医疗措

施。需要实施手术、特殊检查、特殊治疗的,医务人员应当及时向患者具体说明医疗风险、替代医疗方案等情况,并取得其明确同意;不能或者不宜向患者说明的,应当向患者的近亲属说明,并取得其明确同意。

医务人员未尽到前款义务,造成患者损害的,医疗机构应当承担赔偿责任。

第一千二百二十条　因抢救生命垂危的患者等紧急情况,不能取得患者或者其近亲属意见的,经医疗机构负责人或者授权的负责人批准,可以立即实施相应的医疗措施。

(来源:新华社. 中华人民共和国民法典[EB/OL]. http://www. gov. cn/xinwen/2020-06/01/content_5516649. htm.)

专业特色思政元素:合规守正

一、思政元素

依法执业、责任意识、隐私权、公正合理、规范诊疗、廉洁奉公

二、案例解读

公正是指公平正直、没有偏私。作为一种价值判断,公正内含有一定的价值标准,这一标准通常意义上是法律。法治是现代社会的重要标志,是人类政治文明的重要成果,大到国家治理,小到个人言行,都需要在法治框架中运行。作为社会主义核心价值观的组成部分,公正与法治在医疗实践过程中要求护理人员做到合规守正。合规是指护理人员要依法执业,严格遵循诊疗护理规范,在护理执业活动中明确自身权利界限,不逾越且遵守。守正则要求护士在执业活动中强化主体责任意识,恪守正道,修德于身,廉洁奉公,保证护患双方权利。护理过程中发现患者病情变化应当及时通知医师,按医嘱实施治疗及护理。当护士发现医嘱违反法律、法规、规章或者诊疗技术规范规定的,应及时向开具医嘱的医师提出;必要时,应向该医师所在科室的负责人或者医疗卫生机构负责医疗服务管理的人员报告。护士需严格保护患者的隐私权。临床护理服务中遵循规章制度、规范标准,确保护理质量和患者安全的重要性。

《护士条例》是护理人员依法执业的法律依据,明确了护理人员的权利和义务。《中华人民共和国基本医疗卫生与健康促进法》作为我国卫生健康领域首部基础性、综合性法律,规定了医务人员工作的法律边界,也为广大医护人员的执业安全提供了法律依据。

三、案　例

护士条例

《护士条例》经 2008 年 1 月 23 日国务院第 206 次常务会议通过,自 2008 年 5 月 12 日起施行。

《护士条例》包括总则、执业注册、权利和义务、医疗卫生机构的职责、法律责任、附则等共六章。

(来源:国务院办公厅. 中华人民共和国国务院令(第 517 号)[EB/OL]. http://www.gov.cn/zwgk/2008-02/04/content_882178.htm.)

用法律保障人民健康权利

《中华人民共和国基本医疗卫生与健康促进法》是我国卫生健康领域第一部基础性、综合性法律。该法开宗明义表明了其立法精神是坚持以人民为中心,为人民健康服务。

《中华人民共和国基本医疗卫生与健康促进法》强调医疗卫生事业应当坚持公益性。这种办医方向体现了社会发展的必然。只有坚持医疗的公益性,才能让人民群众感受到社会发展的红利。只有公立医疗体系的健全、完整,才能经得起大风大浪的冲击。本次抗击新冠肺炎疫情工作,更是充分证实了该法立法宗旨的妥当和这种制度架构的必要性。本次"战疫"期间,全国 346 支医疗队,共 4.26 万名医务人员驰援湖北,为控制疫情立下汗马功劳。本次抗疫中另一个关键点就是公立医院提供的病床数的迅速扩张。为解决"人等床"的问题,政府迅速将一些公立三甲医院确定为疫情定点医院,并火速修建了火神山、雷神山医院以及多家方舱医院。最终,对新冠肺炎患者应收尽收的政策才能够得以充分贯彻。

值得注意的是,该法也积极回应了暴力伤医等社会热点问题,更加注重保护医务人员执业安全,敦促全社会遵守医院的医疗秩序和规章制度。特别规定了医疗卫生机构执业场所是公共场所,各级政府、相关部门、全社会都要维护公共场所的秩序,不能只依靠医院自身。为医务人员营造一个安全的执业环境,最终受益的是我们每一个人。

(来源:邓利强. 用法律保障人民健康权利[N]. 健康报,2020-05-30(02).)

专业特色思政元素:大爱无疆

一、思政元素

家国情怀、甘于奉献、救死扶伤、恪尽职守、关爱生命、仁心仁术、利他、审慎

二、案例解读

爱国是每个公民的义务和责任,敬业是公民的基本职业道德和要求,也是爱国在具体工作生活中的体现。爱国和敬业作为社会主义核心价值观,是每个公民个人层面的价值准则。爱国既可以表现为对祖国山河、历史文化的热爱,也表现为对人民大众的爱,爱家乡、爱人民。护理人员在实践中用自己的专业和奉献精神,以救死扶伤、减轻病痛、促进健康为己任,用仁心仁术救治、照护患者,将健康与温暖惠及芸芸众生,诠释的是对患者、民众和家国的深情大爱。在护理工作岗位上用饱满的热情、温暖的语言、娴熟的护理技术为患者排忧解难、守护健康,在病情观察、健康教育、基础护理中恪尽职守,及时发现患者需求并提供优质护理,种种都是爱岗敬业的表现。

在案例《用生命铸就的精神坐标》中,叶欣护士长在抗击"非典"的战场上用生命展现了急诊医护工作者冲锋在前、患者至上的敬业精神。案例《院士,也是战士》体现了医者守护人民健康的决心和责任感。李兰娟院士展现了医学工作者的家国情怀和坚韧不拔、顽强拼搏、无私奉献的精神,展现的是新时代医务工作者的良好形象。在案例《抗击埃博拉》中,15 名浙江医疗队员克服重重困难,在西非大地上诠释跨越千山万水的仁心仁术,撒播大爱。众多的医务人员在不同的岗位怀揣着爱国、爱民、爱家之心,诠释着恪尽职守、甘于奉献、利他的精神,践行关爱生命、救死扶伤的职责,他们选择了"大爱"。

三、案　例

用生命铸就的精神坐标

"科室里似乎仍回荡着她那爽朗的笑声,病人似乎仍感受到她那春风般的关切与抚慰。然而,在万物复苏的阳春三月,47岁的护士长叶欣却永远地走了。她倒在了与非典型性肺炎昼夜搏斗的战场上。"

上面这段话,是苏教版小学语文课文《永远的白衣战士》中的开头,文章讲述的是广东省中医院二沙岛分院原急诊科护士长叶欣的故事。

叶欣1956年出生于广东徐闻的一个医生世家,外祖父与父母都是医生。1974年叶欣考入广东省中医院"卫训队"学习。1976年,品学兼优的叶欣毕业后留院工作。

1984年,因业务能力突出,叶欣被提升为广东省中医院急诊科护士长。在急诊科,叶欣无时不在与死神赛跑,抢夺生命的希望。从业到牺牲前,叶欣不止一次把危险留给自己,冲锋在前。

面对"非典"患者,叶欣和当时的急诊科主任张忠德默默地全力包揽了对急危重"非典"病人的检查、抢救、治疗、护理工作,有时甚至把同事关在门外。

叶欣像一台永不知疲倦的机器,竭尽全力与死神争分夺秒,抢回了一个个病患的生命。不幸最终还是发生了,叶欣也感染了非典型性肺炎。在她刚住进呼吸科的那几天,每当医护人员前来检查和治疗,她总是再三叮嘱他们多穿一套隔离衣,多戴几层口罩。院领导前来探望,她首先讲的不是自己的病痛,而是检讨自己的不足,责怪自己不慎染病,给医院和领导添了麻烦。

随着病情的加重,叶欣转入ICU病房后,由于戴上了面罩,她已经不方便讲话了。她对前来治疗她的医生,用笔颤颤巍巍地写道:"不要靠近我,会传染。"在阳春三月,47岁的叶欣穿着她生前最钟爱的护士服,告别了为之献出生命的工作岗位。

叶欣走了,但仿佛却从未走远。在广东省中医院,有一种"患者至上、爱岗敬业、团结协作、牺牲奉献"的精神,被称为"叶欣精神"。2008年汶川抗震救灾中,在"叶欣精神"的感召下,广东省中医院的医务人员直面危险,勇闯震中,挽救了一个又一个生命。

（来源:光明网—光明日报.叶欣:用生命铸就的精神坐标[EB/OL]. https://epaper.gmw. cn/gmrb/html/2019-10/05/nw. D110000gmrb_20191005_4-03. htm. ）

院士,也是战士

2020 年 1 月 18 日,中国工程院院士、传染病诊治国家重点实验室主任李兰娟作为国家卫健委高级别专家组成员,抵达武汉做实地调研。

2 月 2 日凌晨,73 岁的李兰娟在疫情发生后第二次来到武汉,带来了"李氏人工肝系统""四抗二平衡"等救治模式,从防治重症病人转为危重症、预防继发细菌感染、减少肺纤维化发生等几方面入手,对患者进行治疗。她在武汉大学人民医院东院区一待就是一个月,那张让众多网友泪目的脸部勒痕特写照片,就来自她从ICU 病房出来脱下防护服的瞬间。

"亲眼看到患者情况才能做出正确判断和决策,和患者聊聊天也有利于他们恢复心情。患者的一切,医生都要重视。"同 40 多年前进入浙江医科大学(即今浙江大学医学院)求学时的初心一样,李兰娟坚持做一个救死扶伤的好医生;与 17 年前抗击"非典"一样,李兰娟冲在了抗击新冠肺炎疫情第一线。

在武汉,李兰娟每天 8 点半准时抵达武汉大学人民医院国家医疗队指挥中心,开始查房。"习惯了白天查病房、做会诊,晚上看材料、改论文。"李兰娟说自己早上固定 6 点半起床,总想着晚上入睡不超过 12 点,可经常忙忘了时间。

同时,李兰娟还要对全国其他省份病人进行会诊。"我承担着对原来病人的远程门诊,这部分工作主要通过手机在线完成。另外也承担了比较多的培训任务,比如给一线医护人员讲讲'四抗二平衡'的救治策略。"

"现在,出院病人越来越多,患者收治问题逐渐解决,这场抗疫已经取得阶段性重要成果。"李兰娟说,救治的一些患者出院时都主动过来感谢她,在 ICU 里有病人拉着她的手感谢人工肝技术,这就是对她最大的奖励。

"1986 年,我申请到人生第一笔青年科研基金 3000 元,与几位同行一头扎进人工肝相关技术研究,到 1996 年已经依靠这项技术成功治愈 45 位患者。"回忆起这段往事,李兰娟说,在充分掌握前人经验的基础上,"做医生就要探索未知",她们团队一直在坚持研究和推广应用人工肝技术。她介绍,人工肝技术的应用主要针对患者的细胞因子炎症风暴,在这次抗疫中效果明显,仅在武汉大学人民医院,新冠肺炎重症患者中人工肝治疗组治疗好转率为 77.78%。

(来源:院士,也是战士(人民眼·抗击疫情)[N].人民日报,2020-03-17(13).)

抗击埃博拉

2014 年,埃博拉出血热疫情在西非流行并快速蔓延。我国政府决定派出成建制医疗队援助有关国家。浙江主动请缨,派出精干力量参加了援非抗疫行动。

这是一场殊死的战斗！所有医护人员都知道，他们面对的，是高达 50% 至 90% 的死亡率！这一次援助行动，将要冒极大的生命危险。15 名浙江医疗队员牢记使命，克服重重困难，圆满实现了"打胜仗、零感染"的目标。

让我们牢记勇敢者的名字

1 月 6 日，根据国家下达的指令和任务，浙江省派出 10 名队员赴利比里亚执行抗疫任务。他们是浙江省人民医院主治医生汪明珊，团支部书记、护师章倩，主管护师李淑燕，主管护师于红英；浙医一院感染科副主任、主任医师、教授黄建荣，院感部主任、主任医师汤灵玲，感染科副主任、副主任医师徐小微，急诊科护士长、副主任护师赵雪红，ICU 护士长、副主任护师高春华，主管护师卞丽芳。作为地方医疗机构派出的第一支援非医疗队，浙江医疗队员们混编入中国人民解放军第二批 154 人援利医疗队。

一丝不苟，大爱无疆

在非洲所有队员都经历了生与死的考验，更是把中国医生的大爱撒播在了那片贫瘠的土地上。在利比里亚期间，中国医疗队门、急诊共接诊病人 61 例，收住病房 38 例，其中确诊埃博拉病人 5 例，治愈和好转 3 例。随着利比里亚埃博拉疫情得到控制，中国援利埃博拉出血热诊疗中心（中国 ETU）的最后一例确诊埃博拉出血热患者在 3 月 5 日出院……

浙江医疗队还为中国温州市慈善总会牵线搭桥，设立了"援利基金"，促成了中国民间首次对利比里亚针对埃博拉的经济援助，募集善款 20 万元及温州侨联给予队员们的 2 万元慰问金，用于资助生活困难的埃博拉幸存者及遗孤，安置埃博拉孤儿的"温州希望之屋"已在建设中。

曾有个十一二岁的埃博拉孤儿，偷偷跑到队员身边说："把我带去中国吧，我想当医生救人。"中国，已经成为当地最有善意、最充满生命希望的名字；每到一个地方，当地人见到队员说得最多的就是"China，good！"

（来源：浙江在线. 浙江省援非抗击埃博拉医疗团队：浙江勇士西非撒播大爱［EB/OL］. https://zjnews. zjol. com. cn/system/2015/12/25/020966923. shtml. ）

专业特色思政元素:仁爱协作

一、思政元素

诚实、守信、包容、团结、尊重、正直、务实

二、案例解读

诚信与友善是社会主义核心价值观对现代公民个人行为、道德规范的标准与指引,内含守信、包容、团结、互相尊重的价值准则与品格。仁爱协作则是医护人员职业价值观的内涵及构成要素。医者仁爱,宽仁慈爱,乃精诚之至达至善也。医者博览医书深入探究,专心勤奋不懈怠此为"精";医者有慈悲仁善、解救民众疾痛的同理心,此为"诚";精诚之至可达"至善"之境界。医疗活动需要医护人员具有高尚的医术道德,需要相互之间的包容和协作。现代医学更需要团队多学科的配合支持,方能切实维护人民群众的健康。护理人员作为团队中的重要力量,在医疗实践中也时时处处践行着仁爱协作。

《青岛实习男护士赴济捐献造血干细胞》为的是挽救一名在河北省住院的 17 岁血液病患者的生命。在案例《800 米"生命赛道"》中,男护士长跪坐病床、多个科室接力抢救,3 分钟、800 米为心搏骤停患者打通了一条"生命赛道"。在案例《湘雅多学科团队接力 40 天成功抢救》中,肠炎男子就医时突发心搏骤停,持续抢救 1 小时后,多学科团队接力 40 天,赢得与死神的战斗,创造生命的奇迹。在案例《做一名温暖的护士》中,曹玲玲护士长温暖了病患,也温暖了自己,不仅用专业的知识及技能,更是用仁爱温暖了他人。这些医者用行动书写诚信友善,用仁爱协作创造生命的奇迹与完美。

三、案　例

青岛实习男护士赴济捐献造血干细胞

"从小父母就教育我要乐于助人,长大后我选择了护士这个职业更有救人性命的责任。"3月29日,青岛大学附属医院实习护士,23岁的小伙张勇杰和红十字会签下造血干细胞同意书,启程赶赴济南开始做造血干细胞捐献的准备工作,计划于4月2日实施造血干细胞捐献,挽救一名在河北省住院的17岁血液病患者的生命。张勇杰将是青岛第75例造血干细胞捐献者,也是市南区第8例。

"我是2016年5月份采集血样加入中国造血干细胞资料库,成为一名造血干细胞志愿捐献者的,并一直期待着配型成功。"张勇杰说。他告诉记者,他是家里的独生子,他的父母都是普通人,从小对他的教育非常好,一直教育他做个有利于社会的人,有一颗善良的心,所以接到配型合适的通知后,他毫不犹豫就答应实施捐献。

(来源:赵波,孙华莹.青岛实习男护士赴济捐献造血干细胞　将挽救17岁病患[EB/OL]. http://topics.gmw.cn/2018-04/02/content_28192413.htm.)

800米"生命赛道"

12月25日,湖北省肿瘤医院上演生死时速,68岁的晚期肺癌患者李爹爹接受CT检查时,突然意识丧失,手脚抽搐,心搏骤停。一旁的医护人员立即进行抢救,并通知重症医学科。接到急救电话后,重症医学科派出抢救小组,带着便携式呼吸机和监护仪奔赴现场抢救患者。

重症医学科护士长陈高跪坐在病床上,对患者进行持续的心肺复苏,抢救小组推着病床将病人从门诊楼转送至医院外科楼二楼重症医学科。800余米的"生命赛道",陈高和他的抢救小组仅花了3分钟,患者被安全转送至重症医学科。

就在转送患者的同时,该院重症医学科主任张莉组织好抢救的各项工作,焦急地等候在科室门口,患者一进入科室,就按预定方案进行抢救。张莉主任介绍,患者因肺癌右肺完全实变,左肺部分也有转移,纵隔移位及大量心包积液导致患者有继发性、限制性心脏病,舒张功能严重不全,导致突发心搏骤停。

在持续40分钟的心肺复苏和8次除颤之后,患者的心脏第一次出现了自主跳动。几分钟之后,患者心跳、呼吸又停止,心电图提示心肌重度缺血,彩超检查心包大量积液。第二轮急救再次进行,20多分钟后,患者再次恢复自主心跳。此时,超声科翁高龙医生也赶到了急救现场,在彩超引导下成功完成心包穿刺引流,缓慢抽取了 200ml 心包积液。历经近两个小时的努力抢救,患者终于转危为安。

(来源:人民网武汉. 抢救室外的生死 800 米　男护士跪床为患者心肺复苏[EB/OL]. http://bj. sina. com. cn/warmstory/fwzp/2019-12-31/detail-iihnzhfz9385770. shtml.)

湘雅多学科团队接力 40 天成功抢救

"加油! 我们等你走着出院!"中南大学湘雅医院急诊科医务人员为经历了九死一生的肠炎后突发心肌梗死患者陈先生加油鼓劲,鼓励他转科后早日康复。

回顾 40 多天的接力抢救:第一时间高质量心肺复苏、及时上 ECMO(体外膜肺氧合)进行生命支持、成功植入支架解决"病根"、多学科合作勇闯数关、全方位方案刺激复苏……湘雅多学科团队将陈先生从死亡线上拉了回来。

5 月 18 日深夜,48 岁的陈先生腹痛来到湘雅医院急诊室就诊,却在做心电图检查时突发心搏骤停,失去了意识。危机之时,急诊科李佳医生等医护人员轮番上阵,为陈先生进行了心肺复苏,经过 1 小时持续胸外按压、紧急气管插管、建立静脉通路、电击除颤、及时准确用药……陈先生终于恢复了自主心律。

医护人员们长舒一口气,但仍不敢有丝毫懈怠,因为陈先生还需要依靠超大剂量的强心、升压药物来维持生命体征。此时,他的心脏已不堪重负,泵血功能极差,无法维持全身血液供应,很可能出现多器官功能衰竭。

急诊科主任李湘民教授、周利平副教授紧急会诊,考虑陈先生是"心源性休克",只有用 ECMO 来进行生命支持,让陈先生心和肺部分功能休息,才能为后续治疗赢得时间。

管道预充、股动静脉置管、CVC 置管、有创血压监测、插导尿管胃管等各项步骤有条不紊地进行,VA-ECMO 顺利运转,终于为陈先生打通了"生命通道"。

虽然上了"救命神器",陈先生的生命体征暂时得以平稳,但关键的病因仍未解决。专家们会诊考虑,陈先生是急性心肌梗死导致的心搏骤停,只有尽快行 PCI 手术(冠状动脉支架手术),改善心肌供血,才能从源头上解决问题。

"虽然 ECMO 可以维持患者的生命体征,但那仅仅起到桥梁过渡作用,要尽快找到并解除病因才能让患者完全恢复过来。如果没有 ECMO 支持,很多患者根本无法坚持到进一步的诊治。"急诊科 ECMO 团队成员杨宁表示。

ECMO 管道通路多,如何在转运过程中,维持陈先生的生命体征平稳,也是一大难题。在 10 多位医护人员的通力合作下,陈先生被顺利转运到心导管室。

由于陈先生的血压基本上是用 ECMO 的流量在维持,自己的正常血压很弱,几乎摸不到脉搏,这给介入治疗时动脉穿刺带来了很大的难度。最终,随着冠脉支架的置入,陈先生的心功能迅速恢复,心电监护上显示的脉搏波形由平缓的直线变为有起伏的曲线。

心搏骤停后全身脏器缺血再灌注损伤,是复苏患者常见的并发症,陈先生就出现了急性肾功能衰竭,通过及时的 CRRT 治疗成功逆转。此外,他还患有"溃疡性结肠炎",不能耐受普通肠内营养液体,每天腹泻数次,营养难以跟上。消化科、营养科医师携手制订个体化的营养支持方案,营养状况明显改善。

目前,陈先生已循环稳定、感染控制、气切导管已拔除、内环境也趋于平衡、营养状况良好,意识状态和肢体功能也已经开始恢复,已转入康复科进行下一步治疗。

(来源:腾讯大湘网.肠炎男子就医时突发心搏骤停 湘雅多学科团队接力 40 天成功抢救[EB/OL]. https://hn.qq.com/a/20200703/008693.htm.)

做一名温暖的护士

咚咚、叮叮……在绍兴市中心医院的心愿树上,医护人员和患者的心愿牌,在阳光下随风飘动。心愿树下,该院大内科曹玲玲护士长和"小患者"疫情防控期间互相鞠躬的情景被印在"传灯石"上,小小的印章,刻下浓浓医患情。正如曹玲玲所说,在温暖的土地上,做一名温暖的护士,温暖病患,更是温暖自己。

背景故事:曹玲玲是绍兴市中心医院的一名护士长,她的感动来自一名 2 岁的"小病号"。2 月 22 日,小男孩病愈出院,曹玲玲按惯例送病人出门,刚打算挥手告别,小男孩突然向她鞠了一躬,曹玲玲立马还礼。这一个暖心的时刻,被一旁的同事顺手拍了下来。

这名男孩叫小嘟嘟(化名),2 月 19 日,刚刚两周岁的他身体不舒服被送入绍兴市中心医院,接诊的正是曹玲玲。因为当下是疫情防控期,医院对陪护人员进行了限制,小嘟嘟来到陌生的环境既紧张又害怕,一直哭闹不停。面对哭闹的小嘟嘟,曹玲玲轻声细语地安慰他,并四处找小玩具给他玩,分散他的注意力。多年的医护经验,让曹玲玲在最快的时间取得了小嘟嘟的信任,为及早治疗争取了时间。经过细心治疗,小嘟嘟的各项指标很快恢复了正常,4 天后便顺利出院了。孩子的家长对于医院的精心治疗和曹玲玲的细心呵护,万般感谢,"曹护士长对孩子比我们还要细心耐心,小嘟嘟回家后还一直念叨护士妈妈……"

(来源:新华网浙江.2020 我的"小确幸"|护士长曹玲玲:温暖患者,更温暖自己[EB/OL]. http://www.zj.xinhuanet.com/2021-01-05/c_1126947952.htm.

新华网.暖心,跨越时空的致敬![EB/OL]. https://baijiahao.baidu.com/s?id=165932189 1536996514&wfr=spider&for=pc.)

医学检验技术专业

专业特色思政元素:促进健康

一、思政元素

科学技术现代化、综合国力、生命健康权、生存权

二、案例解读

健康是人类永恒的追求,连着千家万户的幸福,关系国家和民族的未来。2013年8月31日,习近平总书记在沈阳会见参加全国群众体育先进单位和先进个人表彰会、全国体育系统先进集体和先进工作者表彰会的代表时发表重要讲话。习近平总书记指出,人民身体健康是全面建成小康社会的重要内涵,是每一个人成长和实现幸福生活的重要基础。没有全民健康,就没有全面小康。党的十八大以来,党中央始终把人民健康放在优先发展的战略地位,全方位、全周期保障人民健康,为实现中华民族伟大复兴的中国梦奠定了坚实的健康基石。

当前,新冠肺炎疫情仍在全球大流行,严重威胁着人类的生命安全和健康。在党中央的领导下,我国的疫情得到了有效控制,最大限度地保护了人民生命安全和身体健康。在这场抗疫实践中,科学技术这个有力武器得到了最有效的应用。这尤其体现在病原学快速检测技术与疫苗的研发与转化应用两个方面,是对我国科技创新能力的一次重要检验。案例《从"非典"到新冠肺炎,17年后"战疫"背后的科技力量》体现了我国在进入21世纪后重大疫情病原学鉴定技术的巨大进步。案例《华大基因"火眼"实验室助力全球抗击疫情》体现了病原学快速高通量检测技术的自主创新能力。案例《中国新冠疫苗筑起免疫防线》展示了我国新冠疫苗研发方面的重大成果。以上案例从三个角度很好地展示了我国在生物科技方面的创新能力。

三、案　例

从"非典"到新冠肺炎,17年后"战疫"背后的科技力量

在这场众志成城抗击新冠肺炎疫情的"战疫"中,5G网络、远程医疗、云视讯、大数据报告、人工智能检测等多项新技术的应用,提高了工作效率,也让我们看到了中国科技的速度与力量。

2002年12月,广东省河源市一位黄姓病人因不明原因肺炎就诊,虽然一个月后病愈出院,但中山市先后出现多起医护人员肺炎感染病例。2003年1月21日下午,国家疾病控制中心专家组将该病定名为"非典型性肺炎"(SARS)。尽管我国首先发现了感染病例,但确定病原体、对病毒进行分离、DNA测序和发现病毒受体的工作却并未走在世界前列。起初官方使用了中国工程院院士、医学超微结构及病毒学专家洪涛的说法,宣称这场疫病的传染源是一种衣原体细菌,而世界卫生组织组织了世界上11家实验室(没有来自中国的实验室)寻找SARS病原体后,发现了冠状病毒。此外,直到4月14日,病毒样本才被连夜送到华大基因实验室开始RNA测序,当天凌晨2点,测序结果出炉,而来自加拿大温哥华的迈克尔·史密斯基因组科学中心已提前一天测定了这个新型冠状病毒的序列。在这场科研竞赛中,不得不承认中国落后了。

16年后,另一种冠状病毒袭来。2020年1月7日,武汉市卫生健康委员会医政医管处发布紧急通知称武汉部分医疗机构陆续出现不明原因肺炎病人,在首次疫情通报的一周之后,中国工程院院士徐建国表示,截至7日21时,实验室从阳性病人样本中分离出一种新型冠状病毒,并进行了全基因组检测,确认引起此次疫情的新型冠状病毒不同于包括SARS在内的已发现的人类冠状病毒。首例新冠肺炎报告后的第14天,1月12日,世界卫生组织宣布,已收到中国分享的从武汉不明原因病毒性肺炎病例中检测到的新型冠状病毒基因序列信息。1月19日,国家卫健委表示已下发新型冠状病毒检测试剂盒。得益于检测手段的进步,在过去的十几天内,全国各地确诊并通报了多起新冠肺炎病例。从2003年到2020年,17年间我国基因检测技术的发展,成了我国医疗工作者们迅速探明病原的关键工具。

(来源:杜峰.从"非典"到新冠肺炎,17年后"战疫"背后的科技力量[N].通信信息报,2020-01-29.)

华大基因"火眼"实验室助力全球抗击疫情

紧跟"基因科技造福人类"目标的指引,依托自主可控的核心工具与技术、快速高效的反应能力和高质量人才队伍的支撑,华大基因为全国乃至全球打好、打赢疫情防控阻击战贡献了"深圳力量""中国技术",多项疫情防控成果获得世卫组织、国家主管部门的高度肯定。据悉,由华大基因运营的"火眼"实验室已在北京、武汉、深圳、天津等全国13个主要城市落地,全国"火眼"日检测通量超16万人份。在海外,20余个国家和地区的70余座"火眼"实验室已启动或在洽谈中,预计总检测日通量超过30万人份,持续确保全球抗击疫情的检测需求,在全球范围助力新冠肺炎疫情防控工作。

"火眼"实验室是在中国抗疫中诞生的、用于病原检测的完整技术方案、成套设备、服务平台和标准体系,正在对外输出,填补世界病毒检测短板,为全球抗疫做出立竿见影的贡献。在疫情发生发展的各个阶段,"火眼"实验室有相应的四大技术体系服务于科研和临床诊疗:(1)用于病原测序的高通量测序技术;(2)用于大规模病原鉴定和临床诊断的实时荧光定量PCR(聚合酶链式反应)技术;(3)免疫蛋白分析技术;(4)单细胞组学技术。

北京大兴气膜"火眼"实验室

应疫情防控需要,"火眼"在国内的主要任务是承担新型冠状病毒的PCR检测,但"火眼"的本质是一套完整的技术方案、成套设备、服务平台和标准体系,可动态化地用于多个传、感染疾病的防控,以及在疫情发生发展的各个阶段,承担起公共卫生基础设施的作用。

(来源:央广网深圳.华大基因"火眼"实验室助力全球抗击疫情[EB/OL]. http://sz.cnr.cn/szfwgb/szyw/20200703/t20200703_525154616.shtml)

中国新冠疫苗筑起免疫防线

新冠肺炎疫情是百年来全球发生的最严重的传染病大流行。面对大战大考,生物科研工作者认真学习贯彻习近平总书记关于疫苗的重要指示批示精神,把维护国家公共卫生安全、人民生命安全和身体健康放在首位,全力以赴加速科研攻关。2020年12月30日,国药集团中国生物新冠病毒灭活疫苗获得国家药品监督管理局批准附条件上市,成为我国首个上市的新冠疫苗。总体看,中国新冠灭活疫苗的安全性良好,有效性良好,冷链储运条件符合全球大多数国家的国情,产能充足,实现了安全性、有效性、可及性、可负担性的统一,为最终战胜疫情奠定了坚实基础。

始终坚持以人民为中心,确保新冠灭活疫苗安全有效。国药集团中国生物新冠病毒灭活疫苗研发严格按照我国药品管理法、疫苗管理法等国家疫苗研发规定和标准程序进行,Ⅲ期临床试验接种人数超过了6万人,接种人群样本量涵盖了125个国籍,覆盖人群及其所属国别量均创全球第一。一方面,疫苗的安全性良好。2021年1月9日,国务院联防联控机制发布会介绍,我国已累计开展了重点人群新冠病毒灭活疫苗接种900多万剂次,证明我国新冠病毒灭活疫苗具有良好的安全性。另一方面,疫苗的有效性良好。国家药监局审评通过的分析数据显示疫苗保护效力为79.34%,高于世界卫生组织50%的指标。在呼吸道疾病疫苗普遍保护率相对较低的情况下,中国新冠疫苗成绩亮眼。

中国疫苗为"中国制造"增光添彩。面对来势汹汹的疫情,国药集团中国生物发挥人才与平台优势,与病毒拼速度,全力打好疫情防控科技战。慎重选择灭活疫苗作为主攻方向,同时布局北京、武汉两家研究所"背对背"研发,确保疫苗安全可靠,为疫苗研发加上"双保险"。一方面,灭活疫苗应对病毒变异能力较强。灭活疫苗是将全病毒进行灭活,制成疫苗,其中抗原成分更加完整,保护性更全面,对来自全球不同地区的毒株均有广谱保护作用。另一方面,灭活疫苗具有数十年上市实践基础,安全有效性得到验证,长期的安全性和有效性有保证。

着眼全球公共卫生产品的定位,中国新冠疫苗具有显著优势。一是规模化生产有保证。二是适应人群更广泛。2021年年初我国开始对9类重点人群进行新冠疫苗的接种,人群年龄范围为18～59岁。下一步将全面有序地推进高风险人群和普通人群的接种工作,实施全民免费接种。

疫情终将被人类战胜。我国疫情的有效防控和科研攻关成果,彰显了中国特色社会主义的制度优势和我国生物科技创新的坚实能力。我们将继续聚焦生命科学领域科研攻关,以生命赴使命、用挚爱护苍生,构筑起守护生命的铜墙铁壁,为实现疫苗作为全球公共产品在发展中国家的可及性和可负担性,为推动构建人类命运共同体贡献智慧和力量。(作者系国药集团中国生物董事长、国家"863计划"疫苗项目首席科学家)

(来源:杨晓明.中国新冠疫苗筑起免疫防线[N].人民日报,2021-01-29(07).)

专业特色思政元素:敬佑生命

一、思政元素

以人为本、科学精神、工匠精神、求真创新、耐心细致

二、案例解读

弘扬敬佑生命、健康至上的医学人文精神是现代医学发展的重要内容之一。敬佑生命内含敬畏和佑助两层意思,强调对生命不仅要敬畏,而且要佑助,使生命实现其最高价值。敬佑生命是医者的职业精神,在临床医学、护理学专业人才培养中不断得到重视。医学检验往往被认为只需与临床标本打交道,医患沟通较少,医学人文精神的培育往往被忽视。事实上,随着医学检验技术的快速发展,医学检验已经远远突破了辅助临床医学诊断疾病的范畴,在疾病的治疗、预防以及对人类健康的促进等方面发挥了重要作用。因此,在医学检验人才的培养过程中医学人文精神的培育亦应受到重视。

临床检验工作不仅要耐心细致、精益求精,而且要积极与临床医务人员沟通,把"以病人为中心"的理念落到实处。从案例《主动沟通:一种更好的选择》中我们可以体会到,检验技师尽管是在辅助科室,但只要下功夫,多学习、多观察,积极与临床医务人员沟通,就可以最大限度地发挥实验室检测项目对临床诊治的指导作用。从案例《三家医院我该相信谁?》中我们可以看出,临床检验工作也面临着医患矛盾,运用专业知识耐心细致地解释十分重要。案例《标本放置错位带来的后果》展示了临床检验工作的重要性,如果粗心大意将会造成严重后果。

三、案　例

主动沟通：一种更好的选择

一天下午，笔者正在上班，突然来了一个男性患者，约 20 岁，神志清楚，但四肢无力，不能站立行走，由他的亲人架着来做血常规，挂的是疼痛科门诊。看着像是软瘫，笔者下意识地考虑到患者可能存在低钾血症或吉兰—巴雷综合征。没征得疼痛科医生和患者的同意，笔者就多采了一管血做电解质检查。这或许侵犯了患者的知情同意权，但笔者顾不了那么多了。结果很快出来了，白细胞（WBC）$22.8 \times 10^9/L$，血钾 2.4mmol/L，证实了笔者的推断（低钾血症）。

接着，笔者主动联系疼痛科医生，说服医生给患者开了检验单。收费后，患者去住院。住院后，静脉滴注氯化钾。当晚补钾 3.5g，尿量 1000mL。

第 2 天早上，笔者去患者那里察看情况。经过补钾，患者已经有说有笑没问题了，患者的母亲对医院充满了感激之情，亲口对笔者说："还是医院好啊，这么难治的病一来到医院就治好了。"笔者只是会心地笑，心想：疼痛科医生有自己的思维局限性，如果笔者不主动出击，患者可能就会被误诊或漏诊。不知道笔者的做法是否正确，也不知疼痛科医生对笔者有什么看法，但知道这是笔者应有的责任，即使任何误解，这一切在患者的生命面前都是微不足道的。在患者面前，笔者赢得了尊重，自己也有了成就感。

（来源：顾兵，等. 检验与临床的沟通——案例分析 200 例［M］. 北京：人民卫生出版社，2011.）

三家医院我该相信谁？

血液科门诊突然打电话喊笔者去一趟。听口气，电话那头显得很着急。刚走到诊室门口，笔者就被里面的阵势吓了一跳。一位中年妇女正在双手挥舞着一叠化验单，大吵大嚷，情绪十分激动。"怎么搞的？你们三家医院化验结果都不一样，我到底该信哪一个？"门诊医生见到笔者，像是见着了菩萨，一把将笔者拖了进去。"你快给患者解释解释。"一种莫名的情绪涌上心头，检验一直是临床的辅助，今天医生这一拖，让笔者感到了检验应有的分量。

原来，这位患者几天前去本地一所三甲医院体检时，被发现贫血。医生让她查血清铁蛋白，结果为 7.3ng/mL，低于正常值，诊断为缺铁性贫血。患者不放心，前天去了另一家大医院，复查血清铁蛋白结果是 5.1ng/mL。见两家医院的检验结果不一致,患者于是又跑到笔者所在医院,结果检验科报的结果更低,仅为 2.1ng/mL。患者不理解为什么三家医院结果不一样,她对结果的可信度产生了怀疑。医生见三个结果确实不一致,一时搞不明白。但报告都出自本地著名的三甲医院,推测检验质量不大可能出问题,只能用指标昼夜波动和检测误差跟患者解释。面对医生的解释,患者难以接受,"波动?误差?第一次查 7.3ng/mL,第二次查5.1ng/mL,第三次查 2.1ng/mL,是不是再波动波动,下次查就是 0ng/mL 呢?"

听了双方的陈述,笔者初步推测结果不同主要是由方法学的差异造成的。拿过化验单看了看,发现三家的正常值范围相差也很明显,分别是 23.9~336.2ng/mL、10~250.0ng/mL 和 5.5~245.0ng/mL。于是,笔者电话询问前两家医院,对方告知检测方法分别是化学发光法和散射比浊法,而笔者用的是放射免疫法。

"听我给您解释。我们三家都没错,您放心,我们每天做质控,错不了。您看到没有,我们的正常值范围就不一样。"笔者朝化验单指了指,"这个不一样是因为我们检测的方法不同。好比我们用步子量院子的大小。高个子步子大,量出来是十步;矮个子步子小,量出来是二十步。您说谁对谁错?检测的方法就好比我们的步子。所以,谁都不错,咱们不能这样比。"最终,笔者耐心细致的解释赢得了患者的理解。

(来源:顾兵,等.检验与临床的沟通——案例分析 200 例[M].北京:人民卫生出版社,2011)

标本放置错位带来的后果

一般县级医院,由于没有 PCR 标准实验室的检测许可证,有关 PCR 检查都需要外送至有资质的实验室。一天,一个患者带着疑惑来实验室询问:"我上个月的HBV-DNA(乙型肝炎病毒基因)结果是 106iu/mL,这次怎么成了小于 102iu/mL了呢?而且我本月的 HBsAg(乙型肝炎表面抗原)、HBeAg(乙型肝炎 E 抗原)还是阳性呢!"主任立即责令质控小组人员检查每个环节,从登记至发报告,被查的员工一开始都不承认哪里出现差错,都说自己是好好做的。

过了 2 天,又有本院一个临床医生打电话来说他的一个门诊患者的 HBsAg、抗 HBe 和抗 HBc 阳性,3 个月前 HBV-DNA 定量还是 105iu/mL,没有用药,目前转氨酶也上升了,这次怎么会变阴呢?因此,质控小组再次排查,疑点集中到当天该项目的操作员身上,问他有没有错位,他最后承认可能是在加样过程中向前移了一个孔加样,最后多出一个孔,以为自己多排了一根管子,那天闹心的事多,要急着赶回家,就直接交给另一实验操作员做了。交接后也未发现这一错误,至此后续的检验结果全都张冠李戴了。

经过排查,情况还不算太糟糕,由于患者和临床医生及时发现问题,与实验室沟通,没有出现下一步的错误,但仍有一个外省的标本发给他一个大于 106 拷贝/mL 的报告,一个多月了还没回音。于是,检验医师赶快让市场部与那边的医生联系,医生反馈他已开了 3 个月的药让患者回家吃了,目前还没有来复查,一旦来复查,就让他停药。大家都盼着那个患者能早点来复查,结果一直到 3 个月药服完了他才来复查。当地医生非常客气地给他免费复查,让他先停药,等结果再说。第 2 天,检验医师就发出新的报告单到当地医生手上,告诉患者病全好了,乙肝病毒被清除了。患者拉着当地医生的手,感动得要下跪,说他终于能和家人一起生活了。原来查出肝炎后,患者就不再和家人一起生活,以免传染给小孩,患者激动地称赞医生"赛华佗"。然后,该患者高高兴兴地回了家,医生心里的一块大石头也落地了。

(来源:顾兵,等.检验与临床的沟通——案例分析 200 例[M].北京:人民卫生出版社,2011.)

专业特色思政元素:知情同意

一、思政元素

集体主义、客观独立、开拓进取、权利平等、一视同仁、医患平等、资源共享

二、案例解读

作为对美好社会的追求,自由与平等是社会主义核心价值观的重要组成,体现在诸多方面,知情同意就是其题中之义。所谓知情同意,是指患者对自己的病情和医生据此做出的诊断与治疗方案明了和认可。知情同意有利于建立合作互信的医患关系,能够有效减少医疗纠纷的发生。知情同意除了体现在医患权利平等、一视同仁,也体现在共抗疫情的集体主义和资源共享。

知情同意是保障患者权利的具体体现。案例《临床试验需获知情同意》从立法层面体现了党和政府为了发展医疗卫生与健康事业,保障公民享有基本医疗卫生服务,提高公民健康水平,推进健康中国建设的发展理念。面对医疗资源失衡的种种困境,医疗共享成为必然趋势。"健康中国 2030"将"共建共享、全民健康"作为建设健康中国的战略主题。在案例《浙江"共享医疗"再升级!》中,浙江省临床检验检测共享平台专科联盟的成立实现了省级临床检验优质资源下沉。案例《检验结果"互认"》中的夏先生在温州检查杭州就医,方便了看病过程,减轻了经济负担。医患平等、互相尊重化解了医患矛盾。

三、案　例

临床试验需获知情同意

第三十二条　公民接受医疗卫生服务,对病情、诊疗方案、医疗风险、医疗费用等事项依法享有知情同意的权利。

需要实施手术、特殊检查、特殊治疗的,医疗卫生人员应当及时向患者说明医疗风险、替代医疗方案等情况,并取得其同意;不能或者不宜向患者说明的,应当向患者的近亲属说明,并取得其同意。法律另有规定的,依照其规定。

开展药物、医疗器械临床试验和其他医学研究应当遵守医学伦理规范,依法通过伦理审查,取得知情同意。

第三十三条　公民接受医疗卫生服务,应当受到尊重。医疗卫生机构、医疗卫生人员应当关心爱护、平等对待患者,尊重患者人格尊严,保护患者隐私。

(来源:中国政府网.中华人民共和国基本医疗卫生与健康促进法[EB/OL]. http://www. gov.cn/xinwen/2019-12/29/content_5464861.htm.)

浙江"共享医疗"再升级!

在浙江省卫健委的指导与支持下,浙江省临床检验检测共享平台专科联盟正式成立。该联盟以"共享、联动、同质、创新"为主题,由浙江省人民医院、浙江大学医学院附属邵逸夫医院、浙江大学医学院附属第一医院、浙江省肿瘤医院、浙江大学医学院附属妇产科医院、浙江医院、浙江省立同德医院、浙江大学医学院附属儿童医院等 8 家浙江省内三级甲等医院与 1 家第三方医学诊断服务机构——迪安诊断共同发起,以期通过搭建检验检测资源共享网络,赋能"医联体""医共体"等医改政策的落地实行。

以"共享"为核心建设"三级覆盖"的专业化平台。作为"共享医疗"的再次探索的成果,该平台联盟成员之间将以"开放、动态"为合作机制,以"资源融合、成果共享"为运行模式,并通过开展 6 个方面的工作,将联盟打造成技术领先、人才群集、标准统一、质量优先、强化教育、资源集中的检验检测专业化平台。

未来,该联盟将借助省级检验检测中心、大型第三方实验室和县级区域检验检测中心三个平台,通过结合第三方独立医学实验室的资源优势,发挥临床检验可集约化、标准化、网络化管理和建设的特点,实现检验质量同质化服务,奠定检验结果互认基础,为分级诊疗和优质医疗资源下沉提供平台保障,以及建立一张覆盖省、市、县的临床检验检测网络,合理配置临床检验资源,实现省级临床检验优质资源高效、低耗、高水平地向县和乡医疗单位全覆盖。

(来源:杭州网.浙江"共享医疗"再升级!省临床检验检测共享平台专科联盟成立[EB/OL]. https://ori. hangzhou. com. cn/ornews/content/2019-01-16/content_7133877. htm.)

检验结果"互认"

到不同医院就诊,很多人都曾遇到过,上午做的检查,下午到另一家医院就不认可了,还得再做一次。不过这样的情况在浙江已大大减少。浙江省卫生计生委(2018年改为卫生和健康委员会)近日公布了全省医疗机构检验结果互认项目的进度:全省319家各级医疗机构在血常规、肿瘤标志物、内分泌等9大类项目上基本能提供"同质化"的检验服务。这将大大减少患者短期内在不同医院看病时的重复检查。

温州的夏先生,5年前被诊断为慢性活动性乙型病毒性肝炎,一直定期到浙江省人民医院感染科就诊,因家住温州,为方便起见,他经常在当地医院抽空做检查。9月17日,夏先生照旧带着温州医科大学附属第一医院的检验报告单到浙江省人民医院就诊,因为所有的检验结果都是现成的,无须重复检查,很顺利地完成了就医过程。夏先生说,检查单能通用很方便,他的所有检查都是在温州做的,包括乙肝病毒DNA、肿瘤标志物、血常规、肝功能、血脂、肝纤维化等。"如果这些检查都在杭州做,得多跑好几趟。"

另一位患者朱先生,近期体重下降、口干、夜尿2~3次。在当地富阳中医院检查发现空腹血糖升高至19.35mmol/L,糖化血红蛋白A1c升高至13.3%。朱先生放心不下,当即赶到浙江省人民医院内分泌科就诊。医生查看了患者病历后,认为富阳中医医院的检验时效仍在,同项目不必重复检查,而为了进一步明确病情,只补充了餐后2小时血糖检测等。

(来源:浙江在线.不必重做检查 浙江319家医院9类检验基本实现"互认"[EB/OL]. https://health. zjol. com. cn/system/2015/09/30/020857120. shtml.)

专业特色思政元素:合规守正

一、思政元素

社会公正、权利公平、医疗公平、依法行医、责任意识、职业操守、诚实守信、科学客观、廉洁奉公、隐私保护

二、案例解读

公正,社会进步之标志,社会和谐之根基。法治,人类政治文明之要旨,国家长治久安之大计。公正是指公平正义,合乎法度。法治是指根据法律治理国家。公正与法治两者相辅相成,互为依存。公正与法治作为现代社会基本框架的重要构成,是一个国家繁荣昌盛、社会稳定的基础,贯穿社会生活的各个领域,大至国家政体,小到个人言行。在中国特色社会主义的建设中,只有真正实现公正法治,才能充分调动人民群众的积极性、主动性、创造性,最大限度地集中全社会、全民族的智慧和力量,为实现中华民族繁荣富强的伟大目标服务。

公正与法治要求相关人员能够在日常医疗相关的检验活动中遵守行业法律法规,规范自己的医疗行为,在为患者提供健康服务的过程中做到既能有效维护患者所享有的健康权的公正,也能有效体现医疗人员良好的职业操守,从而让患者体会到享有健康的幸福感和对医疗人员形象的认同感,最终实现维护医患关系的和谐发展。下面四个案例分别阐述在检验和检测领域里如何秉持合规守正,维护医患和谐关系的发展。案例《涉嫌破坏样本致 16 个新冠检测假阳性,涉事人员已被捕!》体现了检验人员操作过程的规范对检验结果的客观公正的影响。案例《医院检验科主任受贿并为他人谋利被判刑》显示检验科室主要管理人员违反行医规范,受贿腐败破坏医德医风导致医务人员正面形象受损而影响医患关系的问题。案例《两地检测的血型居然不一致! 看上地医院检验科如何破解"谜题"》显示检验人员要提升自身能力和素质,才能提高检验结果的科学性和客观公正性。案例《让"艾"与大爱同行》体现了检验人员尊重患者、保护患者隐私的职业操守。

三、案 例

涉嫌破坏样本致 16 个新冠检测假阳性,涉事人员已被捕!

据港媒报道,香港警方昨日在大埔工业村以涉嫌"刑事毁坏"拘捕了一名在华大基因化验室工作的 24 岁男子。被捕男子于 2020 年 11 月入职,担任化验室助理,犯案时他正在上班。大埔警区助理指挥官(刑事)署理警司宋程慧介绍案情称,警方于 2 月 18 日接获大埔工业村一间私营新冠病毒化验所报案,怀疑化验所内一名员工,在 2 月 9 日及 11 日分别 3 次故意摇晃病毒化验所内盛载深喉唾液样本的器皿,令检测结果受影响。化验所经过内部调查,初步排除系机器、环境及检测器具的问题,相信检测结果受人为因素影响。

香港食卫局此前指出,私营机构华大基因负责营运香港多个小区的检测中心,该机构在 1 月 29 日、2 月 1 日及 2 月 2 日这 3 天初步判断为阳性的检测样本经卫生署复检,发现有 16 个全部为阴性。其后再经医院管理局安排重新采集样本并进一步检测后,相关个案结果仍呈阴性。华大基因解释称,发生错误的原因可能是人为原因、试剂残留或污染,以及环境污染,已经在内部展开调查,并将事件呈报有关部门。

香港警方指出,特区政府整个新冠病毒检测的机制内均有复检制度,并由卫生署把关,确保所有病毒检测结果都正确。而涉事私营病毒检测初步阳性结果,均经过卫生署实时复核。

操作标准化是医院检验科保证检验报告的正确性、科学性、公正性的有力武器。检验人员在日常的检测操作中必须始终坚持谨慎的原则,具有高度的责任感,严格按照 SOP(标准作业程序)流程执行各项操作,才能确保检验结果的准确性,从而为患者的健康负责。这个案例的惨痛教训告诫检验人员一定要注重自身思想素质提高,也提醒医疗管理者在实际中要重视思想教育对提高员工自身业务素质的重要性。

(来源:涉嫌破坏样本致 16 个新冠检测假阳性,涉事人员已被捕![EB/OL]. https://www.163.com/dy/article/G3GKA6P00536S7N1.html.)

医院检验科主任受贿并为他人谋利被判刑

2016 年 3 月至 2017 年 3 月,徐志远在担任海浮山医院检验科主任期间,在其科室使用王某某提供的医疗检验设备及试剂、耗材的过程中,利用职务便利,分 5

次收受王某某给予的贿赂款共计7万元,并为王某某谋取利益。因犯受贿罪,徐志远被奎文区人民法院判处有期徒刑十个月,缓刑一年。徐志远受到开除党籍处分,海浮山医院与其解除劳动关系。

（来源:医院检验科主任受贿并为他人谋利被判刑[EB/OL].http://weifang.dzwww.com/wfxwn/201810/t20181010_16666143.htm.）

两地检测的血型居然不一致!
看上地医院检验科如何破解"谜题"

近日,上地医院检验科里响起了一阵电话铃声。"喂,您好,我们有个72岁患者,以前检测自己的血型是A型,来咱这检测的却是AB型,请你们再核查一下结果。"到底是什么原因造成了在不同的地方检测血型,检测结果不一致呢?

检验科工作人员找出了该患者前一日做血常规及不规则抗体筛查的两管抗凝血,检查了标本无溶血后,用试管法做了正反定型,结果均为AB型RhD阳性。不过,细心的工作人员发现,试管内B抗原凝集强度较弱,显微镜高倍镜视野散在凝集,又用微柱凝胶检测卡再次检测,结果竟然是A型! 再次确认两管标本都是相同的结果,试管法AB型,微柱凝胶检测卡A型。而且患者近两个月内并无输血史,究竟是什么原因导致了检测出来的血型不一致呢? 原来,由于不同的血型检测方法灵敏度不同,红细胞表面抗原位点数少或者结构的差异等原因,不同的检测方法结果不同的案例偶有发生。因此,在进行ABO血型鉴定时,应严格按照操作技术标准进行操作,若结果存在差异,应及时明确原因,并进行重复试验。ABO血型极易受到多种因素的影响,在鉴定时应进行综合考虑。次口,检验科将患者标本送至红十字血液中心检测,最终确定该患者的血型为AB亚型。70多年来,患者终于知道了自己真实的血型。

当矛盾检测结果出现后,检验人员如何保证检验报告的正确性和客观公正性一直是个难题和挑战。免疫学检测技术中的很多方法由于受试剂、仪器设备、标本质量等因素等影响,目前存在尚无统一的国际化标准的问题。实际检测中会出现不同医院使用不同方法或使用不同试剂检测同一项标志物,而导致其结果可能出现差异的情况。另外,免疫检测中如果实验试剂采用不同的抗体标记、不同的定标液、不同的抗干扰能力,以及分析仪器存在选择性差异等,就可能导致检测结果的差异。因此,临床诊断尤其是涉及指标变化的比较时,建议尽量选择同一家医院或同一个临床实验室,若同一家医院存在两个检测系统,应该选择同一检测系统,以便更准确地做出判断。

此外,循证检验医学能力的提升是促成免疫检验人员做出客观公正报告的有效途径。循证医学就是指谨慎、明确、明知地运用当前最佳证据,对每个病人做出诊断和治疗的决定。随着医疗改革的深入,如何优质优价地为病人提供检验服务,也是检验工作者值得研究的课题。这都需要有循证医学思维,什么疾病选择什么样的检验项目或检验组合,对疾病的诊断和治疗能获得最佳的证据,什么样的标本或样本组合,应选择什么时机和方法采集,检验结果的可信度有多大,哪些检验项目的结果是可靠依据,哪些是参考依据,根据循证医学思维模式,可以有效地对检验方法进行研究和筛选,以筛选出可靠指标,剔除不合理或无重要诊断与治疗参考价值、预后价值的检验项目,使各种诊断标准达到规范化和标准化,从而减少不必要的浪费和减轻病人的负担,避免过度检测和过度医疗的出现。

(来源:两地检测的血型居然不一致! 看上地医院检验科如何破解"谜题"[EB/OL]. https://www.sohu.com/a/340659737_4643621.)

让"艾"与大爱同行

"感染者中有很大一部分是吸毒的,我该不该举报?"徐钟渭承认,尽管这些年他一直信守保密原则,但在心里,他时不时会反问一下自己。职业原则、良知、责任心……种种因素纠结在一起,往往会令他矛盾不已,难以释怀。

当艾滋病在全球蔓延时,一个新的防治体系也在形成。2000年始,包括浙江在内的省份,首先推行艾滋病告知制度;2007年3月,告知范围进一步扩大到了艾滋病病毒感染者的配偶或监护人。因告知而出现的困惑和新的问题,亦随之而来。

杭州萧山区疾控中心艾滋病防治科医生徐钟渭从事"防艾"工作15年来始终坚持守口如瓶的职业道德守则。无论家人、朋友,还是记者、上级领导,谁也别想从徐钟渭口中打听到有关艾滋病病人、感染者的一点涉及隐私的消息。"目前,社会各界对艾滋病患者和感染者的歧视还比较严重。"徐钟渭说,让病人在保密的环境中,得到及时有效的治疗,控制疾病不再传染,是他的目标。

(来源:让"艾"与大爱同行[EB/OL]. http://epaper.zjgrrb.com/images/2017-12/02/z2017120200001.pdf.)

专业特色思政元素:大爱无疆

一、思政元素

家国情怀、保护人民健康、民族精神、甘于奉献、爱岗敬业、职业道德、防病治病、恪尽职守、关爱生命、严谨

二、案例解读

爱国与敬业是社会主义核心价值观在个人层面对公民的道德要求。敬业与爱国紧密相关。敬业是爱国的前提和条件,爱国是敬业的统帅和灵魂,要用敬业精神去彰显爱国之情,用爱国之情去鞭策公民忠于职守,爱岗敬业,服务人民,服务社会。从医疗实践看,大爱无疆是爱国与敬业的具体体现。所谓大爱无疆是指博大的爱是无边界的,这种大爱跨越国别、区域、种族、敌我等时间和空间,以宽容的胸怀去爱所有的人或物。大爱是由人民个人的小爱汇集升华而成的,所以各行各业均可体现大爱无疆的精神,包括医学检验。医学检验为疾病的诊断、疗效的监测及预后判断等提供可靠的依据,从而服务于病人,服务于临床,服务于社会。检验工作者在日常工作中严格遵守职业道德,工作中处好医患关系、同事关系等,对待检验工作认真仔细,勤于钻研创新,检验操作规范娴熟,默默地为全民的健康、社会的安宁贡献自己的力量。当人民遇到困难时,检验工作者们汇集于一起,迎难而上,凭借自己过人的专业技术、良好的职业道德,帮助地区、国家或世界上其他国家的人民顺利渡过难关,彰显其大爱精神。

在案例《穿 11 件防护服累到虚脱　援非人员在杭讲述抗击埃博拉事迹》中,8名援非医护人员不畏艰苦的工作生活环境,与非洲人民共同抗击人类高致病病原体——埃博拉病毒,体现了医者跨越国界的大爱精神。在案例《辽宁省援新疆检验医疗队圆满完成核酸检测任务返回》及《同舟共"冀"齐心"战疫"　浙江援冀核酸检测医疗队凯旋》中,拥有深厚家国情怀的辽宁及浙江的检验医疗队员们在国家有难时挺身而出,分别奔赴边疆和河北,充分发挥自己的专业技能,把好质量关,顺利完成检测任务,在新疆人民、河北人民、中国人民成功抗击新冠肺炎疫情中贡献出自

己的力量。由案例《屠呦呦:心中有国家　造福无国界》可知,正是心中常怀忧国忧民之心,把"保护人民健康"作为首要职业道德要求,始终将全国、全球人民的健康挂在心上,屠呦呦才会在自己的工作岗位上几十年如一日,勤勤恳恳,埋头苦干,不断创新,最终成功研发抗疟高效药——青蒿素,挽救了全球千万人民的生命。案例《中国政府首批对外援助新冠疫苗转交巴基斯坦》显示,中国科研工作者争分夺秒,不断钻研,经过无数次尝试,终于制备出新冠疫苗,但是中国不仅将其用于国内人民的新冠肺炎预防,而且将疫苗作为全球公共产品,造福世界上更多的人民,彰显了中国人民宽广的胸怀,大爱的精神。

三、案　例

穿 11 件防护服累到虚脱
援非人员在杭讲述抗击埃博拉事迹

7 月 28 日,全国援非抗击埃博拉队伍先进事迹报告会在杭州举行,8 名援非医护人员分享了他们在非洲抗击埃博拉的亲身经历。他们直面病毒,与埃博拉病人"零"距离接触;他们关爱西非的孩子,通过义捐建造孤儿院。他们是来自中国的援非抗击埃博拉队伍。

2014 年 3 月,埃博拉疫情在西非暴发,这是一种人类尚且陌生的病毒,感染性和死亡率均很高。疫情不断蔓延,一时间,世界各国谈埃色变。中国政府果断派出成建制医疗队赴非洲开展援非抗击埃博拉疫情工作,这也是新中国成立以来卫生领域最大一次援外活动。

截至 2015 年 2 月,中国政府先后向 13 个非洲国家提供了 4 轮价值约 7.5 亿元人民币的紧急援助。在疫区工作过的军地医务人员累计超过 1000 人,检测疑似埃博拉病毒样本近 4000 份,收治患者 600 多例,培训当地医疗人员、社区防控骨干等 1.3 万余人。

(来源:浙江在线.穿 11 件防护服累到虚脱　援非人员在杭讲述抗击埃博拉事迹[EB/OL].
https://zjnews.zjol.com.cn/system/2015/07/28/020759483.shtml.)

辽宁省援新疆检验医疗队圆满完成核酸检测任务返回

2020 年 8 月 20 日,辽宁省援新疆 20 名检验医疗队员圆满完成核酸检测任务,返回辽宁。

辽宁省援新疆检验医疗队在疆期间先后在乌鲁木齐、喀什市、喀什疏附县从事新冠病毒核酸检测工作,全体队员24小时4班倒,共完成核酸检测样本6.4万份。

辽宁援疆核酸检测医疗队在疆期间辗转了三个实验室,从乌鲁木齐市的新疆维吾尔自治区维吾尔医院到喀什海关,再到喀什第一人民医院疏附广州新城院区,每一次转战,都是实验室新一次的建立。援疆核酸检测医疗队克服重重困难,牺牲休息时间进行流程梳理再造,同时承接大批量混采标本的筛查工作及确诊患者标本的检测工作,共计完成核酸检测64150管标本,检测289134人次。

"检验是临床的眼睛,质量是检验的灵魂。"辽宁省援疆核酸检测医疗队高度重视喀什地区检验人员临床核酸检测能力的培养,制订详细的培训计划,循序渐进地提高当地学员的水平,最终全体学员熟练掌握PCR理论知识及核酸检测的操作流程,为当地留下一支带不走的核酸检测医疗队。

(来源:人民网.辽宁省援新疆检验医疗队圆满完成核酸检测任务返回[EB/OL]. http://ln.people.com.cn/n2/2020/0820/c378317-34241056.html.)

同舟共"冀"齐心"战疫" 浙江援冀核酸检测医疗队凯旋

一方有难,八方支援。河北疫情牵动全国人民的心。2021年1月6日,接到国务院应对新型冠状病毒肺炎疫情联防联控机制(医疗救治组)紧急支援河北省的命令,浙江省卫生健康委紧急抽调103名医务人员,仅用两小时便完成浙江援冀核酸检测医疗队的组建。2021年1月7日接到正式出发指令后,队员们分别从杭州、宁波、嘉兴、湖州、绍兴快速抵达浙江省人民医院,6小时内迅速完成队伍集结。医疗队携带了25台核酸提取仪、50台PCR扩增仪,以及14万人份核酸提取试剂和25万人份核酸检测试剂等价值2000余万元的物资耗材。

1月8日凌晨抵达河北后,医疗队日夜奋战,仅用10小时便完成实验室勘察、队伍组编、仪器设备安装与调试、检测系统性能验证等工作,快速确立组织架构并依照河北省抗击新冠肺炎疫情指挥部的部署,火速开展核酸检测工作。

在冀期间,医疗队累计检测新冠肺炎核酸样本386980管,共计3082362人份,参与河北省疫情防控形势研判,成为当地核酸检测质控标杆。

"我们感到肩上责任很重,抵达石家庄后连夜规划布局,按照检验室标准将整体空间隔成若干个区域,并做好相关标识。"浙江大学医学院附属第二医院PCR实验室分子检验专业组组长段秀枝说,大家克服重重困难,在核酸检测工作中做到了"不放过""不漏过",对战胜疫情充满信心。

援冀期间,23名队员向临时党支部递交了入党申请书。来自安吉县人民医院的吕宗军是其中一员。他说:"我和我爱人都是在一线工作的医护人员。这一次去支援,我也没有多想,就是觉得前方有需要就要去。"

(来源:新华网浙江.同舟共"冀"齐心"战疫" 浙江援冀核酸检测医疗队凯旋[EB/OL].

http://www.zj.xinhuanet.com/2021-01/31/c_1127046283.htm.)

屠呦呦:心中有国家　造福无国界

中国中医科学院首席研究员屠呦呦是中国首个诺贝尔生理学或医学奖得主,她用创新性的研究为世界带来了迄今最重要的抗疟疾药——青蒿素。受益于此,数百万疟疾患者重获生机。

1930年12月30日,浙江省宁波市开明街508号屠家男主人,从《诗经·小雅》"呦呦鹿鸣,食野之蒿"中撷取"呦呦"二字,为刚刚降生的女儿取名。不承想,女儿的一生事业就此与青蒿密不可分。

高中毕业,屠呦呦考取北京大学医学院药学系;大学毕业后,专精现代药学的她被分配到中医研究院中药研究所;工作不久,她自愿脱产学习中医药,走进祖国传统医药"宝库";1969年,39岁的屠呦呦受命从中药中寻找治疗疟疾的突破性药材……正是源于对中医药的积淀认知,屠呦呦成功从1600多年前的中医药典籍中获得灵感,有效提取出抗疟利器青蒿素。

一切仿佛是冥冥注定,背后却是科学家非凡的洞察、广阔的视野、顽强的信念和无私的奉献。为尽快研发出药物,她意志坚定,克服艰苦条件,即使不断失败也从不放弃;为保证病人用药安全,她带头试药;为获取第一手资料,她冒着酷暑奔走在海南疟区;为了研究能稳步持续推进,她牺牲个人和家庭生活,托人照顾孩子,独自咽下为人母的思念和愧疚的泪水……而当任务完成、艰难时刻过去后,她又在其后漫长的岁月里选择继续低头耕耘,直到诺贝尔奖将她推至闪光灯前。面对如今接踵而至的表彰,屠呦呦将成就归功于参与研究的科学家集体。

"青蒿素的抗药性,能否用于治疗红斑狼疮等还要继续研究。"屠呦呦以不变的淡定、执着,诠释着科学家"心中有国家、造福无国界"的大爱情怀,在青蒿素的后续研究之路上奋力前行。

(来源:人民健康网.屠呦呦:心中有国家　造福无国界[EB/OL].http://health.people.com.cn/n1/2019/0722/c14739-31247561.html.)

中国政府首批对外援助新冠疫苗转交巴基斯坦

中国政府首批对外援助的新冠疫苗1日在巴基斯坦首都伊斯兰堡附近的努尔汗空军基地正式移交巴基斯坦。

巴基斯坦外长库雷希在出席疫苗交接仪式时表示,巴基斯坦是中国政府对外提供新冠疫苗援助的首个国家,他对中国政府和人民在巴基斯坦有需要的时候再次伸出援手表示感谢。

　　中国驻巴基斯坦大使农融在交接仪式上说,中方向巴方援助的这批疫苗不仅是巴基斯坦民众急需的医疗物资,更是中巴"铁杆"情谊的生动体现。这是中国政府对外提供的第一批疫苗援助,也是落实中国领导人关于将疫苗作为全球公共产品重要宣示的具体举措。

　　农融还表示,2021 年是中巴建交 70 周年,中国将继续为巴基斯坦疫情防控、经济复苏和社会发展贡献力量。

　　巴基斯坦负责国家卫生服务的总理特别助理费萨尔·苏丹 1 日表示,中国援助的这批疫苗将首先提供给一线医务人员接种。

　　(来源:丁雪真.中国政府首批对外援助新冠疫苗转交巴基斯坦[N].人民日报,2021-02-02(17).)

专业特色思政元素:仁爱协作

一、思政元素

团结协作、社会公德、互相帮助、诚实守信

二、案例解读

仁爱即仁者爱人,是传统社会的核心价值观,也是社会主义核心价值观的具体要求。协作是推进人类社会进步的必然选择,也是人类社会生存和发展的重要动力。仁爱是医学伦理的本质,协作是医学发展的方向。在医学领域里,一名患者的医治是医疗机构里各科室医护人员共同努力的结果。检验工作者常常被认为只和标本打交道,医患沟通较少,属于辅助科室,而事实上,检验结果的真实可信是临床医生治疗的重要基础。他们一直在岗位上,用自己的爱心、暖心和诚心做好检验检测工作。在新冠肺炎疫情防控期间,检验人身穿防护服,头戴护目镜,冒着被感染的风险,和标本里未知的病原体做斗争,总是站在幕后,却又距离病毒最近。在日常工作中,他们总是守着一台台的机器,每天认认真真做好质控、维护、保养,仔细审核着成千上万个冰冷的数据,不允许有一丝的差错和虚假。

案例《政企协力,核酸检测试剂供应跑出"中国速度"》和《多重因素影响检出率,多方力量支援提升检测能力》展示了作为医学检验最重要的技术之一"核酸检测",在此次新冠疫情防控期间,在试剂盒研发、供应中体现了"中国速度",与一线医疗机构配合"战疫"的加速赛跑。这些都体现了检验人的社会公德,团结协作、互相帮助的仁爱协作精神。案例《越牛新闻记者探访绍兴医院核酸检测实验室,揭秘检测全过程》展示了疫情防控期间检验人的常态。加班加点工作、同事间互相帮助、认真对待标本和数据,这些都是每一个检验人的初心和使命。

三、案例

政企协力,核酸检测试剂供应跑出"中国速度"

2020年3月6日,科技部社会发展科技司司长吴远彬在国务院联防联控机制举办的新闻发布会上表示,当前,国际社会加强对新冠疫情的科技合作十分重要和紧迫,我国已经向巴基斯坦、日本、非盟等提供了检测试剂。

截至2020年3月6日,国家药品监督管理局已批准新冠病毒检测试剂15款。其中,之江生物、圣湘生物、华大基因等多家企业已获得了欧盟CE认证。这代表着,由我国研发生产的新冠病毒核酸检测试剂盒可以为国际"战疫"提供有力支持。

从起初的供应不足、"一盒难求",到产能恢复日检万份,再到捐赠他国远供海外,疫情防控期间,"核酸检测试剂盒"一词几乎成为"中国速度"的新名片。在短短一个多月内扭转局面响应需求,中国是如何做到的?"复盘"这一过程发现,其背后是一场由政府监管部门、试剂研发生产商、原料供应商、第三方检测平台等全行业共同参与,与一线医疗机构配合"战疫"的加速赛跑。

核酸检测是一种体外诊断中的分子诊断方法,由于其特异性高等特点,在医学界被认为是传染病的病原学检测的"金标准"。《新型冠状病毒肺炎诊疗方案》试行第七版中,"实时荧光RT-PCR检测新型冠状病毒核酸阳性",始终被列为确诊病例的关键条件。

通常,一款该类产品从研发、审批、生产到上市应用,平均来说至少需要3年时间。2020年1月21日,春节在即,国家药监局紧急启动了《医疗器械应急审批程序》,此后的十多天里,医疗器械技术审评中心开始了紧锣密鼓的连续加班,对相关入选企业及其新型冠状病毒核酸检测试剂产品展开指导和审评,支持科研生产。

而检测试剂的研发工作则是在更早之前,几乎与疫情的发现同时展开的。2019年12月31日,武汉市首次公开通报出现"不明原因肺炎病例",当晚,国药集团中国生物旗下从事新发和常见传染病的分子检测企业——上海捷诺生物科技有限公司派出3名技术工作者乘最早一班航班抵达武汉开展检测,用多重病原诊断试剂检测结果,排除现有已知病原感染,为考虑和发现新型病毒感染提供了思路。

多家诊断试剂行业的高新技术企业都做出了快速反应。华大基因在2020年1月初紧急组织科研及生产力量,开始研制相关试剂盒。历时72小时后,华大团队完成了初步研发。

最终,在国家药监局的层层严格审核之下,2020年1月26日,上海捷诺生物科技有限公司、华大基因旗下的华大生物科技(武汉)有限公司和武汉华大智造科技有限公司以及上海之江生物科技股份有限公司4家企业的4个新型冠状病毒检测产品通过了国家药监局应急审批，投入生产，应对疫情需要。到 2020 年 1 月 31 日，不足一周时间内，共计 7 家企业的 7 款新型冠状病毒 2019-nCoV 核酸检测试剂盒和 1 款配套分析软件陆续通过获批。到 2020 年 2 月 1 日，工业和信息化部相关数据显示，新冠病毒核酸检测试剂盒的日产量已经达到了 77.3 万人份，约等于当时疑似患病者的 40 倍。

（来源：人民网—人民健康网. 从 4 到 15，政企协力，核酸检测试剂供应跑出"中国速度"［EB/OL］. http://health. people. com. cn/n1/2020/0307/c14739-31621743. html. ）

多重因素影响检出率，多方力量支援提升检测能力

核酸检测能否准确、快速完成，除了检测试剂，还取决于诸多因素。一方面，病毒的检出率受多重因素影响。北京大学人民医院呼吸内科主任高占成在国务院联防联控机制新闻发布会上表示，任何病毒核酸检测的检出率都不可能是百分之百，出现假阴性不可避免，同时检出率还可能与患者病情轻重程度、病程发展阶段、样本取材和实验室检测条件等多种因素有关。解放军总医院医学检验中心主任、中华医学会检验医学分会主任委员王成彬也提到，根据核酸检测的方法学特点，疾病发展过程、标本采集、标本保存与运输、核酸提取、扩增体系、人员操作等因素都可能造成最后检测结果的假阴性或假阳性。

另一方面，由于新冠病毒的检测对于实验室、检测人员和个人防护的要求均较高，样本处理的速度也制约着检测效率。"从采集标本送到实验室，经过对标本的接收、处理、病毒核酸提取、核酸扩增、数据处理及报告，一般需要约 4 个小时或更长时间。"王成彬说道。而对于不具备相关条件或疫情较重的地区而言，还需要加上样本的运输和等待处理等过程，患者的等待时间就远远拉长了。

为提高重点疫区的检测能力，中国疾控中心和 17 个省份 83 位实验室检测人员增援湖北省，以外部"输血"弥补了检测人力的不足。同时，湖北省也先后分五批扩充了核酸检测机构的数量，除了医疗机构和疾控中心外，还有多家社会第三方检测机构加入。

2020 年 2 月 5 日，新型冠状病毒应急检测实验室——"火眼"实验室正式在武汉启动试运行，每日可检测万人份样本。此外，根据湖北省卫健委网站公示的第三方检测机构名单，包括迪安医学、平安好医生等在内的 13 家企业都可开展新型冠状病毒核酸检测。

随着检测能力的显著提高，2020 年 2 月 22 日，好消息再次传来——"武汉核酸检测存量清零了！"连日来，数十家核酸检测机构同时开工，实现了全市临床确诊、疑似、密切接触者、发热患者"四类人员"的核酸检测存量全面清零。

（来源：人民网—人民健康网. 从 4 到 15，政企协力，核酸检测试剂供应跑出"中国速度"

[EB/OL]. http://health.people.com.cn/n1/2020/0307/c14739-31621743.html.）

越牛新闻记者探访绍兴医院核酸检测实验室，揭秘检测全过程

昨天上午9点多，隔着实验室的玻璃，绍兴第二医院检验科主管技师郑嘉来与记者打了个"OK"的手势，然后继续提取核酸。从2020年4月至今，到实验室对采集的样本做核酸检测成了他最重要的工作。像郑嘉来这样的"专职"检验人员，去年我市各大医院增加了不少。做这项工作很苦，还要舍弃很多东西，但他们却说："必须坚持！"

实验室是距离新型冠状病毒最近的地方之一，防护要求非常高。进入前，需戴好医用帽子、防护口罩，穿好防护服，戴上双层手套和护目镜，套上鞋套。一切准备就绪后，郑嘉来提着样本箱走进全封闭的实验室。"最麻烦的是脱装备，先脱什么，再脱什么，都有严格的流程。每脱一样装备，都要给手消一次毒。"绍兴第二医院检验科主任童海江说。透过玻璃，记者能看到一排排样本。"这个批次一共有200多份样本，全部检测完大概需要3个小时。"童海江告诉记者，每一份样本检测要经历5道程序：检验人员对样本进行标记、分装，核酸提取，荧光定量PCR体系配制，上机检测，数据报告分析。"5道程序中，前3道需要人工操作，有风险，实验时需要精神高度集中。"他说。做完检测后，检验人员要对实验室进行深度消毒。

加班加点是家常便饭。记者了解到，绍兴市核酸检测工作是从2020年4月份开始的。"也就是从那时起，无论工作日还是节假日，医院的实验室总是灯火通明，忙碌的身影从未停歇。"童海江告诉记者，到2020年12月，他带领的团队已对8.3万人份样本进行了核酸检测，"每天至少要检测200人份样本，最多的一天检测了600多人份，忙到晚上9点是常事"。童海江说，为了实验时不上厕所，检验人员经常少进食、不喝水，"因长时间盯着仪器，眼睛经常干涩得睁不开。每次脱下口罩，脸上总有很深的勒痕。长时间穿着防护服，感觉非常闷"。这样的情况，在绍兴市其他医院同样存在。"每天分9个批次对样本进行检测，经常要忙到晚上10点左右，每天的工作时间比以前多了五六个小时。"绍兴文理学院附属医院检验科主任许文芳说，有的样本是饭点时间送来的，因检测报告有急用，检验人员只能饿着肚子把实验做完。"一次检测下来整个人都筋疲力尽，但只要发现检测结果有异常，检验人员必须再进实验室。我记得有一次，检验人员刚出来几分钟，就又穿上防护服，对样本进行复核。"她说。

认真对待每一份样本。核酸检验人员须持证上岗。"起初，我们这只有4人有检测资质，后经过培训又有10多人拿到资质。"结合目前疫情防控状况，童海江负责核酸检测的排班工作，随时根据标本量调整人员、班次，每一位队员都随时待命。

"主任，我家近，我可以来""主任，我随时都可以上岗，您就安排吧"……像这样朴实而简短的言语，频频在微信群里出现。"大家为了完成任务，没有丝毫犹豫，没有一点点计较。"童海江告诉记者，因实验时穿的防护服是白色的，"大白"成了同事间的昵称。"'大白'们深知自己肩上的担子，每一次加样都是一份使命，每一个报告都是一份责任。"

（来源：越牛新闻.越牛新闻记者探访绍兴医院核酸检测实验室，揭秘检测全过程［EB/OL］. http://www.shaoxing.com.cn/p/2846940.html.）

医学影像学专业

专业特色思政元素:促进健康

一、思政元素

科学技术现代化、综合国力、生命健康权、生存权、就医选择权

二、案例解读

富强与民主既是社会主义现代化建设的重要目标,也是中国特色社会主义核心价值观的重要组成。富强即国富民强,是国家繁荣昌盛、人民幸福安康的物质基础。民主是人类社会美好的诉求,也是创造人民美好幸福生活的政治保障。

2020 年在重大疫情面前,中国一直把人民生命安全和身体健康放在第一位。在全国范围调集最优秀的医生、最先进的设备、最急需的资源,全力以赴投入疫病救治,救治费用全部由国家承担。不断优化和完善新型冠状病毒肺炎诊疗方案,如把胸部影像学诊断标准纳入诊疗指南,使方案更精准、更完善、更全面。新冠核酸检测做到重点人群"应检尽检"和其他人群"愿检尽检",提升核酸检测能力,扩大检测范围。中国以最全面、最严格、最彻底的防控措施,有效阻断病毒传播链条。中国以坚定果敢的勇气和决心,维护群众健康,推动全面复工复产,这充分体现了中国特色社会主义制度的优越性,诠释了富强民主的价值所在。

2018 年国家设立了医师节。医师节的设立是政府和社会关心爱护医师群体、尊医重卫的体现。让人们向妙手仁心、无私奉献的医师们致以敬意,这充分体现了国家对人民群众的生命健康权和生存权的重视和关注。2020 年的新冠肺炎疫情,又让白衣天使这一形象在人们面前树立了最深刻的印象。首都医科大学附属北京儿童医院超声科主任贾立群教授 40 年如一日,在平凡的岗位上谱写了不平凡的成就,"缝兜大夫"是贾医生最真实的写照。"健康所系,性命相托",是所有影像人一生的价值追求,也是每个影像学专业学生的初心与使命。

三、案　例

提质增效,增强综合国力

"十三五"时期,以新发展理念为引领,中国经济在壮阔海域中开拓出更加光明的高质量发展新航程。

衡量一个国家的综合国力,科技创新是重要指标。前不久,科技部发布的数据显示,在世界超级计算机 TOP500 排名中,我国超级计算机台数占到 45%;我国新能源汽车总保有量超过 400 万辆,占全球 50% 以上;我国 5G 基站数已经超过 60 万个,5G 技术核心专利数世界第一⋯⋯不断跳动的数字、不断增多的"第一",见证了大国创新的坚实步伐。

"十三五"时期,中国经济经受住了一次次"压力测试",交出了一份亮丽的成绩单。2019 年国内生产总值达到 99.1 万亿元,预计 2020 年将超过 100 万亿元大关;2019 年全国居民人均可支配收入达 30733 元,比 2015 年增长 39.9%⋯⋯5 年砥砺奋进,我国经济实力、科技实力、综合国力跃上新的大台阶,续写了中国奇迹,彰显了中国力量。

(来源:提质增效,增强综合国力[N].人民日报,2020-11-12(5).)

为"生命至上"倾尽全力

一位 70 岁老人身患新冠肺炎,10 多名医护人员精心救护几十天,终于挽回了老人生命,治疗费用近 150 万元全部由国家承担。日前发布的《抗击新冠肺炎疫情的中国行动》白皮书所记录的细节,再次印证了中国全力保障人民生命权、健康权的价值追求。

在重大疫情面前,国家一开始就鲜明提出把人民生命安全和身体健康放在第一位。在全国范围调集最优秀的医生、最先进的设备、最急需的资源,全力以赴投入疫病救治,救治费用全部由国家承担⋯⋯回溯抗疫历程,人民至上、生命至上是中国行动的鲜明底色,尽最大努力挽救生命是中国社会的普遍共识。正因如此,2020 年全国两会期间,习近平总书记在参加十三届全国人大三次会议内蒙古代表团审议时饱含深情地说:"人民至上、生命至上,保护人民生命安全和身体健康可以不惜一切代价。"

同时间赛跑、与病魔较量的日日夜夜,中国创造了无数生命奇迹。我们不遗漏一名感染者,不放弃一名患者,从出生不久的婴儿到 100 多岁的老人都全力抢救。

仅以高龄患者救治为例,湖北省成功治愈 3000 余位 80 岁以上、7 位百岁以上新冠肺炎患者。坚持人的生命高于一切,不论年龄、性别、贫富,为挽救每一个生命倾尽全力,这是中国抗击疫情的核心逻辑,也是短时间内疫情防控取得重大战略成果的最重要原因。有国外学者由衷感叹,"这是地地道道的人道主义"。

在中国有这样一个细节,至今令人难忘。2020 年 1 月下旬,对危重症病例的分析评估发现,ECMO(人工膜肺)可以为重症患者抢救赢得宝贵时间,习近平总书记要求,"不惜代价,要让患者用上最好的设备"。各方紧急行动,全国约 1/4 的"救命神器"ECMO 迅速集中到了湖北。有医生晒出了这样的账单:ECMO 开机就是 5 万元,用一天 2 万元,诊疗费用全部由国家买单。这生动说明,在党和政府的价值序列里,人民的生命永远是无价的,永远是至高的。在构建人类卫生健康共同体的过程中,这样的启示也是超越国界、超越种族的。

人民安全是国家安全的基石,人类健康是社会文明进步的基础。正如世界卫生组织等国际组织所强调的:"只有采取包容性办法,保护每个人的生命权和健康权,新冠肺炎疫情才能得到控制。"坚持生命至上,团结协作防控疫情、挽救生命,这是全人类唯一正确的选择。

(来源:任平. 为"生命至上"倾尽全力[N]. 人民日报,2020-06-09(4).)

新型冠状病毒肺炎诊疗方案

新型冠状病毒肺炎(新冠肺炎,COVID-19)为新发急性呼吸道传染病,目前已成为全球性重大的公共卫生事件。对新冠肺炎患者来说,肺部是主要损害器官之一。患者的肺脏呈不同程度的实变。实变区主要呈现弥漫性肺泡损伤和渗出性肺泡炎。不同区域肺病变复杂多样,新旧交错。肺泡腔内见浆液、纤维蛋白性渗出物及透明膜形成。渗出细胞主要为单核和巨噬细胞,可见多核巨细胞。II 型肺泡上皮细胞增生,部分细胞脱落。II 型肺泡上皮细胞和巨噬细胞内偶见包涵体。肺泡隔可见充血、水肿,单核和淋巴细胞浸润。少数肺泡过度充气、肺泡隔断裂或囊腔形成。肺内各级支气管黏膜部分上皮脱落,腔内可见渗出物和黏液。小支气管和细支气管易见黏液栓形成。可见肺血管炎、血栓形成(混合血栓、透明血栓)和血栓栓塞。肺组织易见灶性出血,可见出血性梗死、细菌和(或)真菌感染。病程较长的病例,可见肺泡腔渗出物机化(肉质变)和肺间质纤维化。

胸部影像学表现:早期呈现多发小斑片影及间质改变,以肺外带明显。进而发展为双肺多发磨玻璃影、浸润影,严重者可出现肺实变,胸腔积液少见。MIS-C 时,心功能不全患者可见心影增大和肺水肿。影像学检查有助于疾病的诊断和治疗效果监测。

(来源:国家卫生健康委员会医政医管局. 新型冠状病毒肺炎诊疗方案(试行第八版).

[EB/OL]. http://www.nhc.gov.cn/cms-search/downFiles/a449a3e2e2c94d9a856d5faea2ff0f9
4.pdf.)

向守护生命的医师致敬

"感谢你们,用生命守护生命。"2018 年 8 月 19 日,首个"中国医师节",一组医师辛苦奔忙的影像在社交媒体热传,人们以这样的方式,向妙手仁心、无私奉献的医师们致以敬意。

节日前夕,习近平总书记做出重要指示:"各级党委、政府和全社会都要关心爱护医务人员,形成尊医重卫的良好氛围。"我们一生的旅程,都离不开医生的护佑。近年来,我国用较少的投入获得了较高的健康绩效,居民的主要健康指标总体上优于中高收入国家平均水平。如此巨大的成就,离不开医生的牺牲和奉献。"中国医师节"的设立,是全社会向医师群体的致敬。

"披星戴月,只因心中敬佑。"这是人们对医师职业状态的描述,也是对医者崇高精神的赞许。作为"健康的守护者",医师理应获得崇高的社会地位。

让医务人员的劳动得到尊重、价值得到体现,出路在改革。把尊医重卫的理念落到实处,让公立医院体现公益性,让医生赢得社会尊重,才能更好地营造和谐的医患关系。竭尽全力让患者转危为安、恢复健康,每一天都在与死神较量,每一个细节都在护佑生命,是医生的责任和使命。面对疾病,病人和医生是牢固的同盟,相互尊重才能赢得信任和理解,共同战胜疾病。

营造全社会尊医重卫的氛围,不只是提升职业的含金量,更重要的是提升全行业的荣誉感、成就感。没有全民健康,就没有全面小康。进入新时代,需要不断壮大健康中国建设的主力军,修医德、行仁术,弘扬敬佑生命、救死扶伤、甘于奉献、大爱无疆的医学精神,满足人民群众对身心健康的需求。

广大医务人员用使命兑现诺言,以责任感回应患者期待,是值得尊敬、应该爱护的一个群体。设立"中国医师节",充分彰显了以习近平同志为核心的党中央对1100 多万名医务人员的深切关怀,也充分体现了党中央对 13 亿多人健康的高度重视。正如习近平总书记曾指出的:"你们的事业是最高尚、最神圣的",尊重医生,就是尊重生命,也是守护我们每个人的幸福生活。

(来源:向守护生命的医师致敬[N].人民日报,2018-08-20(9).)

"B 超神探"贾立群:缝兜拒红包

从医 39 年,他坚守 B 超临床第一线,接诊 30 多万名患儿,确诊 7 万多例患儿的疑难杂症;为挤出时间多给患者做检查,他与家人挤在医院附近的职工宿舍,24

小时随叫随到；为了避免患者塞红包，他把白大褂上的口袋缝死……他，就是首都医科大学附属北京儿童医院超声科主任贾立群。

精湛的医术让贾立群成了儿科大夫的"眼睛"。可是，像他这样资深的专家，一家三口却一直"蜗居"在一处 50 平方米的职工宿舍里，与北京儿童医院只有一墙之隔。"怕住远了，碰上急诊我赶不回来。"贾立群承诺，只要在北京，患儿有需要，24 小时随叫随到。他记得，最多的一天夜里曾被叫起来 19 次。每次都是刚躺下，电话就响了，赶紧穿上衣服往医院跑。用他爱人的话说："这一宿你光在这儿做仰卧起坐了。"

（来源：央视网新闻. "B 超神探"贾立群：缝兜拒红包［EB/OL］. http://news.cctv.com/special/zgmsjz/201606/136/index.shtml.）

专业特色思政元素：敬佑生命

一、思政元素

救死扶伤、以人为本、科学精神、求真创新、耐心细致

二、案例解读

社会的文明与和谐是人类共同的追求和美好的向往,也是社会主义核心价值观的重要组成。文明与和谐的重要体现是对生命的敬重、对生命的佑助,帮助实现生命的最高价值。2016 年 8 月 19 日习近平总书记在全国卫生与健康大会上高度赞扬广大卫生与健康工作者"敬佑生命、救死扶伤、甘于奉献、大爱无疆"的崇高精神。[①] 这16 个字,是医务工作者初心的真实写照,也承载着一份沉甸甸的责任和光荣使命。

影像科一直以来都是综合医院的传统必备科室,为医院的医疗、保健、科研、教学工作做出了很大的贡献。电子计算机技术、现代物理学、电子学与传统影像学的有机结合,使现代影像医学插上了高科技的翅膀,影像科在医疗领域显示出了新的活力,在诊治工作中的地位越来越不可代替。如心血管造影、脑血管造影、肝动脉造影、支气管动脉造影、经内镜逆行性胰胆管造影术(ERCP)、介入治疗,以及经皮肾镜气压弹道碎石治疗,这些临床专科治疗项目都离不开影像医学专业的支持,需要由影像医生直接实施或协助完成,放射医学在临床诊治中的作用由此可见一斑。

2020 年一场突如其来的新冠肺炎疫情暴发,影像科成为特殊且关键的"前沿科室"。案例《把好 CT 这道关,才能早发现早治疗》充分体现了 CT(电子计算机断层扫描)检查在新冠肺炎的诊断评估中的重要作用。在案例《候诊病人突发急症晕倒在地,放射科医护人员紧急行动》中,医院影像科常备急救设备和药物,每月进行急救培训。在案例《华山医院与上海警方"千里追人"》中一条影像科检查危急值引发千里寻人,充分展现了影像专业医护人员对生命的佑护之情。

---

① 新华社.大爱无疆,护佑人民的健康之路——习近平总书记重要指示鼓舞激励广大医务人员[EB/OL].
www.gov.cn(2018-08-17).

三、案　例

把好 CT 这道关，才能早发现早治疗

"我们早一点发现异常，患者治疗就能再快一步。"2020 年 2 月 15 日凌晨，武汉协和东西湖医院一楼的放射科，依旧灯火通明。两台开动了一天的 CT 机还在持续运转，科室主任陈志勇和他的团队也一刻不曾停歇。两张方桌，一台机器，这里是陈志勇的抗疫战场。他的职责是为患者核阅 CT 片，及时给临床诊断疑似和确诊患者出具诊断依据。"核阅 CT 片是病情评估的第一道关口。"陈志勇说，把好这道关，才能早发现早治疗。"每天的工作量起码是 400 人次，最高的时候超过 500 人次，是平时的两倍还多。"陈志勇介绍，目前科里医师每天平均工作 18 小时，"夜班时，为了避免脱穿防护服，常常一整夜不喝水不休息。"陈志勇说，有的病毒早期藏得很深，会"捉迷藏"，CT 上只有几毫米大小的淡薄稍高密度影，这就需要医生细心甄别。由于潜伏期的缘故，按照诊断要求，每名患者至少会接受两次拍片检查，多的则有四五次。在高强度的磨炼下，陈志勇他们练就了"快稳准"的验片本领。"每名患者的 CT 图像基本上都有 400 多幅，我们要在 3 分钟左右看完，并给出诊断结果。"陈志勇说，放射科 CT 影像的诊断结果，病人一般在半小时到一小时内就能拿到。以最快速度、最准确的诊断，第一时间报告给临床科室，减少患者等候时间，这样能尽量避免候诊大厅交叉感染。

在陈志勇看来，尽管压力很大，但必须甄别好每一幅图像，绝不能让病毒突破防线，也绝不放过任何一个白色病灶。采访接近尾声，放射科里急促的电话铃声再次响起。"又来了新的 CT，我得快点去核阅了。"陈志勇说。

（来源：中国文库网.疫情一线医护人员事迹三篇：把好 CT 这道关，才能早发现早治疗[EB/OL]. https://www.chinawenwang.com/zuowen/140413.html.）

候诊病人突发急症晕倒在地，放射科医护人员紧急行动

3 月 11 日下午，在长沙市中医医院（长沙市第八医院）放射科 7 号检查室上演了感人的一幕。一位候诊检查的女病人突然晕倒，四肢抽搐，医护人员及时施救，最终让病人转危为安。当日下午 14 时 22 分，7 号检查室门口挤满了候诊的病人，工作人员正在紧张忙碌地工作着。

突然，候诊人群里传来高声惊呼：快来! 有人倒地了。原来，坐在候诊椅上的一位 40 来岁女士突发不适，面色苍白，头部倒向旁边的一位年轻女性候诊者。这

位候诊者吓了一跳,赶紧起身,只见中年女士已经倒在地上,于是大声呼救。

不到 10 秒钟,听到求救声的放射科技术员徐懋勇、朱运华已停下手中工作,冲出门去查看,发现一位女士倒在地上,口吐白沫,双目上视,浑身抽搐,牙关紧闭。他们蹲在她的身旁连声呼喊,皆没有回应。紧随其后的护师廖静见状,迅速拿来压舌板、开口器等急救物品,医师陈婷婷、栗小康应声而来,大家固定开口器、按压合谷穴、测量生命体征等,争分夺秒地施救。护士蔡娇通知抢救室做好抢救准备后,一路小跑拖来担架车。医护人员齐心协力把病人抬上担架车,迅速将病人安全送至急诊科抢救室,为病人赢得了宝贵的抢救时间。

医院放射科主任罗春介绍:为了确保病人检查安全,科室长期备有担架、轮椅、氧气包等设施,急救药物定期更新,同时每月对医护人员进行心肺复苏等急救培训,切实提高医护人员急救能力。

(来源:潇湘晨报官方百家号.候诊病人突发急症晕倒在地,放射科医护人员紧急行动[EB/OL]. https://baijiahao. baidu. com/s? id=1661065279996127702&wfr=spider&for=pc.)

华山医院与上海警方"千里追人"

2019 年 2 月 3 日,小年夜。小霞和丈夫高高兴兴地与医务人员合影后,准备回家过年啦! 30 岁的安徽姑娘小霞(化名)完全没想到,在复旦大学附属华山医院呼吸科就诊后才关了两天手机,竟会引得医生求助 110 帮忙"跨省追踪"。

住进病房、得知了情况的小霞和家人感动万分,在朋友圈里写了一封长长的感谢信,感谢华山医院呼吸科主任李圣青教授、管理部门及上海警方的帮助,如果不是医生的敬业与责任心以及警察叔叔的热心帮助,"肺动脉主干栓塞"这个诊断真是会让他们全家的这个新年"想都不敢想啊"!

事情得从 4 个月前说起。2018 年 10 月,年纪轻轻的小霞突然出现了刺激性干咳,咳出凝血块,当地县医院根据 CT 报告考虑肺部感染,给予抗感染治疗,但效果不佳。之后,在省医院经过检查和住院治疗诊断为"肺部感染"和"白塞病",后者是一种自身免疫系统疾病。使用激素和抗生素治疗了一段时间,小霞的病情有所缓解,但是咯血和胸痛症状隔一段时间又会"卷土重来"甚至"变本加厉"。

2019 年 1 月 6 日,出院后的小霞又一次出现了痰中带血的情况,并逐渐加重。1 月 23 日,小霞慕名来到上海华山医院,就诊于呼吸科主任李圣青教授。在仔细研究了小霞的病情和胸部 CT 后,李教授认为,小霞可能为白塞病累及肺动脉,导致肺动脉炎和原位血栓形成。因此,李教授给她开了肺动脉 CTA(肺部血管造影)检查,并叮嘱小霞待检查结果出来立即复诊。当晚,检查结果出来。果然! 小霞的检查报告显示是肺栓塞,而且是左肺动脉主干及左下肺动脉内栓塞! 这样的主干栓塞,不仅会引起反复咯血,甚至会因为急性肺动脉高压而导致心脏衰竭和窒息,随时有生命危险。

肺栓塞是放射科检查的"危急检查结果"(简称"危急值"),就是指可能严重影响患者健康甚至导致患者死亡的异常检查结果。根据华山医院危急检查结果报告制度,放射科立刻将这一危急检查结果告知门诊办公室,希望通知患者立刻就诊。

然而,问题来了!放射科、门诊办公室根据患者留下的手机号码,从报告出来的当天夜里到第二天上午,连续拨打了数十个电话,可对方手机始终处于关机状态,完全联系不上患者。医院同时通过短信平台给患者发送了检查结果以及"请您尽快来我院急诊就诊或当地医院急诊就诊后住院治疗"的通知,依旧杳无音信……

怎么办?"一个危急值就是一条生命啊!"门诊部常务副主任刘杨反复说,并和李圣青教授多次沟通患者病情。

借助"华山医院危急值警民联系群"微信群,门诊部将这个病人的情况告知了群里的上海静安警署霍剑明警官,求助于警方。得知情况后的静安警署高度重视,立刻和当地警方取得了联系,说明了情况,并通过当地的公安部门联系了村委会,希望能找到这位小霞患者,及早告知她这一情况。与此同时,医院找到了小霞预约时留下的另一个手机号码,但手机依然是关机状态。不气馁,继续打,关机总有开机时!

最终,1月25日下午,小霞的家人接起了电话!"患者在上海CTA检查结果出来了,肺动脉主干栓塞,情况危急,务必尽快至急诊就诊"——医院、警方,连续2天多的努力,终于把这个消息告诉了患者,一颗颗悬着的心才终于都落了地。

在李圣青教授的安排下,小霞住进了华山医院病房,及时给予激素、免疫抑制剂和抗凝治疗。三天后,胸痛缓解,咯血停止,自觉症状明显缓解,"危急值"终于得以解除。

(来源:ZAKER-传递价值资讯.性命危急,病人始终关机!华山医院与上海警方"千里追人",获救者感慨:医者仁心[EB/OL]. http://app.myzaker.com/news/article.php? pk=5c56868a77ac647cb53d7465.)

专业特色思政元素:知情同意

一、思政元素

客观独立、权利平等、众生平等、一视同仁、医患平等、资源共享

二、案例解读

作为社会主义核心价值观的重要组成,自由和平等在医学实践中体现为医患双方之间权利的尊重和享有,医者在执业过程中需要尊重患者的权利,患者享有知情同意权、治疗选择权等。知情同意是医疗行为中无处不在的伦理要求。知情同意不是简单告知、签字,是对患者权利的尊重和保护。因为医患之间在医学知识和对医疗风险的理解上存在明显差异,医生有责任和义务将诊断和治疗过程以及潜在的风险告知患者和家属,患者有权知晓自己的病情和相关治疗,也有权对医护人员的建议做出选择。涉及影像学专业的知情同意主要有,影像学科有各种检查目的、利弊、过程、不良事件的知情告知,还有增强造影对比剂使用知情同意,特殊检查、有创检查的知情同意,辐射安全知情同意,介入治疗方案、医疗费用的知情同意等。

《侵害患者知情同意权案例》告诉我们,在医患关系中,患者享有知情同意权,即患者对自己疾病的病因、诊断方法、治疗原则以及可能的预后等享有知晓的权利。相应地,医疗机构负有告知说明义务和注意义务。医疗机构履行告知义务的主体必须是实施相应诊疗行为的医务人员;医疗机构履行告知义务的对象必须是患者本人,无法取得患者本人同意的,才可告知患者近亲属或者其他授权代理人;医疗机构履行告知义务的形式必须是书面告知,口头告知在法律上无效;医疗机构在实施诊疗行为之前,应当将患者病情、医疗措施、医疗风险、替代医疗方案等如实告知患者。案例《突发公共卫生事件时正确适用知情同意探讨》阐述了如何在精准医疗背景下灵活处理患者知情同意与保护性医疗的冲突,要与时俱进,不断创新完善,处理突发公共卫生事件(如新冠肺炎疫情)中正确使用知情同意。作为医学生很有必要在校学习期间就培养这方面的意识和专业能力,以便今后更好地开展

工作。

三、案例

侵害患者知情同意权案例

【案件卷宗】我(祁××)2013年10月以后有些腰疼,到中医院检查,被诊断为腰椎间盘突出,但不影响劳动能力。2013年12月6日,我与丈夫在被告新疆医科大学第一附属医院检查后要求住院手术治疗,经治疗后从此我失去了行走能力,只能坐卧在床上。新疆维吾尔自治区人民医院司法鉴定所鉴定意见认定:我大小便失禁,评定为五级伤残,双下肢肌力四级,评定为四级伤残。双下肢感觉功能缺失,评定为九级伤残。护理依赖评定为需部分护理依赖。劳动能力评定为大部分丧失劳动能力。

【裁判规则】法院认为,首先,原告出院时被诊断为双下肢不全瘫、双下肢运动功能障碍、双下肢感觉功能障碍、膀胱直肠功能障碍、日常生活活动能力障碍,而原告术前并没有上述症状,故原告目前的损害后果与被告新疆医科大学第一附属医院(以下简称"一附院")的诊疗行为之间存在一定的因果关系,司法鉴定机构亦对此进行了认定,本院对原告目前的损害后果与被告的诊疗行为之间存在因果关系的事实予以确认;其次,《中华人民共和国侵权责任法》第五十五条规定,医务人员在诊疗活动中应当向患者说明病情和医疗措施。需要实施手术、特殊检查、特殊治疗的,医务人员应当及时向患者说明医疗风险、替代医疗方案等情况,并取得书面同意。医务人员未尽到前款义务,造成患者损害的,医疗机构应当承担赔偿责任。就本案而言,被告为原告实施的经皮腰椎间盘射频热凝＋臭氧＋胶原酶溶解术客观上存在导致原告偏瘫的严重后果,被告一附院在手术前的风险告知中予以明确说明亦佐证该医疗风险造成的损害后果比较严重,故被告一附院的医务人员作为专业人员则有义务对相对保守的替代医疗方案即口服药物＋理疗方案与手术方案之间的利弊予以充分说明,由原告自行选择具体的治疗方案。本案被告一附院虽然对保守治疗方案向原告丈夫进行了告知,但仅告知其远期治疗效果欠佳,并不足以使原告及家属认识到两种治疗方案之间的利弊,据此,被告一附院存在对替代治疗方案告知不全面的过错,其应当承担相应的赔偿责任;同时,我们也应当认识到,手术治疗仍然是部分患者选择的治疗方案,而医学本身所存在的复杂性和高风险性也决定了手术效果存在不确定性,并且,被告一附院向原告告知了相应的手术风险,故结合鉴定机构的鉴定意见,本院认为,由被告一附院承担50％的赔偿责任更为公平。

【案例索引】乌鲁木齐市新市区人民法院(2018)新0104民初0425号

（2021 年 1 月 1 日颁布实施的《中华人民共和国民法典》中对医疗损害责任、患者知情同意规则等做了进一步完善。）

（来源：新疆医科大学第一附属医院医疗损害责任纠纷一审民事判决书［EB/OL］. https：//wenshu. court. gov. cn/website/wenshu/181107ANFZ0BXSK4/index. html？ docId＝1763d94cf55c4ec48bb2a8b9017b1175. ）

突发公共卫生事件时正确适用知情同意探讨

突发公共卫生事件是指突然发生，造成或者可能造成社会公众健康严重损害的重大传染病疫情、群体性不明原因疾病、重大食物和职业中毒以及其他严重影响公众健康的事件。2019 年年底暴发，至今仍在持续的新型冠状病毒肺炎疫情就是严重突发公共卫生事件。针对突发公共卫生事件，各医疗机构做出了积极有效的应对措施，包括增强防控管理、优化工作流程、更新医疗文书等，不少工作涉及"知情同意"，如签署流行病学调查表、更新的特殊检查风险告知书等。

跟放射科密切相关的是突发公共卫生事件管理中实施风险性医疗活动的知情同意文书。因为医疗机构突发公共卫生事件管理要求对患者实施医疗活动，而该医疗行为本身具有一定的风险，但同时也可以使患者获益。以新冠肺炎为例，医疗机构需要通过血液检测、核酸检测、影像学检查等方法判断患者是否感染了新冠肺炎，然而胸部 CT 检查本身具有一定的风险性，尤其是对某些特殊人群。例如，为确定存在呼吸道症状的孕妇是否被感染，要对其进行肺部 CT 等影像学检查。孕妇接受放射学检查，检查的电离辐射可能会带给胎儿潜在的损害风险，此种情形下依照知情同意理念，医生应当如实向孕妇及家属告知影像检查的目的、必要性及可能存在的风险等一系列信息，请孕妇在充分权衡获益和风险后选择是否进行肺部CT 检查。

突发公共卫生事件相关风险的知情同意文书：出现疫情时，部分医学检查治疗手段面临传染病传播的风险，密集的 CT 检查活动就需要采取措施尽量减少风险；同时需要将相关风险如实告知患者并取得其书面同意。此时就形成了重大传染病期间特定的知情同意文书。2020 年 2 月 2 日，中华医学会影像技术分会传染病影像技术专业委员会专家共识协作组发布了《新型冠状病毒（2019-nCoV）感染肺炎放射检查方案与感染防控专家共识（第一版）》。该共识旨在规范放射检查技术，有利于信息资源共享，避免院内交叉感染，提高影像学检查质量，指导放射科防控工作，追求放射技师"零感染"的目标。

（来源：赵彩飞，刘宇. 突发公共卫生事件时正确适用知情同意探讨［J］. 中华医院管理杂志，2020，36（4）：302-306. ）

专业特色思政元素:合规守正

一、思政元素

社会公正、权利公平、医疗公平、廉洁奉公、依法行医、责任意识、隐私保护、规范诊疗

二、案例解读

公正与法治是衡量现代社会是否充满活力又和谐有序的重要标志,是人们所期望的美好社会之基石。在宏观层面,公正与法治是国家繁荣昌盛、社会和谐发展、人民安康幸福的重要保障。在微观层面,公正与法治要求医疗机构从业人员遵守法律规范,切实维护患者和自身的权益,具有良好的职业操守。

医学影像科室是医院一个重要的诊疗科室,既能为临床医生诊断疾病提供精准的影像学信息,又能实现放射治疗、射频消融治疗、其他治疗技术的影像导航等功能。因此,医学影像科室在疾病诊疗过程中起的作用越来越显著,更需要影像医师按规范和管埋要求做好本职工作,例如遵循《医学影像诊断中心管理规范》和《医学影像诊断中心基本标准》,保障医疗安全,提高影像诊断准确率,同时合规守正,加强学习,提升个人业务素养和职业操守。

随着精准医疗时代的到来,伴随着人们对健康越来越重视,精准医学影像诊断的优势越来越明显。要实现疾病的精准诊断,影像人必须技术过硬,且在工作中尊重客观事实,坚持原则,遵循质控标准开展影像诊断工作。同时,在积极提高专业素养的基础上,实现创新。在案例《从医三十载,诠释影像人的坚守》中,我们可以深刻体会到赵心明教授的执着坚守、专业与敬业。案例《爱国奋斗,科研守正》告诫人们在科学研究中来不得半点马虎,必须尊重客观事实,踏踏实实做科研。

三、案　例

从医三十载,诠释影像人的坚守

现代社会,图像正在以各种方式融入人们的日常生活,给人们的眼球带来一场场五彩缤纷的视觉盛宴。医学影像,作为一种特殊的图像形式出现在人类社会,它虽没有花哨的、夺人眼球的形象造型,却拥有与众不同的严肃性、专业性及其他图像难以企及的魅力。

赵心明教授,中国医学科学院肿瘤医院影像诊断科主任,从医三十载,孜孜不倦地追求在肿瘤影像诊断领域的突破与创新,精益求精。他用谦虚严谨的专业态度,书写着自己的人生答卷,诠释着影像人的坚守。

坚守初心,直面挑战

2018 年,赵心明主任从事肿瘤影像诊断工作的第三十年。从 1988 年毕业于华中科技大学同济医学院至今,三十年如一日的学习、积累,赵心明主任掌握了肿瘤影像诊断的综合分析能力和诊断疑难病例的能力,已成为全国知名肿瘤影像诊断专家。面对从医的"得"与"失",他坦然道:"人这一辈子总要做点有意义的事情,既然选择了做医生,就尽心尽力做好。"

坚守质量高地,精准诊断

医学影像作为现代医学重要的临床诊断和鉴别诊断工具,影像质量影响着医疗诊断和治疗质量。赵主任说道:"影像诊断是通过间接的方法来对疾病进行诊断评估,肯定会存在偏差,就是所谓'同病异影,异病同影'的情况。所以,我们需要不断地和临床、病理进行对照、总结、修正,以此来不断提高影像诊断的准确率。经过一代代同人的不断积累,我们医院影像诊断的准确率非常高,达到 97%左右。"

医学影像的发展与技术密切相关,不管是影像诊断还是影像技术,医学影像的发展非常迅速。影像诊断科的医生,一定要不断汲取新知识,学习新技术,才能与时俱进。赵主任指出:"第一,重视科室的培训与教学:每天早上 8 点的读片会是科室坚持几十年的传统。大家利用读片会进行前一天工作的总结,同时,针对有价值、疑难的病例进行分享讨论,不仅能提高医生的分析诊断能力,还能起到教学作用。第二,强调并落实临床规范:影像诊断的精准对疾病后期诊断治疗至关重要,不仅要求检查规范,还要求诊断规范及报告书写得规范,这是影像诊断医生最基本的要求。第三,质量控制:检查质控和报告质控。始终贯彻质量第一的理念,科室定期召开质控会议,在会议上发现问题、解决问题、寻找新问题,进而不断改进。第四,加大科研力度:医学影像是个交叉学科,比如人工智能、分子影像等,必须医工结合,这就凸显了医学影像实验室的重要性。为此,科室会派 3～4 个人去中科院的分子影像实验室专职做科研,不仅能了解最新的设备,学习最新的技术,还能做深入研究,申报课题,出研究成果。通过多种形式的科研促进,科研工作取得明显成效。"

影像诊断的精准对于后续疾病的治疗有着重要意义。患者评价赵心明主任具有"火眼金睛",诊断精准。对此,赵主任说:"影像诊断的精准实际上是一个学风问题。主要在三方面:一是经验积累、总结;二是不断学习;三是与临床、病理的紧密沟通。通过和手术、病理严格对照,不断修正、总结,才能达到影像诊断的精准。"

"精诚、创新、进取、卓越"

"精诚、创新、进取、卓越"是中国医学科学院肿瘤医院影像诊断科的科训。"精诚"意为真心诚意,至诚。《庄子·渔父》曾语:"真者,精诚之至也,不精不诚,不能动人。"影像诊断具有致精致微的特点,须有精细的态度、诚心的付出,才能达到精湛的医术。"创新"意为更新、创造、改变。影像医学发展迅速,影像诊断科的每位医务人员只有紧跟时代的步伐,不断获取新的知识,改变自身不足,勇于创新才能不断进步和超越。"进取"意为努力上进,执着追求。在医学影像持续进步、发展压力很大的今天,影像诊断人只有不断进取,执着追求,无论是技术层面还是科研领域,不惧困难,才能取得不断进步。"卓越"意为杰出。作为国家标志性肿瘤专科医院的咽喉科室,影像诊断科必然要争当第一,必然要争取国内领先、国际先进。赵主任说:"我们科室对于工作一直秉持这样的理念:既然做就做好,做不好我们宁愿不做。"这种为医者的责任心与坚定,取得了临床医师、影像同行和病人的一致认可与好评。正是这种对工作的严谨与执着,让影像诊断科每年的绩效考核都取得了优异的成绩。

(来源:从医三十载,诠释影像人的坚守[N].肿瘤医学论坛报,2018-08-15.)

爱国奋斗,科研守正

2019 年全国科学道德和学风建设宣讲教育报告会于 2019 年 11 月 13 日举办,主会场设在人民大会堂,中国工程院院士、南京理工大学教授王泽山,中国工程院院士、中国人民解放军陆军工程大学教授钱七虎,中国工程院院士、南开大学校长曹雪涛围绕"礼赞共和国追梦新时代——以习近平新时代中国特色社会主义思想为引领,大力弘扬科学家精神,持续加强科学道德和学风建设"主题做报告,全程在线实时直播。他们结合自身科研实践和学术成长经历,以科学精神、科学道德、科研伦理和学术规范为主要内容,向全国研究生、高年级本科生、青年教师和青年科技工作者开展了生动的科学道德和学风建设宣讲教育。

"新时代青年人是祖国未来科技事业发展的主力军,要追求卓越,占据科技制高点,用科学的思想进行科学研究,同时更要遵守一条'红线'。做科研要先立德树人,坚定理想信念,科技工作者要用敬畏之心做学问。"在报告会上,王泽山、钱七虎等院士分别结合各自的科研经历和人生感悟,深刻诠释了科学精神和科学道德的本质要义,并教育青年科研工作者,要遵从科学道德,以"零容忍"的态度对待一切学术不端行为,用敬畏的态度和审慎的目光对待自己的每一份学术成果,成为严谨治学的力行者和科学道德的捍卫者。

报告会的最后,来自对外经济贸易大学、中国传媒大学等高校的师生代表,向全国研究生新生及研究生导师发出《弘扬科学家精神加强作风学风建设》倡议书。倡议书提出,大力弘扬爱国、创新、求实、奉献、协同、育人的新时代科学家精神;要崇尚学术民主,乐于与不同学术观点碰撞交流,开展学术讨论和评论时严肃认真,鼓励年轻人大胆提出学术观点,积极与学术权威交流对话。

同时呼吁,要坚守科研诚信底线,像珍惜眼睛一样爱惜自己的学术声誉,绝不触碰科研"红线",要反对投机取巧,准确记载研究条件、研究过程、研究数据和分析结果,按规定管理、留存实验记录、实验数据等原始资料,杜绝浮夸浮躁,深入科研一线,掌握一手资料,不人为夸大研究基础和学术价值,保证项目申请、奖励推荐、科研成果等材料客观准确;要勇于破除科研领域"圈子"文化,抵制利益纽带和人身依附关系,勇于批评和自我批评。

医学部刘珺印象最深的是钱七虎院士的报告。他用自身坎坷曲折的成长历程阐述了如何将小我融入民族和国家的发展之中。钱老以钱学森院士的鲜明事例告诉大家,作为一个优秀的科研工作者,不仅要研究组织交给自己的研究任务,也要站在国家层面的前瞻方向进行研发,将个人命运和党和国家紧密联系在一起,才能有所成就。作为新一代的年轻人,我们要培养自己的团队精神,将国家、民族和集体的利益始终放在首位,将家国情怀常怀心中,以历史英雄人物不断鞭策自己,先天下之忧而忧,后天下之乐而乐,学习时代楷模身上体现出来的新时代科学精神,在平时的科研学习生活中,锤炼真本事,练就真本领,适应时代发展的潮流,做到学以报国。

(来源:海外网.爱国奋斗,科研守正——西安交大研究生热议 2019 全国科学道德和学风建设宣讲教育报告会[EB/OL]. http://jingmao. haiwainet. cn/n/2019/1115/c3544013-31664990. html? nojump=1.)

专业特色思政元素：大爱无疆

一、思政元素

家国情怀、保护人民健康、民族精神、甘于奉献、爱岗敬业、职业道德、救死扶伤、恪尽职守、严谨、慎独、至诚至精、仁心仁术

二、案例解读

爱国与敬业是社会主义核心价值观的重要组成，是公民个人层面的道德要求。敬业是爱国的前提，爱国是敬业的统帅。医学是仁心仁术，是为人民健康谋福祉的专业。在医疗实践中，救死扶伤、甘于奉献、爱岗敬业都是医者大爱的表现，是爱国与敬业的具体体现。在 2020 年这场突如其来的新冠肺炎疫情中，全国人民为冲锋战斗在第一线的医、技、护人员点赞，盛赞他们是最美逆行者、"战疫"英雄。为达到"应收尽收、应治尽治、不漏一人"的原则，国家卫健委新冠肺炎诊疗规范指出，在核酸检测确诊病例之外，增加一个依靠 CT 影像学表现确诊临床诊断病例的项目，有助于实现患者早诊断、早隔离、早治疗的目标，尽早接受规范治疗，提高治疗成功率和治愈率，降低病亡率。发挥各自优势，将影像技术和检验技术两支专业技术力量拧成一股绳，携手并肩战斗在保护生命战场的第一线！

全国影像技术同道同人全力以赴投入新冠肺炎疫情防控战斗中，感人肺腑的故事每天都在这个特殊的战场上涌现。他们穿上那身厚重的、憋闷的防护服，他们是病毒的"狙击手"、患者的"生命线"；脱下"战袍"，他们也是父母捧在掌心的宝贝，是爱人心头最深的牵挂，是儿女倚靠的那棵"大树"。支撑他们坚守"战场、火线"的，是救死扶伤的医者仁心，更是人性中那种不服输的执着。

三、案　例

所谓英雄　只不过是挺身而出的凡人

2020年年初一场突如其来的新型冠状病毒肺炎疫情席卷全国,疫情尤以湖北武汉为重,截至2020年1月31日24时,湖北省累计报告新冠肺炎病例7153例(其中武汉市3215例)。为了更好地控制疫情、救治病人,全国346支医疗队4.26万名医护人员驰援湖北和武汉,参加新冠肺炎救治工作。与此同时国家卫健委在新冠肺炎诊疗规范中把CT影像学表现作为确诊临床诊断病例的项目之一,CT检查可为新冠肺炎的发现、发展和转归提供影像学依据。同时数字X线摄影(DR)也是新冠肺炎诊断和判断其转归的一种方法,特别适用于不能移动的重症和危重症新冠肺炎患者,床旁摄影的移动DR在这个方面发挥了不可替代的作用。

为新冠肺炎病人进行的CT和DR检查主要由影像技师完成。为此广大影像技术同道同人全力以赴投入新冠肺炎疫情防控战斗中。他们没有退缩,没有怨言,始终坚守在第一线,默默无私地奉献,为战胜疫情贡献了自己的力量。他们始终保持强大的战斗力、旺盛的精力,持续健康地投入战胜疫情的斗争。检查时帮扶患者上下检查床、摆放患者的检查体位、训练患者进行呼吸运动。与此同时每位技师还严格执行机房以及操作的各项消毒防控措施,包括影像设备机房消毒、地面的消毒、空气消毒以及医疗废物的管理。参加疫情战斗的"放射人"们,脱下了整洁的白大褂,穿上了全副武装的防护服,有时候一穿就是一天。患者或许永远不知道防护服里的是谁,但防护服里战士们一定知道为了什么而战斗。

此次"战役",放射科同人们默默无私地奉献,为战胜疫情贡献了自己的力量。他们是一群英雄。而这些所谓的英雄,也只不过是一个个在灾难面前挺身而出的平凡人。

(来源:付文."我们快一点,病人就能早点出院"(一线抗疫群英谱)[N].人民日报,2020-02-26(04).)

记新冠疫情下的放射技师

一场突如其来的疫情,是新中国成立以来的非常战役,病毒来势凶猛,疫情传播迅速,扩散范围广泛,全社会所面临的挑战和压力之大,堪称前所未有。

经过临床证实,CT检查可为新冠肺炎的发现、发展和转归提供影像学依据,是一个不可缺少的手段,它为患者的及时治疗赢得了生命的时间窗。数字X线摄影(DR)也是新冠肺炎诊断和判断其转归的一种方法,特别适用于不能移动的重症和危重症新冠肺炎患者,床旁摄影的移动 DR 在这个方面发挥了不可替代的作用。

CT 设备和 DR 设备的实际操作者是放射技师。放射技师们在新冠肺炎重大急性传染病的疫情面前,自始至终战斗在新冠肺炎检查的第一线。他们还要进行检查前的病史询问、帮扶患者上下检查床、摆放患者的检查体位、训练患者呼吸运动,遇到特殊行动不便的患者还要亲自搬动等。为了保证图像质量,以便满足影像诊断和临床的要求,他们还要个性化地设置检查的技术参数,对图像做相关的后处理,同时要尽快将每个患者的图像传输给后台书写诊断报告的医生。一旦遇到初步确定的新冠肺炎患者,除了尽快上报危急值外,他们还要进行机器和房间的消毒,才能进行下一个患者的检查。他们与患者都是零距离直接接触,承担了多么大的感染风险呀!

为了防止自身感染,他们身上穿戴着厚厚的防护用品。由于患者多而工作强度大,他们经常是汗流满面。特别是 ICU 病房的重症和危重症的新冠肺炎患者经常需要进行床旁 DR 摄影,以便医生随时了解患者的病情变化,进行对症治疗,因此,操作床旁摄影的放射技师必须直面重症患者和搬动患者,其感染的风险程度可见一斑。

2020 年年初,武汉作为新冠肺炎疫情的重灾区,感染患者甚多,中央组织了 278 支国家医疗队和 3 万多位医、护、技人员驰援武汉及湖北。在这重大疫情面前我国的放射技师也不甘落后,积极报名参加武汉及湖北的疫情防控大战。据不完全统计,来自全国各省市支援武汉及湖北的放射技师有几百人。他们作为重大疫情中最可爱、最可敬的最美逆行者人群中的一分子,舍小家顾大家,不辞劳苦,来到武汉及湖北参加疫情防控大战,其精神可歌可泣。

此次战役中,放射技师们没有退缩,没有怨言,始终坚守在第一线,默默无私地奉献,为战胜疫情贡献了自己的力量。他们始终保持强大的战斗力和旺盛的精力,持续地投入战胜疫情的斗争。参加抗疫战斗的放射技师们说得好:"你不知道我是谁,但我知道是为了谁!"

(来源:涂晓晨,牛延涛,余建明.新冠疫情下的"影像幻影"——放射技师一线战斗纪实[A].中国医师协会医学技师专业委员会,2020-02-24.)

方舱 CT 的应用与防护技巧

2020 年年初,新冠肺炎疫情暴发,全国有很多的疑似病例急需确诊,应尽早收治,尽快切断传染源。核酸检测是诊断新冠肺炎的金标准,但由于标本采集的部位、采集技术以及不同厂家生产的试剂盒存在差异,核酸检测新冠肺炎病毒的阳性率较低。CT 虽然不是诊断新冠肺炎的金标准,但在国家卫生健康委员会印发的

《新型冠状病毒肺炎诊疗方案》第一至第六版中,逐渐明确了影像学检查在新冠肺炎疑似病例和临床诊断病例诊断中的重要作用。CT检查速度快、效率高,对早期疾病的敏感性高,结果直观准确,因此CT设备成为卫生防疫体系中的重要组成部分。特别是在当时新冠肺炎疫情形势严峻的湖北武汉等一线疫区,通过CT影像检查,可以对无症状或核酸检测阴性但CT影像阳性者实施提前隔离,减少交叉感染,有利于新冠肺炎疫情的防控。

然而,一般医院里原有的CT设备无法移动,方舱医院没有任何一台X射线医疗设备,一些基层医院也缺乏相应的CT检测装置,基于现实情况的考虑,移动式应急专用CT装置(又称方舱式应急CT)应运而生。

方舱式应急CT是我国应对新冠肺炎疫情自主研发的。

"麻雀虽小,五脏俱全。"方舱式应急CT是一个集合系统,它包括CT设备、辐射防护、独立操作间、独立扫描间(配备电动门)、网络通信、空调、强紫外线空气消毒设施、电源分配系统、通风设施等,具有可移动、网络化、独立隔离的工作模式,室外极速安装、避免交叉感染、受检者高流通量等诸多特点。方舱式应急CT具有机动性、灵活性、有效性、网络化等优势,能够在医院的发热门诊和急重症科(医院疫情防控)、方舱医院、社区防疫筛查点、国防医疗设备保障、地震灾害等医疗紧急救治应急事件中发挥重要作用。它可以在合适的场地包括室外快速设置,能够按照要求达到消毒隔离和防护,作为CT检查单元尤其适合方舱医院新冠肺炎患者的早期影像检查。

(来源:洱海网.数十位专家领航,带你掌握方舱CT应用和防护技巧[EB/OL]. https://www.erhainews.com/n11130086.html.)

专业特色思政元素:仁爱协作

一、思政元素

诚实守信、社会公德、包容、团结、尊重、善待他人

二、案例解读

　　诚信与友善是社会主义核心价值观的重要组成,是公民个人层面的价值准则和具体行为要求。医学是仁心之术,仁爱是医学伦理的本质。协作推进人类社会进步,也是现代医学实践中不可缺少的要素。仁爱协作既是指不同领域医务人员勠力同心救治患者,也是指不同地区的医务人员齐心协力,提升医疗水平,促进人民健康。在健康中国战略的实施中,不管是"抗疫"还是"扶贫",影像人都冲在前头,用精湛医术和仁爱之情践行救死扶伤的天职。

　　案例《援疆医疗专家:用精准影像诊断造福群众》用精湛医术和仁爱之情有效提升了当地科室的医疗服务水平,造福新疆人民。案例《紧急介入止血 抢救病患于生死线》体现了浙江省以医疗人才"组团式"援疆工作,以精准扶贫、健康扶贫为抓手,立足于当地群众需求,通过学科帮扶、人才培养、开展远程医疗和远程教学、激发科研创新等方式,丰富"组团式"医疗援疆内涵,切实提高阿克苏地区医疗卫生服务能力与水平,最大限度消除"因病致贫、因病返贫"现象,不断提升基层各族群众健康指数和就医获得感。

三、案　例

援疆医疗专家:用精准影像诊断造福群众

　　"跨过湘江来到'火洲',只为肩上沉甸甸的这份责任。作为一名援疆医疗专家,我的初心和使命就是努力提高吐鲁番市人民医院放射诊断中心的医疗水平,用更好的服务造福吐鲁番各族患者。"2020 年 11 月 23 日,吐鲁番市人民医院临床放

射诊断中心主任刘妍在接受记者采访时说。

刘妍是湖南省卫生"组团式"援疆驻吐鲁番市人民医院专家组成员、湖南省肿瘤医院医学影像中心副主任医师、湖南省医学科教学会影像科技与教育专业委员会常务委员、湖南省放射学专业委员会青年委员会委员等。她曾于2015年赴美国加州大学戴维斯分校医学中心学习。工作十余年,她擅长各系统病变的影像诊断,尤其是腹部病变的影像诊断及鉴别诊断。

2018年8月,刘妍来到吐鲁番市人民医院。上任伊始,她就十分注重科室管理,不断引进先进的管理理念和模式,围绕医疗质量和医疗安全,建立健全各项规章制度,制定科室发展规划。目前,共完成书写、审核X线报告10569例,CT报告6163例,MRI报告1899例,科室的工作量较2018年增长6%。在她的带领下,科室积极开展新项目、新技术,开展了乳腺MR平扫加增强检查、乳腺BI-RADS分类、颅脑磁敏感成像、颅脑磁共振波谱成像、泌尿系统磁共振水成像5项新技术、新项目。为帮助科室医生全面提升医疗水平,她充分发挥传帮带作用,指导科室医生掌握影像诊断及鉴别诊断的基础知识、诊断要点及分析思路,每周开展业务讲座,遇到疑难病例或典型病例进行小课堂讲解。目前,她完成PPT授课38次、讲课45次,有效提升了科室的医疗服务水平。

"刘妍主任医术精湛、待人热情。她不仅帮助我提高业务能力,还像亲人一样关心我的学习、生活。"吐鲁番市人民医院临床放射诊断中心医师古丽则娅·阿力木说。

援疆期间,刘妍加强学科建设,注重人才培养,发挥好疆内外桥梁纽带作用。截至目前,医院有4人去湖南进修学习,其中2人前往湖南省肿瘤医院放射诊断科进修,多人前往乌鲁木齐参加培训。她还积极参加义诊活动,在湘疆援平台发表文章30余篇,让更多的人了解援疆医生、支持援疆工作。

"援疆,是搭建桥梁纽带;援疆,是书写家国情怀。在援疆期间,我会全心全意地投入每一项工作,耐心细致地对待每一位患者。今后,希望我带出来的徒弟能发挥好医疗影像诊断技术,更好地服务吐鲁番各族群众。"刘妍笑着说。

(来源:吐鲁番市人民政府网.援疆医疗专家:用精准影像诊断造福群众[EB/OL]. http://www.tlf.gov.cn/info/6097/191576.htm.)

紧急介入止血　抢救病患于生死线

"感谢罗君医生,是他救了我。"近日,来自新疆阿克苏地区温宿县的宋某从阿克苏地区第一人民医院出院。出院前,她专门表达了对中国科学院大学附属肿瘤医院(浙江省肿瘤医院)介入放射科副主任医师、中组部浙江省第10批"组团式"医疗援疆专家罗君的感谢。

"第一次因为无明显诱因出现黑便并呕血时,其他医院给予了消化道出血的诊断和相应的治疗。然而没过几天,病情复发且加重了。"当时面色苍白、脉搏细速、血压不稳的宋某,被紧急转入了阿克苏地区第一人民医院。

6月5日11时,在该院担任介入医学科主任的罗君接到了紧急会诊的电话,他立即赶赴CCU(冠心病监护病房)病区会诊并评估病情。"当时,患者已处于失血性休克状态,经消化内科和CCU止血、输血后仍然无法有效控制病情,并且有加重的趋势。"罗君回忆,入院时,宋某生命体征极不稳定,因为内科治疗效果不佳、外科麻醉风险大且当时已无外科手术的治疗机会等因素,若不及时治疗则无法挽救宋某的生命。

"必须马上急诊手术!"看着生命垂危的患者,罗君立即吩咐CCU进行输血、补充血容量等工作。他一边给患者交代病情、手术的意义和风险,一边积极联系介入手术室空出手术台准备急诊手术。

术中,因宋某失血过多,其动脉搏动已几乎触摸不到。罗君依靠长期以来积累的手术经验迅速穿刺成功,并在最短的时间内完成血管造影,准确找到出血的"责任血管"。经过紧张、有序的介入手术,罗君衣背湿透,双腿疲惫,令他高兴的是宋某血压逐步平稳,生命体征稳定。此后,宋某的休克症状得到缓解,病情明显好转。

"血管内介入治疗、上消化道供血动脉造影术可以明确出血动脉的部位,而介入栓塞术可以达到'立竿见影'的效果。"罗君表示,而安全、高效、副作用小及适应证范围大等特点使介入治疗很好地适应了当今社会医学发展的需要。

来到新疆阿克苏后,罗君帮助阿克苏地区第一人民医院建立了介入医学科。虽然面临设备老旧和缺乏等难题,但是罗君依然克服重重困难,开展了多台介入手术,该技术将为阿克苏地区200多万人提供更好的医疗服务。

（来源：中国新闻网.浙江专家4000公里援疆：紧急介入止血 抢救病患于生死线[EB/OL]. https://www.chinanews.com/sh/2020/06-17/9215169.shtml.）

康复治疗学专业

专业特色思政元素：促进健康

一、思政元素

生命健康权、生存权、就医选择权、宽容、协商

二、案例解读

　　人民健康是民族昌盛和国家富强的重要标志。党的十九大报告提出，将"实施健康中国战略"作为国家发展基本方略中的重要内容，这是以习近平同志为核心的党中央立足长远发展和新时代美好生活需要做出的一项重要战略安排，是以人民为中心的发展理念。为积极应对当前突出的健康问题，必须关口前移，加强体医融合和非医疗健康干预，努力使人民群众不生病、少生病，实现全人群全生命周期的健康维护。这是以较低成本取得较高健康绩效的有效策略，是解决当前健康问题的现实途径，是落实健康中国战略的重要举措。

　　"共建共享、全民健康"，是建设健康中国的战略主题。实现全民健康的道路上一个也不能少，关于残疾人事业发展，习近平总书记强调：努力实现残疾人"人人享有康复服务"。四川省八一康复中心免费给四川 50 名贫困肢体残疾人装配假肢，康复治疗师陈鑫星看到假肢佩戴者走得越来越稳，脸上露出满意的笑容，而他们有了这条"腿"，又能够重新站起来，追求实现美好幸福生活有希望了。这是借助康复工程技术对残疾人健康的维护，而作为康复治疗主要"利器"的运动疗法也愈加受到重视，体医融合大有可为，每个康复治疗师都要积极投身到全民健身事业中。通过体育和医疗领域的知识技术融合，为民众科学健身保驾护航，一方面让运动更安全，避免运动伤害；另一方面让运动更有效，通过健身预防各类疾病，助力健康中国早日实现。

三、案　例

他们帮这群贫困肢体残疾人重新站了起来
"感觉就像有了依靠"

"右腿"点地、缓缓前倾、慢慢站直……重新站起来,周贤富眼眶湿润了:"感觉真好!"

在"全国助残日"来临之际,四川省八一康复中心免费给四川 50 名贫困肢体残疾人装配假肢,让他们能重新站起来,走向美好生活。

刚安装上假肢,周贤富的动作还有点不熟练,他不停地练习。"看看,多走几步就越来越好了。"他说。

康复治疗师陈鑫星耐心地在一旁指导:"不要害怕,大胆迈出步子,微微前倾,对,就这样……"

看着周贤富走得越来越稳,陈鑫星脸上露出满意的笑容。"患者安装上假肢后,我们需要对他们进行基本的训练,帮助他们熟悉假肢,让他们能够正确运用假肢。"陈鑫星说。

不仅如此,假肢技师还会针对残疾人试穿的反馈信息,现场对假肢进行调试,改进穿戴感受。

"一颗小螺丝钉都会影响穿戴感受,我们需要反复调试。"假肢技师王文平说,这次适配的假肢材质更好、制作工艺更先进,新装配的假肢重量平均较既往假肢减轻了 1 至 2 公斤,使用寿命平均延长了 3 至 5 年。

周贤富来自四川马边彝族自治县,是村里的贫困户,3 年前外出打工时遭遇事故,不幸失去了一条腿。因为家庭贫困,买不起假肢,他之前一直靠拐杖支撑。

"拐杖还是很不方便,现在有了假肢,感觉就像有了依靠,自己也能做很多事情了。"周贤富有些兴奋地说。

脱贫攻坚战打响后,村里积极引导像他这样的贫困户种植高山茶叶,现在他家种了 10 多亩茶叶,基本生活不再发愁了。

四川省八一康复中心党委书记马小平介绍,医院前期精准调研了解到四川偏远山区部分残疾人有装配假肢的需求后,联合四川省残联协调整合资源,聚焦残疾人"急难愁盼",以残疾人需求为导向,实施了本次集中装配假肢行动。

周贤富对生活也有了更多憧憬。"有了这条'腿',做事情更方便了,努力加油干,脱贫不是问题,生活肯定越来越好!"他坚定地说。

和周贤富一样,刚装上假肢的何继光也充满干劲:"我现在可以站起来修剪果树了,干农活儿更方便了,靠自己努力,日子很有盼头!"

(来源:董小红,胥冰洁.他们帮这群贫困肢体残疾人重新站了起来　感觉就像有了依靠

[EB/OL]. https://baijiahao.baidu.com/s? id=16669304731 08580436&wfr=spider&for=pc.)

开具"运动处方"运动＋医疗:体医融合新路径

南京的唐先生2017年检查出患有2型糖尿病后,在配合内分泌科医生药物治疗的同时,接受建议积极参加糖尿病运动康复,这一"药物＋运动"疗法目前让他病情稳定并已完全停药。

这个病例发生在东南大学附属中大医院。该院内分泌科与江苏康兮运动健康研究院在2017年2月至2019年7月,选取28岁至78岁的2型糖尿病患者270例合作展开治疗,临床效果明显。这是"体医融合"背景下探索"专科医生、运动机构、患者"三位一体的糖尿病运动管理模式,截至2019年11月受益人数已过万。

近年来,江苏省积极实施全民健身、"健康中国"国家战略,推动体医融合发展,建成一批服务平台。全省建成108个省级以上体质测定与运动健身指导站,整合健身和健康资源,配置常用医疗器材和医务人员,每年面向30多万名健身群众提供免费服务。省五台山体育中心健康促进服务中心等机构,向群众提供体质体能测试、运动能力评估、科学健身指导、疾病预防和运动康复于一体的专业健康管理服务。一些医院增设运动康复科室,打造治未病中心,向亚健康人群和患者推广太极拳、五禽戏、八段锦,提供运动处方,受到越来越多群众的欢迎。与此同时,体医融合人才队伍建设取得新进展。江苏省承接相关试点工作,组织200名社区医生开具"运动处方"培训,探索建设运动健康指导门诊,让更多群众了解科学运动方法。

常州市体育局针对超重肥胖、2型糖尿病和血脂异常人群,推出"慢性病人群运动干预"体育惠民项目,通过专业体质检测、身体机能评估等方式,为其量身定制运动方案并进行运动监测。截至2019年7月,共有260余名志愿者通过健身有氧操、踏板有氧操、有氧单车、小器械力量训练以及健步走等运动形式,参与3个月的运动干预,一些指标恢复正常或有不同程度改善。

省体育局副局长熊伟介绍说,省体育局和省卫健委将出台贯彻国家有关"体医融合、资源共享"健康促进政策的实施文件,推动更多大型综合医院增设运动康复科室,提供慢性病预防和运动康复服务;指导全省体育系统依托现有国民体质监测网络,开展体医融合一站式服务;积极推广建设运动康复医院、健康促进服务中心,搭建社会多元体医融合平台等;推广在社会体育指导员培训中增设基础医疗和急救课程,加大开具"运动处方"专业人才培养力度,组建省、市级科学健身指导专家智库,推动省内高校增设相关体医融合专业。

(来源:中共江苏省委新闻网.开具"运动处方"运动＋医疗:体医融合新路径[EB/OL].http://www.zgjssw.gov.cn/yaowen/201911/t20191106_6392955.shtml.)

专业特色思政元素:敬佑生命

一、思政元素

求真创新、耐心细致、同理心、互尊互敬、医患同心、真善美、终身学习

二、案例解读

敬佑生命包含两层含义:一是敬畏生命,即尊重生命出现的合理性,尊重每一个生命,平等对待每一个生命,和谐共处;二是护佑生命,即本着对生命的敬畏和对患者的责任,运用一切合理的手段守护人民的健康。"敬佑生命"彰显了新时代医务人员的使命担当,只因为健康所系,性命所托。随着社会经济的不断发展,人民对健康的要求也越来越高,也是当代社会主要矛盾的具体体现。康复治疗学专业学生应在两个维度上不断提升自己:一是专业技能,没有高超的专业技能,救死扶伤就变得不可能;二是基本的职业素养,没有高尚的医学职业素养,医学将变得冷冰冰。康复治疗的患者,一般都有不同程度的功能损伤,也有不同程度的心理障碍,如何使一个躯体心理损伤,对生活失去希望的患者,通过治疗成为一个积极向上的健康的人,康复是他们迷雾背后的一丝亮光,也是生命质量提升的保障。

人民至上,生命至上。随着越来越多的新冠肺炎患者被治愈,如何更快更好地帮助他们恢复正常的身体状态,能重新站起来,能良好地呼吸,成为新冠治疗攻坚阶段的重要内容。案例《康复治疗师"战疫":打通救治最后"一公里"》中的广东省人民医院康复医学科康复治疗师曾凡令、谭金泽迅速请战,义无反顾地走进荆州市中心医院隔离病房,开展新冠肺炎重症康复和肺康复,只为他们"呼吸更通畅,活得更好"。现代医学给生命以岁月,康复医学给岁月以生命,康复治疗每天都在诠释着"让生命更有质量"。正如烟台山医院康复医学科主任邵鹏所说:"康复医学强调让患者不仅在身体功能上,而且在心理上和精神上都得到康复。着眼点不仅在于保存伤残者的生命,还要恢复其功能,提高生活质量,重返社会,有尊严地生活。"

三、案　例

康复治疗师"战疫":打通救治最后"一公里"

"慢点,再吸一次!"在湖北省荆州市中心医院的病房里,病人手中拿着一个装有三枚小球的透明盒子,在医生的指导下,通过导管吸气,让小球漂浮起来。

这是广东支援荆州医疗队里的一支特别行动队——康复治疗师的工作日常。

康复治疗师出征"战疫"

随着越来越多的新冠肺炎患者被治愈,如何更快更好地帮助他们恢复正常的身体状态,能重新站起来,能良好地呼吸,是目前治疗攻坚阶段的重要内容。

3月6日,广东支援荆州医疗队前方指挥部派出第七批医疗队——中医康复攻关小组,主要负责全面加强对重症患者的救治和精细化管理,促进快速康复,同时兼顾保障前线医护人员健康工作。

在接到任务后,广东省人民医院康复医学科康复治疗师曾凡令、谭金泽迅速请战,义无反顾地踏上了驰援荆州的征程。

呼吸康复训练　让患者活得更好

曾凡令、谭金泽开展工作的第一站是荆州市中心医院隔离病房,主要任务是为新冠肺炎患者开展重症康复与肺康复工作。

曾凡令解释,除了体能恢复,新冠肺炎患者面临一大问题就是呼吸能力下降。在治疗期间,不少病人需要依靠呼吸机,存在脱机困难、气道有痰液积蓄、咳嗽力量弱、四肢肌肉耐力下降、呼吸困难、肢体水肿、肺通气功能障碍等情况。

正是这一原因,才出现了开篇的吸气训练场景。

曾凡令和谭金泽常常"出双入对"地进入重症医学中心。为新冠肺炎患者做康复训练,这些原本在普通病房再熟悉不过的操作,在隔离病房却变得十分困难。

一些老年患者有听力障碍,隔着厚厚的防护服,他们与患者交流就变得更加艰难,往往需要非常大声地说话,才能让老人们明白指令意思,这样体力消耗就更加明显。

一个上午4小时的工作中,曾凡令和谭金泽需合作治疗15位患者,基本上从上班到下班,没有一刻能停下来。

尽管为患者做完治疗已经很疲惫,他们还要严格按照感控要求,花大约40分钟脱掉防护服,才能正式下班。经过一点一滴的精心指导,他们负责干预的患者都有了不同程度的好转。

为前线队友做好健康保障

除了给新冠肺炎患者做康复治疗，作为康复治疗师，曾凡令和谭金泽还有一项特殊使命，即保障前期医疗队友和前线指挥部工作人员的健康。

他们达到荆州时，前几批战友已经作战多时，出现颈肩腰腿疼等身体不适在所难免。

曾凡令和谭金泽利用肌肉能量技术、牵伸肌肉、关节复位等手段减轻队友们的疼痛，效果立竿见影。

早上忙病人，下午忙队友，这几乎成了他们俩的工作日常。"每天下午大概帮7至10位队友处理疼痛不适，缓解疼痛困扰，让他们能更好地为新冠肺炎患者诊治。"谭金泽说。

康复治疗师打通救治最后"一公里"

在抗击新冠肺炎疫情的关键攻坚时刻，康复治疗师通过每一个动作，一点一滴地帮助患者唤醒身体功能，不但抚慰患者心灵，还能帮助他们最大限度地恢复日常生活能力，提高康复后的生活质量。

康复治疗师的作用就是去打通治疗阶段的"最后一公里"。患者们在救治过程当中，身体功能受到不同程度的损害，临床医生难以顾及身体功能上的问题，这就需要康复治疗师去弥补和修复患者身体上的各种功能障碍，让病人能够实现真正的康复。"医疗是一个大整体，每一个步骤都不可或缺，康复治疗是最后这一步，让病人完整健康地走出去。"曾凡令说。

（来源：广东卫生在线.致敬｜康复治疗师"战疫"：打通救治最后"一公里"［FB/OL］. http://baijiahao.baidu.com/s? id=1661928661148493472&wfr=spider&for=pc.）

烟台山医院康复医学科：让患者生命更有质量

康复医学是一门具备完整的理论基础和学科体系，和内科学、外科学等学科同属于临床医学之下的二级医学学科，以患者的功能障碍为研究重点，强调功能训练方法，以提高患者生活质量、回归家庭和社会为最终目标。

11月，初冬的阳光洒在烟台山医院康复医学科物理疗法训练区，显得格外温馨。一位患者正在治疗师的指导下进行上肢大关节的运动能力和躯干平衡训练。48岁的陈先生于当年3月份突发脑干出血，在当地医疗机构进行手术后，6月份慕名来到烟台山医院康复医学科。烟台山医院康复医学科主任邵鹏说："刚转到我们科室的时候，患者意识不是很清楚，气管切开，插有胃管和尿管。评估患者的病情和功能障碍后，我们为其制订了比较低的短期康复目标，同时，为他制定了个性化的康复方案。"

在常人看来,很简单的翻身、坐起、站立的动作,对于部分患者来说,都是一项难以独立完成的艰巨任务。陈先生的妻子告诉记者:"最开始的时候,他对自己身体的康复不抱太大希望。不是很配合医生,很消极。"但是,家人不放弃、医生不放弃!医师和治疗师制订了详细的康复方案,为患者进行吞咽训练、针灸、理疗,改善意识状态吞咽功能;通过手法训练和各种康复设备,逐步增加四肢力量,改善平衡能力和协调性。一次次的失败,一次次的鼓励,两个月后,陈先生拔掉了气管插管、胃管和尿管,能够自主进食。最令他感到振奋的是,在治疗师的帮助下,他能够坐起来了,再也不用一直躺在床上。这次转机的出现给了陈先生极大的信心,训练比以前更加认真刻苦。陈先生的妻子现在对未来充满希望:"我现在只有一个目标,就是让他能够恢复到生病之前的状态。我知道这很困难,但是这里的医生很专业、认真、负责,我觉得很有希望,全家人都很有信心。"

挽救生命,康复在前

康复医学,相信很多人对此并不十分了解。"康复是在患者因伤、疾病造成残疾及功能下降后,通过科学的治疗方法,使其功能达到最大程度的恢复,帮助患者重新找回生活的自信,提高患者及其家属的生活质量。"担任山东省医学会物理医学与康复学分会副主任委员的邵鹏,对康复医学在现代医学中的作用非常认可。康复医学科最主要的工作,不仅是从医学方面帮助患者解决各种功能障碍,如进食、言语交流、持物行走、正常排便,更主要的一个目的是对患者进行日常生活能力方面的指导及训练,在出院时使他们可以最大限度地恢复生活上的自理能力,甚至重新回到工作岗位。在烟台山医院康复医学科,每个患者在入院时,都会由主管医生、治疗师和护士进行各项专业评定,并根据评定结果制订康复计划;在住院过程中,会定时进行复评,根据结果不断调整康复方案。"所以,康复医学强调让患者不仅在身体功能上,而且在心理上和精神上都得到康复。着眼点不仅在于保存伤残者的生命,还要恢复其功能,提高生活质量,重返社会,有尊严地生活。"邵鹏如是说。

(来源:齐鲁晚报·齐鲁壹点.烟台山医院康复医学科:让患者生命更有质量[EB/OL].https://jrzz.qlwb.com.cn/detail/14295795.html.)

专业特色思政元素：知情同意

一、思政元素

社会平等、众生平等、权利平等、一视同仁、医患平等、资源共享

二、案例解读

作为社会主义核心价值观的重要组成，平等指的是人们平等地享有社会权益和履行社会义务，是在经济、政治、文化、社会、生态等方面享有相等的权利。一个医者必须对所有病人一视同仁，保证在医患之间平等相处的前提下，与患者和家属建立良好的沟通。患者享有对自己的病情和对医生根据病情做出的诊断与治疗方案的知情权和同意权。康复治疗通过采用运动治疗、作业治疗等方法和手段，促使患者受限或丧失的功能和能力得到最大限度的恢复，从而提高患者的生活质量，使其尽快回归社会，增加生命宽度。在治疗前必须向患者及其家属提供制订康复治疗方案的根据，签订知情同意书，说明治疗方案的益处、不良反应、危险性及可能发生的其他意外等情况，使患者能自主地做出决定，接受或不接受治疗方案。

在新版《医疗知情同意书》范本中"我同意""我了解"等表达方式，不但有助于医患之间的良好沟通，也对常见疾病诊疗知情同意进行了规范，使患者能对所患疾病有较全面的科学认识。案例《康复治疗前的沟通》从康复治疗师角度讲述了康复治疗过程中的医患沟通的要点，尤其尊重患者的知情权和选择权。

三、案　例

关于推荐使用《医疗知情同意书》的函

各省、自治区、直辖市卫生厅局医政处，新疆生产建设兵团卫生局医政处：

按照我部 2010 年 1 月 22 日印发的《病历书写基本规范》有关规定，北京大学人民医院整理修订了该院的《医疗知情同意书》，着重体现"以病人为中心"理念，重

点强调医患沟通,对常见疾病诊疗(手术、操作)知情同意进行规范,使患方能对所患疾病有较全面的科学认识。

为贯彻实施《中华人民共和国侵权责任法》《医疗机构管理条例》等法律法规,尊重患者知情权、选择权和同意权,维护医患双方合法权益,现将北京大学人民医院整理修订的《医疗知情同意书》公布在卫生部网站医政管理栏目下,供各级各类医疗机构参考使用。

(来源:卫生部①医政司.关于推荐使用《医疗知情同意书》的函[EB/OL].(2010-03-10) http://www.nhc.gov.cn/yzygj/s7659/201808/15a559b98deb46ed82d5964d8c19 67c2.shtml.)

康复治疗前的沟通

有准备的沟通。作为康复治疗师,要有计划性地将沟通贯穿于整个康复训练过程中。首次接诊患者前,治疗师通过查看病历及相关检查报告等,详细了解患者的一般情况和病情及变化,做到心中有数。

首次评估时的沟通。治疗师应面带微笑,态度和蔼,主动向患者及其家属进行自我介绍,并介绍治疗环境、训练器械、治疗手段及注意事项等。

尊重患者的知情权和选择权。康复治疗前,从患者病情出发,告知患者及其家属病情的严重程度,向他们讲解康复治疗方案、可能达到的效果及注意事项等,指导患者参与康复治疗方案的制订,尊重患者知情权和选择权。

(来源:傅宇彤,任美芳,傅行礼.从康复治疗师角度浅谈康复治疗过程中的医患沟通[J].卫生职业教育,2019,37(2):145-146.)

---

① 2013年撤销卫生部设立国家卫生和计划生育委员会;2018年更名为国家卫生和健康委员会。

专业特色思政元素：合规守正

一、思政元素

依法行医、权利意识、责任意识、隐私保护、规范诊疗

二、案例解读

合规守正是一个医者应终身遵守的职业操守。"我志愿献身医学,热爱祖国,忠于人民,恪守医德,尊师守纪,刻苦钻研,孜孜不倦,精益求精,全面发展。"这是进入神圣医学殿堂宣的誓言。合规指遵守一定的规则,包括法律和行业标准等规则;守正即恪守正道,尤其是守道德之正,形成良好的道德认知和道德自觉。只有在执业过程中做到合规守正才能规避风险,减少医疗事故的发生,保护自己、保护病人。随着"健康中国2030"的不断推进,中国康复产业开始进入一个国家大力支持的高速发展阶段,中国医疗也将由以往的"重治疗、轻康复"向"治疗、康复并驾齐驱"转变,康复治疗师在国家这一战略转变中担当"康复"这架马车的"车夫",除了有责任担当,更需要依法合规、守正创新,使我国康复医学事业快速有序地发展。

《基本医疗卫生与健康促进法》对医务人员的行为做出了具体的规定,某些行为要被撤职、追究刑责。案例《陈作兵:免疫力是战胜病毒的关键,也是康复医学的发力点》告诉我们,中国特色社会主义建设和发展要从中国实际出发。在新冠肺炎疫情初期,因为规范有序的管控措施,在较短的时间内控制了疫情;在新冠肺炎的治疗中,基于中国传统中医疗法,采用中药治疗新冠肺炎的有效处方,中医药和康复医学的结合,这是守正创新。

三、案　例

基本医疗卫生与健康促进法

(2019 年 12 月 28 日第十三届全国人民代表大会常务委员会
第十五次会议通过,于 2020 年 6 月 1 日实施)

第一百〇一条　违反本法规定,医疗卫生机构等的医疗信息安全制度、保障措施不健全,导致医疗信息泄露,或者医疗质量管理和医疗技术管理制度、安全措施不健全的,由县级以上人民政府卫生健康等主管部门责令改正,给予警告,并处一万元以上五万元以下的罚款;情节严重的,可以责令停止相应执业活动,对直接负责的主管人员和其他直接责任人员依法追究法律责任。

第一百〇二条　违反本法规定,医疗卫生人员有下列行为之一的,由县级以上人民政府卫生健康主管部门依照有关执业医师、护士管理和医疗纠纷预防处理等法律、行政法规的规定给予行政处罚:

(一)利用职务之便索要、非法收受财物或者牟取其他不正当利益;

(二)泄露公民个人健康信息;

(三)在开展医学研究或提供医疗卫生服务过程中未按照规定履行告知义务或者违反医学伦理规范。

前款规定的人员属于政府举办的医疗卫生机构中的人员的,依法给予处分。

(来源:新华社.中华人民共和国基本医疗卫生与健康促进法[EB/OL]. http://www. gov. cn/xinwen/2019-12/29/content_5464861. htm.)

陈作兵:免疫力是战胜病毒的关键,
也是康复医学的发力点

"在武汉,直面病毒,挽救同胞手足生命,感觉责任更重了。特别是新冠肺炎病人康复、老年人免疫力提高,我们医生要做的事情还有很多。"重返工作岗位后,浙江大学医学院康复医学研究中心主任、浙江省第一批支援武汉重症新冠肺炎国家队领队、中国康复医学会常务理事陈作兵教授行色匆匆,步子更快了。

在陈作兵的办公桌上,一张身穿隔离衣的照片见证了他在武汉"以生命赴使命,以热血写忠诚"的 60 多个日日夜夜。2020 年 2 月 1 日下午 5:30,是陈作兵教授记忆深刻的时间点之一。当时,浙江大学医学院附属第一医院受国家卫健委指派,组建"抗击新冠肺炎紧急医疗队",包括中国工程院院士、传染病诊治国家重点实验室主任李兰娟院士在内的多位传染病、康复医学、重症 ICU、感染病、急诊、呼吸等方面的权威专家，紧急驰援武汉，这支队伍，也被称为"浙江省援鄂重症肺炎国家队"。

逆行驰援，生命重于泰山。

2月1日下午5:30接到出发命令，晚上9时登上开往武汉的列车；2月2日清早，来不及休整，陈作兵教授和同事们就赶赴武汉大学人民医院接洽工作。

邱女士是陈作兵教授和团队救治的第一位病人。"这是一位急诊室护士长，病情危重，氧饱和度只有90，然后是一点点往下掉，心跳也只有70，持续波动。而从 CT 影像看，提示有大面积的阴影和积液，可能几分钟内，就会出现险情，必须插管用上呼吸机。"

气管插管工作其实是一项极高危的工作，因为气溶胶扩散会导致病毒传播，而当医生在病人口鼻附近进行近距离操作时，呼吸道会喷射出大量的病毒气溶胶，其风险可想而知。"我们不上，谁上！""需要快一点，再快一点。"生命重于泰山，容不得一点迟疑，火速组队，进入 ICU 插管。所幸，浙大一院的"精兵强将"通力合作，邱女士的插管顺利完成。"一天天看着她指标好转了，肺部阴影和积液慢慢在吸收，氧饱和稳定了……"20 天后，邱女士从 ICU 转到普通病房，最终出院。

免疫力是战胜病毒的核心竞争力。

恢复健康的邱女士，是浙江省援鄂重症肺炎国家队抢救回来的众多重症肺炎患者中的一员。在陈作兵看来，给予邱女士第二次生命的，不仅仅是医疗队的努力，更是他们自身的免疫力。

"在我们所管理的重症监护室里，老年人的发病率很高，这些老年人很多都有慢性基础性疾病，比如高血压、糖尿病，有的老年人是脑卒中病人，或者恶性肿瘤病人，免疫力特别低。"在救治过程中，陈作兵教授和团队也在思考，新冠病毒狡猾，病情瞬息万变，但为什么两个差不多阶段的病人，有的能挺过来，有的挺不过来；有的恢复得慢，有的却恢复得很快。

"在新冠肺炎疫情中，不管是防治还是救治，真正战胜病毒的一定是病人自己的免疫力。"陈作兵教授如此总结。"免疫力，和许多因素有关，包括年龄、个体差异、饮食、心态、外来因素等等，这些因素决定了机体免疫力的强弱。"

边救治边思考，作为国内权威的康复医学专家，陈作兵提出了应对患者制订有针对性的康复方案。"我们从最基本的呼吸运动操教起，如何咳嗽，如何进行心肺功能训练、力量训练、体能训练以及日常生活能力训练，这些我们都在病房内宣传教育，帮助患者减轻症状，提高身体功能，增强免疫力，逐步恢复参与社会活动的能力。"陈作兵说。

3月31日，陈作兵随着浙江第五批返浙医疗队回杭。"那时候，我在思考，如此疫情，中国如此大的人口基数，为什么可以取得阶段性胜利。第一是制度优越性,集全国之力,打赢阻击战;另外就是在这一过程中,中医药和康复医学相结合的作用。"陈作兵说。

一切为了人民的健康,一切为了健康的人民。未来,康复学科与中医药的发展和结合,将是"健康中国"战略非常关键的组成部分。

(来源:浙江在线.陈作兵:免疫力是战胜病毒的关键,也是康复医学的发力点[EB/OL].https://zjnews.zjol.com.cn/zjnews/zjxw/202008/t20200813_12217660.shtml.)

专业特色思政元素：大爱无疆

一、思政元素

爱岗敬业、防病治病、关爱生命、至诚至精、甘于奉献、热爱祖国、救死扶伤

二、案例解读

著名教育家陶行知说："国家是大家的,爱国是每个人的本分。"热爱祖国,不是一件可以一气呵成的事,却是可以点点滴滴、每一分钟每一秒钟都在做的事情。康复治疗师应通过自己精湛的康复治疗技术帮助每一位生命中需要呵护的人,成为一名关爱生命的康复治疗师,凭借练就的精湛康复治疗技术,忠于职守、爱岗敬业。这是一种奉献精神,勤勤恳恳、不断钻研学习、一丝不苟、精益求精,在平凡的岗位上做出不平凡的工作,为社会、为国家做出崇高而伟大的奉献。诚如斯,才能够展现每位康复人内心深处的"大爱无疆",才能够让我们精心为每一位患者进行的康复训练汇聚成热爱祖国的洪流。

《新冠肺炎出院患者康复方案(试行)》的印发,体现了坚持把人民生命安全和身体健康放在第一位的新要求。要改善新冠肺炎出院患者各项身体功能,进一步促进其全程康复。在此神圣使命召唤下,每位康复治疗师始终要以防病治病、关爱生命为己任,以精准康复治疗技术实现维护人民健康的要求。正如中日友好医院康复医学科郭京伟总治疗师长,遮住大半个脸的口罩永远不会妨碍到他温和友善的目光,获得"回春妙手唤醒人体康复潜能"赞誉,这也是他25年甘于奉献、至诚至精、爱岗敬业的真实写照。

三、案　例

国家卫生健康委办公厅关于印发
新冠肺炎出院患者康复方案(试行)的通知
(国卫办医函〔2020〕189 号)

各省、自治区、直辖市及新疆生产建设兵团卫生健康委:

为改善新冠肺炎出院患者的呼吸功能、躯体功能、心理功能、日常生活活动能力及社会参与能力,规范康复操作技术及流程,进一步促进其全程康复,我们组织专家制定了《新冠肺炎出院患者康复方案(试行)》。现印发给你们,请参照执行。

国家卫生健康委办公厅

2020 年 3 月 4 日

(来源:国务院部门文件.国家卫生健康委办公厅关于印发新冠肺炎出院患者康复方案(试行)的通知)

回春妙手唤醒人体康复潜能
——专访中日友好医院康复科总治疗师长郭京伟

又是一个工作日的清晨八点,康复医学科总治疗师长郭京伟准时走进了位于中日友好医院本部 D 栋二层一间像健身房的大厅。一位满头白发的老年患者正躺在治疗床上,等着做治疗。郭京伟拉过凳子坐在床边,用略带北京味的普通话问道:"阿姨,这几天感觉怎么样?"

虽然口罩遮住了他的大半个脸,但没妨碍患者感觉到他温和友善的目光。在患者开始讲述自己的病情时,几位二十来岁的年轻实习生也围了过来,拿出笔记本开始记录。他们都是北京中医药大学康复治疗专业大四的学生,郭京伟是他们的兼职副教授,也是他们的临床带教老师。

在郭京伟开始教这位老年患者如何正确举起胳膊时,又有几位等他治疗的患者走了进来,坐在一边候诊。很快,这间像健身房的康复科治疗大厅就"热闹"起来。大厅一侧的墙上有一面大镜子,用来帮助患者矫正姿势。镜子里反射着来来往往的患者的身影。有来做康复训练的,也有来做理疗的。有年迈的老人在类似跑步机的机器上慢慢行走,还有被治疗师扶着活动关节的中年患者。偶尔,还能看见年幼的小患者借助学步车一样的助行器,努力往前走着。

"康复"到底是什么？

谈起"康复科"，郭京伟说，甚至有些医生和护士也不知道康复科在做什么，以为康复就是按摩理疗之类的治疗。郭京伟告诉记者："还有很多人误认为康复科就是理疗科，实际上理疗只是康复治疗的一小部分。理疗是指声、光、电、磁、热等疗法，例如治疗骨质疏松的治疗仪，就是基于磁疗的原理。"

1996年从上海体育学院康复系毕业后，郭京伟便开始了在中日友好医院康复科的工作。至今，他已有25年的康复治疗临床工作经验。他擅长的物理治疗领域主要是颈肩腰腿痛等肌肉骨骼系统疾病、脑卒中偏瘫和帕金森病等神经系统疾病。

"康复医学是功能医学，不同于临床其他科室关注疾病的病因、病理和治疗，康复医学更关注的是疾病造成的功能障碍。它主要帮助患者恢复功能，提高生存质量。"郭京伟解释道。

"康复治疗针对的是各种原因引起的功能障碍。以脑血栓为例，临床科室关注的是脑血栓如何形成，怎么预防，形成之后如何减少对脑功能产生的影响；而康复科是通过功能训练，帮助脑卒中患者恢复肢体、语言、认知等功能，提高患者的生活自理能力和他们的生存质量。虽然大部分脑卒中患者可能无法完全恢复到患病之前的功能水平，但康复治疗可使病情较重的患者尽最大可能恢复基本的生活自理，如吃饭、穿衣、如厕等；病情较轻的患者能从事部分的家务和工作，承担起原有的家庭和社会角色；失语的患者能和家人进行简单的交流。"

"近年来，康复医学和临床其他学科的联系与合作也越来越紧密了，康复治疗已经延伸到了疾病发生后的早期阶段，甚至有些手术的术前阶段康复治疗就已经介入。比如对肺移植的患者进行围手术期的康复治疗可以提高器官移植后患者的存活率和生存质量。康复治疗还适用于重症患者。例如重症患者在 ICU 期间，因为制动时间较长，会出现心肺功能下降和肌肉萎缩等。这些问题，通过床旁的早期康复治疗可以得到很大程度的解决。康复治疗还可以减少外科手术带来的并发症。在康复科的协同下，现在，在我们医院做完结直肠手术的患者 24 小时离床率达到99%以上。以前患者要在病床上躺好几天。"

（来源：中国日报.回春妙手唤醒人体康复潜能——专访中日友好医院康复科总治疗师长郭京伟［N/OL］. http://cn. chinadaily. com. cn/a/202101/25/WS600e2624a3101e7ce973c6f2. html.）

青年康复治疗师：
逐梦前行　书写奉献青春的时代篇章

2017年12月21日，北京小汤山医院康复中心治疗室门口响起了一阵敲门声，一位患者家属手捧写着"无私奉献的白衣天使　崇高的职业道德"字样的锦旗，送给医院康复治疗师马鑫祺和陈通豪,以表达对两位青年治疗师细心服务、耐心诊治的高度肯定和赞扬。

这是一位因脑梗死于 2017 年 5 月收治入院的患者,当时右侧上下肢不能活动,加上几年前出现过脑出血现象,治疗有一定难度。但在医院经过一段时间的康复治疗,患者出院时基本能够坐位平衡甚至自主站立。康复中心评定组的治疗师马鑫祺负责患者坐位、站位的平衡训练,这位 1993 年出生的小姑娘,给患者治疗时总带着笑容,并用温和的语气指导训练,让患者感到宽心和安心,治疗效果也十分显著。她常说"用阳光乐观的态度去面对生活和工作,它们一样也会回报给你阳光。"

康复中心神经功能评测与训练中心的治疗师陈通豪,主要负责患者因脑血管意外产生的肢体功能障碍,利用神经生理学疗法改善患者肌力、关节活动度,促进肢体功能恢复,提高日常生活能力,改善生活质量。进入康复中心大家庭不到一年的他,为人谦和,积极进取,时刻为患者着想,为其考虑最佳治疗方案。他和蔼的态度,贴心的话语使患者及家属得到了极大的宽慰。他坚信:高峰只对攀登它的人来说才有真正意义。

北京小汤山医院于 2012 年转型为康复医院,近几年康复事业迅速发展壮大,已跻身成为全国一流的康复医院。院内年轻而富有朝气的康复治疗师团队不断展现新时代青年的先进风采,以高标准严格要求自己,努力提升专业技能、服务水平。

习近平总书记在党的十九大报告中指出的,青年一代有理想、有本领、有担当,国家就有前途,民族就有希望。在锦旗的背后,闪耀着医院关爱病人、服务患者的崇高精神和道德情操,这也将激励更多的医护人员继续以专业的技术、贴心的服务造福更多的患者。不忘初心,逐梦前行,不驰于空想,不骛于虚声,一步一个脚印,踏踏实实干好工作,不断书写奉献青春的时代篇章。(文/北京小汤山医院临床一团支部 孙海娇)

(来源:央视网.青年康复治疗师:逐梦前行 书写奉献青春的时代篇章[EB/OL]. http://news.cctv.com/2018/01/04/ARTIXvDaaLbDjsUxBcFSVDdm1801 04. shtml.)

专业特色思政元素:仁爱协作

一、思政元素

信任、诚实、包容、团结、尊重、善爱他人、厚德精医、同理心

二、案例解读

追求美好幸福生活,是永恒的主题,永远是进行时。在"推进健康中国建设,提高人民健康水平"的奋斗道路上,需要医生、护士、康复治疗师等医护人员团结协作,时刻保持着对生命的无限尊重,对患者病痛感同身受,用真心换真情,以精湛的康复治疗技术弘扬"仁心仁术、厚德精医"的崇高精神,从而推动医疗服务向整合医疗体系发展,即集预防、治疗、康复和健康管理为一体的整合医疗。此外,康复医学采用的是多专业协同工作的方式,共同组建康复治疗团队,其中也蕴含了"仁爱协作"的要义。

康复治疗是一个循序渐进的过程,突如其来的新冠肺炎疫情中断了许多门诊患者的康复疗程,隔离病毒不隔爱,北京房山区良乡医院康复医学科全体医务人员秉持"一切为了患者的健康"工作理念,多途径、多形式为门诊和住院患者提供高质量康复治疗服务,做到"用真心关爱患者,用康复守护健康"。此外,对人民健康的守护需多方团结合作,浙江大学医学院附属邵逸夫医院康复医学科联合泌尿外科、肛肠科、妇产科等科室积极开展盆底功能障碍性疾病诊治与康复新技术,帮助脊髓损伤患者彻底摆脱尿失禁的"困扰",使其身体功能改善,重新找回尊严。这正是"团队协作解决患者难言之隐,攻坚克难更显医者仁爱"。首都医科大学宣武医院的康复治疗师,在塑造患者缺失或受损的身体功能的同时,希望带患者们冲破功能障碍所带来的黑暗,去追求万物热爱的那一缕阳光,遇见美好,春暖花开。

三、案　例

用真情关爱患者　用康复守护健康

2020 年 1 月,新冠肺炎疫情突发,房山区良乡医院迅速打响疫情防控阻击战。疫情防控期间,按照医院整体部署,医院康复医学科门诊服务暂停。由于康复治疗是一个循序渐进的过程,许多门诊患者还希望继续按照整体康复疗程进行治疗。为了尽可能帮助患者继续康复,医院康复医学科治疗师将科室及自己的联系方式告知患者,通过电话或视频的方式为患者讲解在家训练的方法和注意事项,同时解答患者咨询的问题,并定期询问、记录患者的康复训练状况。

在关闭门诊业务的同时,科室所有康复治疗师来到各病区对住院患者进行康复治疗,对于病情较轻的患者,康复师在保证一医一患的情况下,带领患者至治疗室进行康复训练;对于病情较重的患者,康复师携带康复器材在床旁对患者进行康复动作指导。

针对康复治疗时康复师与患者近距离接触存在交叉感染的风险这一情况,韩文芹主任结合新冠肺炎感染防控指南,制定出康复医学科疫情防控期间操作流程及规范,严格执行每天消毒擦拭所有康复器材、门诊治疗室开窗通风等规定,并持续优化康复治疗方案,既保证患者的康复治疗需求,同时避免医护患之间的交叉感染。疫情防控期间,康复医学科为 51 名患者提供了 292 人次康复治疗服务,同时做到医护患零感染。

随着全国疫情防控形势持续向好,医院陆续恢复正常诊疗服务。康复医学科在做好疫情防控的前提下,于 2020 年 4 月 7 日正式恢复门诊工作,并迎来第一位患者。该患者在疫情防控期间踝关节扭伤,已有 10 周左右,由于没有得到及时的康复训练,肌力下降且伴有疼痛肿胀,踝关节活动度均有受限,严重影响了日常生活。经康复治疗,患者踝关节活动度改善,疼痛有所缓解。截至目前,康复医学科已服务近 10 名门诊康复患者。精湛的康复治疗技术、贴心的服务态度、安全放心的治疗环境都得到了患者及家属的肯定与赞誉。

隔离病毒不隔离爱,康复医学科全体医务人员将继续秉持"一切为了患者的健康"的工作理念,不断提高康复治疗水平,竭尽全力为辖区百姓提供优质的康复治疗服务。

（来源:北京市房山区人民政府网站.用真情关爱患者　用康复守护健康[EB/OL]. http://www.bjfsh.gov.cn/zwgk/wjw/ywdt_1651/bmdt_1652/gzdt_1653/202004/t20200424_39996450_fs.shtml.）

康复医学多学科合作　助力解决"难言之隐"

一年半前,50岁的金女士因为在高速公路上发生事故,脊髓受损,下半身失去知觉。此后,大小便成了问题,她只能通过导尿袋、尿不湿解决内急。这两个月来,金女士在浙江大学医学院附属邵逸夫医院盆底功能障碍性疾病诊治与康复治疗中心坚持做盆底康复训练,盆底肌肉力量得到锻炼,排便功能慢慢恢复。"有了恢复的感觉,两便问题解决,我就更有信心了!"金女士的信心来自身体功能的改善,让她找回了尊严。

盆底康复是个系统工程,一方面传统电刺激不可缺少,另一方面还要进行呼吸训练。除了脊髓损伤患者外,妇产科、肛肠外科的患者也多发尿失禁、便秘等盆底疾病。目前,通过运动多学科手段,帮助患者做盆底康复的理念在国内比较领先。

（来源：浙江新闻.康复医学多学科合作　助力解决"难言之隐"[EB/OL]. https://zj. zjol. com. cn/news. html? id＝1559536.）

遇见美好　春暖花开

没错,我是一名三甲医院康复科的治疗师。

看,我的工作是不是还挺有意思?这也的确让我看惯了形形色色的人和事,那些能够触发自己情感变化的感受阈值仿佛也越来越高。但工作至今,仍能毫不费力打动我的,依然是这些缤纷多彩的表面下那每一个为生活而咬牙坚持的内心。我会不忍看他们无助的眼神,我会不忍看他们咬牙切齿训练时的表情,我会不忍看他们满头的汗水,我会不忍回头看他们身旁噙着泪水、满脸疲惫的家人。如果能够选择,我更希望我们的相遇是场梦,我更希望他能穿着早就挑好的西装如约参加女儿的婚礼,我更希望脑血管病这件事情不会发生在他身上,我更希望他能与爱人执手幸福余生,我更希望沉浸在他向我讲述的往日辉煌。可现实就是这样,随着全球脑血管病发生率的日益上升,每年有近千万人患脑血管病。虽然随着医学的发展,死亡率逐渐下降,但遗留的功能障碍严重影响着每个人甚至每个家庭的生活。作为康复治疗师,每天要面对各类功能障碍的患者,有的患者不能言语、有的患者二便失禁、有的患者有认知障碍、有的患者不能行走、还有一些患者甚至连翻身都需要外力辅助。然而,康复的魅力在于庞大的康复团队与患者和家属间那份不言而喻的信任与执着,以及团队中每个人为爱努力、绝不放弃的热情。

所以,康复这份工作让我感动也让我着迷。如果你的工作可以给一个崩溃边缘的家庭带来希望,我想没有几个人会拒绝吧。我常常喜欢把康复比喻成再塑造的过程,康复治疗不仅要塑造患者缺失或受损的身体功能,更要塑造他们社会参与时的强大底气。我总是喜欢回顾每个患者与我相处的康复过程,每每想起都很是欣慰,我没做什么,只是希望带他冲破功能障碍所带来的黑暗,去追求万物热爱的那一缕阳光。所以我的工作也让我结识了很多患者朋友,而他们也总是会来单位看我,那种久别重逢后的喜悦就好像炎炎夏日里的一阵凉风,我们总是相视一笑,不必多言。

(来源:杨晓龙,宋为群.一名康复治疗师的自述[J].中国医学人文,2020(10):46.)

二、课程思政教学设计

（一）课程思政教学设计方案

1. 医学遗传与胚胎发育

学　院	医学院	课程名称	医学遗传与胚胎发育
授课教师	金　欣	授课班级	临床医学(卓越医师)193
授课章节		单基因遗传——X 染色体失活机制(XCI 机制)	
课程类别	A.公共平台课　**B.专业平台课程**　C.专业选修课　D.全校选修课		
教学目标	**一、知识目标** 　　知道 XCI 机制的内容,以及以低磷酸盐血症性佝偻病、DMD(进行性假肥大性肌营养不良)、血友病 A 为代表的 X 连锁的遗传性疾病的基本表型和遗传方式。 　　**二、能力目标** 　　能够将 XCI 机制应用于解释临床上 XR 或 XD 病的女性杂合子的表型原因。 　　**三、素质目标** 　　结合科普短视频、临床研究文献等案例素材,知道所学的理论机制对于临床诊疗的意义,激发学生医者仁心的同理心和终身学习的信念。		
教学内容	基础医学整合课程——医学遗传与胚胎发育的遗传学部分:XCI。 1.XCI 机制的发现和内容。 2.低磷酸盐血症性佝偻病、血友病 A 等 X 连锁疾病的表型和分子机制。 3.X 连锁的遗传性疾病的遗传特点和发病风险估算。		
思政元素	救治生命;敬佑生命(科学精神、以人为本);终身学习。		
教学实施路径	课前:学生根据超星泛雅平台任务充分预习 XCI 机制,观看 DMD 患者的科普视频,在讨论区留言观后感(激发学生对 DMD 患者的人文关怀,以及作为医者救治生命、敬佑生命的使命感)。教师回复学生留言。 　　课堂上在引出 DMD 疾病内容部分前: 　　1.请学生通过"雨课堂"投稿在讨论区看到的点赞数最高的几个留言。 　　2.请获得点赞数最高的学生扩展谈一谈自己的想法。 　　3.由学生的想法, 　　(1)分享基于本讲所学的 XCI 机制开展的最新研究成果,强调其对于临床预防、治疗工作的价值,激发学生对基础研究的兴趣,使其产生终身学习的使命感; 　　(2)分享临床工作中人文关怀对于患者的重要性,同时激发学生对救治生命、敬佑生命的思考。 　　课后:推送与课堂相关的科学问题拓展的教师微课视频,作为"科学精神"和"终身学习"元素的融合延伸内容。		
教学反思与评价	本节的学习采用线上线下融合的混合式学习模式,"医教研协同",符合卓越医师班的培养目标。 　　课前基于线上的自主学习,使课堂有充分的时间开展基础—临床的思维转换,以及医学人文素养的精神培育。课后的线上延伸环节与整体的课程设计一以贯之。总体的课程设计兼顾了基础、临床、预防、治疗、思政五个环节,使课堂有知识、有思考、有温度、有延伸。		

2. 呼吸系统

学 院	医学院	课程名称	呼吸系统
授课教师	吴建红	授课班级	临床医学(卓越医师)193
授课章节	呼吸系统——呼吸系统解剖结构		
课程类别	A.公共平台课　**B.专业平台课程**　C.专业选修课　D.全校选修课		
教学目标	**一、知识目标** 　　说出呼吸系统的主要组成器官,上、下呼吸道的组成,鼻旁窦的位置及开口,描述喉的位置,喉腔分部和声门下腔黏膜的特点及意义,比较左右主支气管形态的特点及其临床意义,描述肺的形态,比较左右肺的形态差异。 　　**二、能力目标** 　　能在标本上辨认呼吸系统各器官的形态特点,描述出各器官所在的位置。能运用所学对临床案例进行分析,具有发现问题、解决问题的能力和系统的批判性思维、临床思维能力。 　　**三、素质目标** 　　树立良好的责任意识和职业道德。		
教学内容	临床医学专业器官——系统整合课程——呼吸系统 1.呼吸系统的组成和功能。 2.鼻、咽、喉、气管、肺等呼吸器官的位置、形态、重要结构。		
思政元素	**1.责任意识,健康促进** 　　由于大气污染、吸烟、工业经济发展导致的理化因子、生物因子吸入以及人口年龄老化等因素,近年来呼吸系统疾病如肺癌、支气管哮喘的发病率明显增加,慢性阻塞性肺疾病居高不下。 　　此外,从2002年的传染性非典型肺炎(SARS),到这几年频发的H7N9等人禽流感病毒引起的急性呼吸道传染病,再到2019年年底起波及全世界的新冠肺炎(COVID-19)疫情,病毒主要侵犯呼吸系统的器官,空气飞沫传播为疾病流行的主要途径。 　　一个公民需要有责任意识,做好自身防护,努力保护我们赖以生存的地球环境,关爱生命,为健康中国行动贡献自己的一分力量。 　　**2.救死扶伤** 　　从左右主支气管的解剖结构差异推理到有异物掉入气管时更容易进入右主支气管,引出急救科普常识,气管异物急救方法——Heimlich手法(海姆利希手法)。		
教学实施路径	采用教师精讲、案例讨论(TBL(任务型教学)和翻转课堂)、学生线上线下自主学习相结合等多种教学方式方法。教学实施途径:课前预习、思考→课中解析、内化→课后巩固、反馈三步。 　　课前预习——思考:借助超星学习通平台提前发布思考题,提供参考学习资料,让学生以团队为单位学习、补充资料,开展自主学习,其中Heimlich手法请同学两两互为角色模拟练习。 　　课中解析——内化:根据学生自学效果,教师梳理知识点;随机抽取2组同学展示角色模拟,学生提问、互答,最后教师点评。		

教学实施路径	课后巩固——反馈:用测验方式检查学生知识点的巩固情况,教师对学生测验结果反馈出的共性问题进行再次答疑。
教学反思与评价	在医学专业基础课程中插入临床案例或医学常识,不但能让学生进一步巩固医学基础知识,也能让学生对基础与临床相结合的案例充满兴趣,激发学生对后续课程学习的热情,进一步体会到医学生的责任感和使命感。本次课中还普及了一个急救常识:当有异物进入气管时,可用 Heimlich 手法抢救患者生命,学生互相通过角色扮演,真正理解救死扶伤的终身责任。

3. 药理学

学　　院	医学院	课程名称	药理学
授课教师	俞朝阳	授课班级	临床医学 183
授课章节	绪论		
课程类别	A.公共平台课　**B.专业平台课程**　C.专业选修课　D.全校选修课		
教学目标	一、知识目标 药理学、药物的基本概念;药效学与药动学的概念。 二、能力目标 具有严谨、仔细、慎独工作的作风,能有效地相互沟通与合作,具有良好的心理承受能力、批判性思维能力和终身学习的能力。 三、素质目标 学生树立"以人为本""以病人为中心"的理念,具有同情心、同理性和爱心,体现人文关怀;使学生形成正确的世界观、人生观、价值观,热爱祖国,忠于人民,遵纪守法,获得良好的医德、情感和素养。		
教学内容	1.药理学、药物的基本概念。 2.药效学的概念,药理作用和作用机制:受体学说。 3.药动学的概念。 4.新药与老药的概念。 5.药物的跨膜转运及其影响因素。		
思政元素	爱国、爱党、文明、和谐、敬业、爱岗、严谨、求实、诚信、友爱。 1.84 岁的钟南山院士第一个宣布疫情存在人传人(成都热线,2020-01-22) 2.我校毕业学生作为本市疫情专家组副组长在大会发言(《绍兴晚报》,2020-02-12) 3.73 岁绍兴籍李兰娟院士研究磷酸氯喹新用途(《医药经济报》,2020-02-04) 4.临床医学专业毕业生寿卫青作为绍兴市的神经科医生援鄂(浙医在线,2020-02-09) 5.新冠肺炎初愈——献血救治危重病人(中国新闻网,2020-02-18) 6.生命的摆渡人——公交司机(《人民日报》,2020-02-27) 7.生命的摆渡人——民警(《人民日报》,2020-02-27) 8.新冠肺炎逝者遗体解剖刘良团队(《四川名医》,2020-03-04) 9.生命的摆渡人——乡村医生(《人民日报》,2020-02-27)		

思政元素	10.生命的摆渡人——快递小哥(《人民日报》,2020-02-27) 　　十位抗疫人物事迹的图片合在一起,展现了一个在中国共产党领导下众志成城的国家。充分说明这是一个人与人之间以诚信友爱为主流的社会。充分说明公民具备敬业爱岗、严谨求实的精神内涵和工作态度。社会主义社会在资源调配、人员流动管理和社会动员方面有巨大优势,充分体现制度优越性。
教学实施路径	教学平台:超星泛雅学习通、钉钉直播、钉钉视频会议。 　　教学模式:"基于SPOC(小规模限制性在线课程)的线上翻转"教学设计。"停课不停学""停课不停教""停课不停育",是这个春天老师面临的一个新课题。 　　**(一)课前调动学生学习和讨论,打下初步基础。** 　　课前学生的自主学习十分重要,要达到一定的基础性目标,自主学习不仅仅是阅读而已。通过钉钉视频会议组织学生开展基于案例问题的小组讨论,尤其是PBL(基于问题的学习)小组的讨论性学习。 　　**(二)课中要注意疫情＋专业知识＋课程思政,润物细无声。** 　　1.84岁高龄的钟南山院士和73岁的绍兴籍院士李兰娟的感人事迹。 　　2.临床医学专业毕业学生的感人事迹对后续学生的榜样作用。 　　3.社会各行各业的人们奋战在疫情第一线。 　　4.新冠肺炎逝者遗体解剖对于抗击疫情的重要性。 　　**(三)课后要注意总结,提升教学和教育水平。** 　　课后,要注意总结和资料保存,提升教学和教育水平。
教学反思与评价	显然单纯教授学生专业知识是远远不够的。课前学生的自主学习确实十分重要,学生的知识水要达到一定的基础性目标,自主学习不仅仅是阅读而已,还要通过钉钉视频会议组织学生开展基于案例问题的小组讨论,特别是PBL小组的讨论性学习。只有这样,直播课堂才能完成"疫情＋思政＋专业"高度融合的教育教学任务。 　　课后,从学生的反馈中,从录播的回放中,从自己的反思中,尽量找不足。当然通过深思,也能找到直播教学今后的发展方向和教师的责任与担当。

4．人体形态学1

学　　院	医学院	课程名称	人体形态学1
授课教师	田　海	授课班级	护理学202
授课章节	脉管系统——心血管系统		
课程类别	A.公共平台课　**B.专业平台课程**　C.专业选修课　D.全校选修课		
教学目标	**一、知识目标** 　　能描述人体各系统中主要器官的形态、结构及位置等,了解本学科的研究方法和新进展,从而为进一步学习其他基础课程和护理专业课程打好基础。 　　**二、能力目标** 　　具有正确认识人体,形成从正常到异常、从大体到微观、从形态到功能的多学科融合的综合分析、应用能力;具有通过体表标志定位体内器官和正确辨识表浅血管的临床应用能力;具有运用专业知识进行正确的临床决策并分析解决临床实际问题的能力;具有有效利用教辅资料自主学习的能力。		

教学目标	**三、素质目标** 　　培养学生尊重人体、爱护标本,进而关爱患者、体恤病人的优良品质;培养学生善于观察、尊重事实和严谨求实的科学作风。
教学内容	1.脉管系统的组成和功能。 　　2.心血管系统的组成,体循环和肺循环的概念。 　　3.心的位置、外形、心脏各腔的形态结构及心脏壁的组织结构。 　　4.心脏的体表投影。 　　5.心传导系的组成和功能。 　　6.左、右冠状动脉的重要分支和分布,房间隔和室间隔缺损的常见部位。 　　7.冠状窦的位置、开口和属支。 　　8.心包的构成。
思政元素	科学精神;关爱生命;敬畏生命;责任意识;合规守正;仁心仁术。
教学实施路径	**1.课前推送资料和发布学习任务,让学生带着问题来上课。** 　　课前精心设计教案,深入挖掘思政教育的切入点,通过查阅文献和网络,积累丰富的思政素材。利用超星学习通创建课程,并将自主任务单和相关学习资源上传至平台,同时发布讨论话题,安排学习计划。 　　**2.课中多个教学环节都可以融入思政教育。** 　　在新课的导入环节,结合解剖学的发展历史和相关的科学家故事进行课程导入,培养学生的职业道德。结合致敬"无语良师",让学生在了解人体科学知识的同时认识生命,引导学生尊重生命、爱护生命、敬畏生命,培养使命感,提高职业素养。 　　在讲解课程的主要内容、学习目标、重点、难点的同时,注重课程的德育目标。讲课过程中根据内容适时导入课程思政案例,潜移默化地培养学生的职业道德。在讲述血液循环内容时,讲述我国部分地区人民对无偿献血缺乏科学认识,区域中心城市血库紧张,供需矛盾等问题依然存在,从而鼓励学生无偿献血,启发学生仁爱之心及人文关怀。 　　在课堂设计中,安排学生以小组为单位解答案例问题、绘制思维导图,并进行汇报展示,提高学生互助友善、团结协作的精神。 　　**3.课后鼓励学生走进社区、走入基层体察民情。** 　　鼓励学生到社区为百姓提供咨询,使他们把课上学习的知识应用到社会中,提高百姓预防疾病的大健康意识,从而让学生感受到自身的价值,培养更浓厚的学习兴趣。
教学反思与评价	人体形态学是研究人体正常和异常形态结构、胚胎发生及其机理的一门学科。我所教授的是其中的解剖学部分,主要任务是阐明人体各系统中器官的形态结构和配布特点,是后续基础医学和临床护理学课程的基础,也是临床专业实践的基础。因此在教学过程中必须科学、规范、全面、系统。本人按照大纲要求,课前认真备课,注重专业技能和基础知识的教授。授课过程注重理论与实践相结合,通过案例分析,举一反三,形象生动地把专业知识和技能传授给学生。对此我有以下反思。 　　**一、面向全体学生,为学生全面发展和终身发展奠定基础** 　　1.采用启发式、访谈式等教学形式,循序渐进,由浅入深,不仅教知识,更注重教方法。

教学反思 与评价	2.为学生提供自主学习和直接交流的机会,以及充分表现和自我发展的空间。 　　3.通过自主学习、知识讲授、案例教学、分析讨论、实体观察与验证等方法培养学生观察事物,发现、分析和解决问题的能力。 　　4.在自主学习和团队实验中逐渐培养学生的团结协作精神,善于沟通与交流,尊重人体标本及材料,爱护仪器、设备等实验设施,以及保持良好卫生习惯等优良品德。 　　**二、关注学生情感,创造民主、和谐的教学气氛** 　　在学生学习和掌握系统解剖学基本内容的过程中,进一步培养和树立辩证唯物主义的世界观,加强智能和思维能力的培养。做到: 　　1.尊重每个学生,积极鼓励他们在学习中的尝试,保护他们的自尊心和积极性。 　　2.创造各种合作学习的活动,促进学生互相学习、互相帮助、体验成就感、发展合作精神。 　　3.关注学习有困难或性格内向的学生,鼓励他们多提问题,多动手操作。 　　4.建立融洽、民主的师生交流渠道,经常和学生一起反思学习过程和学习效果,互相鼓励和帮助,做到教学相辅。 　　**三、对学生进行有效的评价** 　　评价可以使学生认识自我,树立自信,有助于反思及调整自己的学习过程。评价或采用测验及非测验形式,平时重视形成性评价,对学生回答学习过程中的表现所改进的成绩,以及反映的情感、态度、策略等某方面进行及时的评价,如口头评价、等级评价、学生之间互相评价等方法,及时发现学生的进步。鼓励学生自我反思、自我提高,测验以学生综合运用能力为目标,侧重于学生理解和获取信息的能力,评价学生学会分析自己的成绩和不足,明确努力方向。

5. 健康评估

学　院	医学院	课程名称	健康评估
授课教师	沈雪艳	授课班级	护理学 191
授课章节	肺脏评估		
课程类别	A.公共平台课　**B.专业平台课程**　C.专业选修课　D.全校选修课		
教学目标	**一、知识目标** 　　胸廓扩张度、语音震颤的触诊方法及临床意义;胸部叩诊音分类、检查方法及临床意义;正常呼吸音、异常支气管呼吸音、干啰音、湿啰音的听诊特点及临床意义;肺部体格检查的步骤顺序;胸廓和胸部体表标志;胸壁静脉、皮下气肿、胸壁压痛的临床意义;呼吸运动、呼吸节律、呼吸频率和深度的视诊;肺脏叩诊方法、影响叩诊音的因素、肺界叩诊;异常呼吸音、语音共振的听诊特点和临床意义;肺脏体格检查的原理;肺部常见疾病的主要症状和体征。 　　**二、能力目标** 　　培养学生具有实施肺部评估、呼吸疾病诊断和监测的能力,以及问诊和有效沟通的能力等整体护理的能力,具有局部评估配合全身评估的整体观念,具有良好的团队协作和交流沟通能力。		

教学目标	**三、素质目标** 　　培养学生的同理心、责任心和职业道德感；帮助学生正确认识护士的自身价值，树立正确的价值观，具有良好的职业道德和职业情感。在护理实践过程中注意保护患者隐私、保暖、动作轻柔、避免疼痛，体现良好的人文关怀理念。在诊断实践中，体现"平等、敬业"的价值观。积累公共预防知识，树立万众一心全民抗疫的意识，提高社会防疫协作能力。
教学内容	1.肺脏评估：肺脏体格检查的原理；肺部体格检查的步骤顺序。 　　视诊：胸廓和胸部的体表标志、胸壁静脉、皮下气肿、呼吸运动、呼吸节律频率和深度。 　　触诊：胸廓扩张度、语音震颤的触诊方法及临床意义。 　　叩诊：胸部叩诊音分类、检查方法及临床意义；肺脏叩诊方法、影响叩诊音的因素、肺界叩诊。 　　听诊：正常呼吸音、异常支气管呼吸音、干啰音、湿啰音的听诊特点及临床意义；异常呼吸音、语音共振的听诊特点和临床意义。 　　2.肺部常见疾病的主要症状和体征；肺部体格检查的诊断思维。 　　理论授课、实验操作、PBL教学讨论形式。 　　案例：慢性阻塞性肺气肿。 　　3.了解新冠肺炎疾病，解读《新型冠状病毒肺炎诊疗方案（试行第九版）》中的呼吸诊疗方案，普及新冠肺炎社会防治措施。拓展知识，例如呼吸支持和治疗技术在新冠肺炎治疗中的重要作用，面罩吸氧、无创通气和有创机械通气的选择，ECMO的应用等；新冠肺炎流行病预防；新冠肺炎的伦理讨论，意大利65岁以上老人放弃治疗、中国多例肺移植的价值意义（全公费、病人的选择）。
思政元素	**思政元素1：医者仁心。** 　　我们需要以仁心、同理心、责任心去对待每一位病人。作为医护专业人士，必须有仁心和责任心。努力学习肺脏疾病的问诊、体格检查、辅助检查、诊断思维，为进一步进入临床工作打下扎实的理论基础。医学生对病人的疾苦要有同理心和爱心，力所能及地去帮助病人，并进行心理关怀和情感支持。 　　**思政元素2：家国情怀。** 　　要有万众一心全民抗击新冠肺炎疫情的意识。全民爱家乡、爱邻居，互帮互助。培养学生思考问题的能力，跳出从自身角度、从小群体角度思考问题的局限，从大局上看问题。新冠疫情下，全国上下，万众一心，全民协同，共同执行防疫任务。从专业人员、医护人员、军人警察，到社区志愿者，从国家级领导，到每一位公民，全民一心，做好防护，阻止病毒的传播，体现了家国情怀。 　　**思政元素3：尊重平等。** 　　中华民族具有优秀的传统文化，尊重平等，尊老爱幼。所有的新冠肺炎患者免费治疗，与身份、背景、经济能力无关。执行先来后到的治疗原则，不放弃年龄最大的新冠肺炎患者，即104岁的李达荃（化名）老人。尊老爱幼、全民平等的优秀传统文化，给了中国人、全球华人、海外侨胞极大的安全感，生命得到最大的尊重。
教学实施路径	**一、教学设计** 　　**1.课前：**肺脏评估的课程资料上传超星学习通，PPT、授课计划、肺脏体格检查视频，干、湿啰音音频，参考文献，《新型冠状病毒肺炎诊疗方案（试行第九版）》等。 　　**2.课中：**理论授课、实验授课、操作考核、PBL教学、呼吸疾病案例讨论，交流互动，超星学习通签到。

教学实施 路径	**3. 课后:**在线试题测试、教师拓展知识介绍、期末考试。 (1)超星学习通试题测试。 (2)拓展知识,例如呼吸支持和治疗技术在新冠肺炎中的重要作用,面罩吸氧、无创通气和有创机械通气的选择和应用,气道管理的气道湿化和痰栓形成,ECMO 应用等;新冠肺炎流行病预防;新冠肺炎的激素治疗;新冠肺炎最新英文参考文献。 (3)期末考试。 **二、教学方法** 1.理论授课,线上线下结合教学。利用超星学习通平台发布学习资料。 2.操作实训。 3.案例分析。 4.PBL 教学。 5.线上测验、作业、期末考核、综合考核。 **三、教学措施** 1.利用超星学习通平台,线上分享教学资源。在线讨论。课间讨论互动。 2.PBL 教学,慢性阻塞性肺气肿的讨论,分三幕讨论,学生团队合作,提出问题、分析问题,参阅文献和书库、获得解答,上传资料。组内、组间相互评分,教师评分,得出客观的评分。 3.案例分析,肺部感染、慢性阻塞性肺气肿的诊断分析。 4.实验操作,肺脏体格检查示教、练习、操作考试。 5.线上布置作业、试题测试。线下期末考试。
教学反思 与评价	**一、教学中存在问题及改进情况** 1.理论授课,结合实践,学生重点把握不够准确,自主学习需要一定的指导。 2.学生的开拓性思维不足,分析能力需要提高。 **二、改进举措** 1.授课过程中突出重点,及时沟通反馈,查漏补缺。 2.应用多种教学方法,线上线下结合,案例分析,PBL 教学,视频观摩,预、复习,多次测验等,训练学生的临床思维,拓宽视野。 3.丰富线上教学资源,增加课程的互动性,提高学生的学习兴趣。

6. 成人护理学

学　　院	医学院	课程名称	成人护理学
授课教师	徐水琴	授课班级	护理学 181
授课章节	胰腺肿瘤病人的护理		
课程类别	A.公共平台课　**B.专业平台课程**　C.专业选修课　D.全校选修课		
教学目标	**一、知识目标** 陈述胰腺肿瘤的临床表现和致病因素;介绍晚期胰腺癌的临床特点,阐述疼痛护理的重要性;解释胰腺肿瘤术后护理及胰瘘的分级。		

教学目标	二、能力目标 正确评估胰腺肿瘤临床征象和心理状况；准确说明腹腔双套管灌洗术及护理技术，开展术后引流护理。 三、素质目标 渗透临床思辨、注重人文关怀、提升循证能力、培养职业素养。
教学内容	**预习测试、前言说明** **一、胰腺解剖与生理** 胰腺解剖形态、血液供应、淋巴回流、胰腺实质、胰腺功能（内分泌功能、外分泌功能）。 **二、胰腺肿瘤概述** 流行病学特征、病因、发生部位、病理类型、大体病理、转移途径。 **三、胰腺癌临床表现** 症状：上腹痛、黄疸——库瓦西耶征、消化道症状、消瘦与乏力、其他症状。 体征：肝大、胆囊肿大、腹水、腹部肿块、淋巴结肿大。 **四、胰腺癌检查** 实验室检查：血生化检查，免疫学检查，糖链抗原（CA19-9）、癌胚抗原（CEA）、胰胚抗原（POA）。 影像学检查：超声检查、超声内镜、CT检查、MRI、MRCP、ERCP、PTC、PTCD。 细胞学检查：活检。 **五、胰腺癌治疗** 治疗方案：化学治疗、放射治疗、基因治疗、免疫治疗。 手术治疗（PD）：Whipple手术、Child手术、PPPD手术、胰腺体尾部切除术、姑息性手术。 手术治疗常见并发症：出血、胰瘘、胆瘘、感染、胃排空延迟。 **六、胰腺癌术前护理** 心理护理、疼痛护理、营养支持、改善肝功能、皮肤护理、肠道准备、血糖控制。 **七、胰腺癌术后护理** 病情观察、维持营养、引流护理、健康教育。 并发症护理：出血（时间、原因、表现、护理）、胃排空延迟、胰瘘。 **八、术后胰瘘（POPF）护理** 定义：术后＞3 d时，引流液淀粉酶含量大于血清淀粉酶正常值上限的3倍，且与临床治疗预后相关。 分级：2016版ISGPS（国际胰腺外科研究小组）术后胰瘘分级系统。 **九、腹腔双套管灌洗** 装置、方法、操作。 腹腔双套管灌洗的护理要点（正确固定、保持负压、调节滴速、体位引流、防止打折、防止堵塞、观察性状、听吸引声、保护皮肤、告知家属）。 **总结反馈、复习巩固**
思政元素	1.促进健康，尊重同理，正确健康观。 2.敬佑生命，以人的健康为中心，体现人文关怀。 3.仁爱协作，实现关爱，和谐社会，人的尊严，爱的价值。

教学实施 路径	线上线下混合式教学,以案例为中心、教师为主导、学生为主体开展团队探讨式教学活动;采用课堂精讲、自主预习、团队学习、实物设计、情景模拟、循证思辨等教学方法和手段。借助网络教学平台,完成预习、课堂、复习三大环节。具体包括布置预习3项任务,完成预习测试,进行课堂反馈;按案情进展完成9项教学内容、5个团队形式讨论点、1次随堂测试、5次设问反馈、8次课堂测试反馈、1项学生自主设计实验实物展示及模拟;复习巩固反馈完成8项章节测试、1项主题讨论、1项流程制作作业、1项单元练习、4项教学评价。 　　主要包括"预—导—论—证—循—析—设—模—评"等环节:前言预习测试→临床案例导入→问题引导讨论→合作探究论证→深度挖掘循证→对比分析解惑→设计实物展示→现场提炼模拟→反思总结评价。 　　**预习阶段** 线上提供参考资料和内容,发布预习自学任务。 任务一:复习胰腺解剖与生理,完成测试。 任务二:小组讨论胰腺炎诊断方法和引流设计。 任务三:查阅平台文献资料,了解胰瘘护理进展。 　　**课堂阶段** 以"案例"为中心开展教学,发挥学生主导作用。 以案情进展介绍9项教学内容。 按课堂呈现划分11个教学活动。 　　**复习阶段** 线上提交作业、思考分析、完成评价。 主题讨论与作业:团队合作主题讨论结果上传、流程图作业提交。
教学反思 与评价	评价效果:以案例为中心、学生为主体安排教学内容,采用合适的教学手段,取得一定成效。学生积极主动参与,章节测试、单元测试、主题讨论、流程图等完成率为100%;96.6%学生的单元测试取得优秀成绩;预习任务完成度高,学生自主设计的双套管符合原有装置和工作原理;随堂测试的正确率为100%;教学评价满意率达100%,认为引流管护理对技能有较大帮助和收获的为100%,认为对职业素养有较大帮助和收获的为96.7%。 　　教学特色:教学平台资料齐全;测试评价反馈体现过程性和总结性,呈现多样性和全面性;深入探究和循证,引入胰瘘分级新进展和防治胰瘘护理新技术;以"案例"为中心、学生为主体开展团队形式探讨式教学,巧设前言预习测试→临床案例导入→问题引导讨论→合作探究论证→深度挖掘循证→对比分析解惑→设计实物展示→现场提炼模拟→反思总结评价等环节,探索胰腺肿瘤护理教学改革新思路。 　　存在不足:太注重要点内容,容易忽略常识性内容,导致一些学生对基本知识点如"胰瘘为什么早期禁食"产生疑问;虽为高年级学生但其专业英语功底比较薄弱,影响了对内容的理解,要对课程内容中常用英文简写作适当的解释说明;双套管灌洗技术最好制作成视频,让学生有更客观的印象,以此避免学生提出"为了控制滴速用微泵来注射冲洗液"如此不合常规的问题;学生对循证思辨还是存在疑惑,需要结合护理研究作适当解释说明。 　　优化措施:针对存在不足进行优化,措施包括提前调查学生相应的理论基础,根据调查结果适当调整内容,常识性内容和重点内容比例恰当;调整双语教

教学反思 与评价	学比例,标识英文简写中文名,加深学生的理解;目前没有权威的"双套管灌洗技术"视频,有条件的话应进行自制,突出本节课程内容的教学特色;对于循证护理(EBN)思辨还是需要结合护理研究逐步渗透,让学生养成带着循证思维思考问题、解决临床实际问题的习惯;通过不断优化,提前公布教学内容、自学计划,有序预习,渗透式讲解,合理测试,加强评价,及时反馈等以达到最佳教学效果。

7. 社区护理学

学　　院	医学院	课程名称	社区护理学
授课教师	徐水琴	授课班级	护理学 181
授课章节	重性精神疾病患者的社区管理及康复		
课程类别	A.公共平台课　**B.专业平台课程**　C.专业选修课　D.全校选修课		
教学目标	**一、知识目标** 　掌握重性精神病社区康复护理;熟悉精神分裂症临床特点;熟悉精神疾病康复护理模式,了解当前精神疾病康复护理最佳模式。 **二、能力目标** 　重性精神疾病安全给药、药物护理、安全护理;精神疾病病人的危险性评估;精神疾病社区干预管理。 **三、素质目标** 　渗透临床思辨、注重人文关怀;提升循证能力、培养社区工作职业素养。		
教学内容	**社区精神卫生的护理与管理——重性精神疾病患者的社区管理及康复** **第一节:社区重性精神疾病护理** 　1.重性精神疾病的概念和分类 　2.重性精神疾病流行病学特点 　3.最重要的重性精神疾病——精神分裂症:概念和特点、病因及发病机制、临床分型、病程与预后、常用治疗与护理 　4.重性精神疾病社区康复 　5.用药护理:重性精神疾病安全给药、抗精神病药护理、社区重性精神疾病药物治疗护理 　6.安全护理(四防护理) 　7.社区精神护理目标 **第二节:社区重性精神疾病管理** 　1.社区组织管理 　2.发病报告管理 　3.社区干预管理:信息管理、患者随访、重性精神疾病病人的危险性评估、分类干预 　4.精神疾病社区康复服务模式:ACT 概念、ACT 与传统社区精神卫生服务的区别、ACT 应用现状、ACT 应用效果		
思政元素	1.促进健康,尊重同理,正确健康观。 2.敬佑生命,树立"人群健康为中心"理念,体现人文关怀。 3.仁爱协作,实现关爱,和谐社会,人的尊严,爱的价值。		

教学实施 路径	以"学生"为中心,深入体会,综合循证思辨分析社区精神护理工作。 以"案例"为主线,层层递进,找寻社区精神疾病康复服务新型模式。 以"能力"为目标,丰富知识,结合社区实践提升精神专科护理能力。 以"思政"为契机,培养素质,树立"以人群健康为中心"重要理念。 结合线上线下,以案例为中心开展"导—论—证—循—启—拟—思"课堂教学:案例导入→教师问题引导讨论→学生合作探究论证→案例深度挖掘循证→教师适时启发提点→及时提炼模拟→反思总结评价。 **第一阶段**:线上提供参考资料和内容,发布自学任务表。 自学社区精神障碍护理并完成社区精神障碍护理知识测验。 自学"严重精神障碍患者社区规范管理模式及实施效果研究"等文献,了解社区精神康复管理现状。 **第二阶段**:以"案例"为中心开展教学。 **第三阶段**:线上提交作业、思考分析、完成评价。 **提交作业**:循证报告、设计或重建健康档案 **思考分析**:完成综合测试 **教学评价**:过程性评价、总结性评价
教学反思 与评价	**评价效果** 合理安排教学内容,采用合适的教学手段,取得一定成效:测试、作业完成率100%;设计社区精神康复档案两份,重建社区精神康复档案三份。取得较好的过程性评价和总结性评价:思考分析完成率100%,80分以上者占71%,对教学内容、教学方法改革等评价满意率达96%以上。 **教学特色** 资料齐全(学习通教学平台),过程性评价、总结性评价多样全面,引入精神疾病社区康复服务模式新进展,以"案例"为中心,结合社区实践、情景模拟、循证护理和自学等教学手段,巧设"导→论→证→循→启→拟→思"等环节,探索社区精神卫生的护理与管理教学改革新思路;突出了"以人群健康为中心"重要理念,关爱社区重点人群,尊重特殊人群的隐私,保护特殊人群的尊严;渗透循证思维、人文关怀,培养社区工作职业能力。 **存在不足** 学生临床思维、综合分析能力弱,授课时需多进行案例解析使教学与临床更贴近;学生知识综合性、整合性差,结合了大量精神障碍护理的内容,需加强知识纵向、横向的整合提炼;学生医学基础薄弱,不能很好地解析原理问题,特别是总结了所有精神障碍治疗药物护理,内涵丰富,需时间消化,授课时需渗透医学基础知识,加深学生的理解;学生英语基础薄弱,影响对内容的理解,对循证护理概念不清,对 ACT 不了解,需结合双语授课,合理发放双语资料。 **优化措施** 针对存在不足进行的优化措施包括:提前公布教学内容、自学时间表,有序预习、渗透式讲解、合理测试、加强评价、及时反馈等。具体如下:加大案例解析使教学与临床更贴近,促进课程间的融合;整合医学基础知识,系统授课,加强知识纵向、横向的整合提炼;合理安排临床实践,实现理论实践并行模式,理论实践不脱节,能力培养不间断;调整双语教学比例,以案例为中心,加强针对性实践,充分调动学习自主性,提高学习兴趣,提升临床核心能力。

8．医学免疫学

学　院	医学院	课程名称	医学免疫学
授课教师	张建华	授课班级	医学检验技术 191
授课章节	医学免疫学概论		
课程类别	A. 公共平台课　**B. 专业平台课程**　C. 专业选修课　D. 全校选修课		

教学目标	一、知识目标 　　掌握免疫的概念、基本功能及异常表现。熟悉免疫应答的基本类型和特点。了解免疫学研究范畴、发展简史及在医学中的地位。 二、能力目标 　　树立免疫具有"双刃剑"的观念，简单解释疾病发生机制。 三、素质目标 　　能感受到我国科技现代化在免疫学研究及技术应用方面的成就以及敢于质疑、独立思考、求真创新等科学精神。
教学内容	**1. 课程介绍** （1）本课程的学习目标、学习要求及考核方案。 （2）如何学好本课程？关于线上教学的注意事项。 **2. 医学免疫学概论** （1）免疫的概念与基本功能。 （2）免疫的类型与特点。 （3）免疫系统组成。 （4）免疫学的发展历程。 （5）免疫学在医学上的意义。
思政元素	1. 促进健康：科技现代化、生命健康权、生存权等。 2. 敬佑生命：科学精神、求真创新等。
教学实施路径	一、课前 　　在超星学习通平台布置课前预习任务。 　　1. 要求学生通过网络途径初步认识冠状病毒 SARS-CoV-2 的病原学特征、流行病学特征、致病机制、临床表现及诊断防治措施。 　　2. 通过阅读新型冠状病毒肺炎诊疗方案，寻找与免疫学相关的知识点。 　　3. 通过超星学习通平台自学《免疫学发展简史》教学视频。 二、课中 　　1. 课程导入阶段的思政元素 ①尝试让学生思考并回答关于 SARS-CoV-2 的几个问题： SARS-CoV-2 感染症状不一是何道理？ 除了核酸检测以外，是否有其他免疫学检测手段？ 恢复期患者血浆为何会有疗效？ 只要机体产生出抗体，就能控制住病毒吗？ 我国上市的新冠疫苗是什么类型？免疫保护效果如何？ ②理解这些问题是制订新冠肺炎疫情防控诊治措施的基础，涉及病毒学与免疫学问题，后者是本课程的核心教学内容。

教学实施路径	③由疫苗话题引入《中国新冠疫苗筑起免疫防线》新闻报道,从科技攻关、综合国力、健康权、生存权等方面进行剖析。 2.教学内容《免疫学发展简史》中的思政元素 在自学《免疫学发展简史》教学视频的基础上,重点围绕以下几个方面进行讲解与讨论: 牛痘苗消灭天花(Edward Jenner); 抗毒素的发现(Von Behring); 克隆选择学说(MacFarlane Burnet); 单克隆抗体的制备(Georges kohler & Cesar Milstein); 固有免疫模式识别理论(Charles Janeway)。 在强调这些重大发现或重大学说的科学意义与应用价值的基础上,简要回顾学者的生平与这些发现的背景,让学生体会到敢于质疑、独立思考、求真创新等科学精神。 三、课后 要求学生利用课余时间通过网络搜索对免疫学学科发展有重大贡献的学者生平及重大成就,整理成文并进行分享。
教学反思与评价	本次课通过新冠肺炎疫情资料导入,起到了良好的效果,在此基础上顺势引入关于我国新冠疫苗研发及应用的相关报道,让学生对我国科技抗疫、综合国力、健康权与生存权保障等方面进行自觉体会,起到了良好的课程思政教学效果。

9.临床免疫学检验

学　　　院	医学院	课程名称	临床免疫学检验
授课教师	李海玉	授课班级	医学检验技术 181
授课章节	肿瘤免疫检验		
课程类别	A.公共平台课　**B.专业平台课程**　C.专业选修课　D.全校选修课		
教学目标	一、知识目标 掌握肿瘤抗原、肿瘤标志物的概念及分类,熟悉临床常见肿瘤标志物的种类、免疫学检测及其临床意义,了解肿瘤标志物检测的临床意义与合理应用。 二、能力目标 掌握肿瘤免疫学检测的基本操作流程与结果判断,正确理解并合理解释临床免疫检测中各项肿瘤指标的意义。 三、素质目标 能根据患者的病情进行肿瘤检测指标的合理选择并结合临床进行正确解释。		

教学内容	1.肿瘤抗原 2.机体抗肿瘤的免疫机制 3.肿瘤的免疫逃逸 4.肿瘤的免疫防治 5.肿瘤标志物及其检测 6.肿瘤患者的免疫功能检测
思政元素	1.科学技术现代化 2.工匠精神 3.科学客观,结果公正 4.诚实守信,实事求是 5.急患者所急,想患者所想
教学实施路径	通过引入临床案例,在实景中让学生体验、领悟相关思政元素的意义和重要性。
教学反思与评价	基于CBL基础的案例实景学习能使学生有一种如临实景的真实体验,学生能真实地体验到一个医疗人员在实践中如何正确地运用所学知识更好地服务于病人,并且体会到作为一名医疗技术人员必须具备一种工匠精神的重要性,从而领悟在学习中扎实自己的基础知识的重要性和必要性,结合患者的实际病情和经济状况要学会培养自己的同理心,能做到客观公正地报告检验结果,并做到不过度检验,实事求是为患者进行优质服务。尽管如此,单纯理论学习的领悟效果并不是对所有同学都有效,某些学习积极性差的同学,对职业感悟的能力和效果并不是很好,提示以后的教学中要在时间允许的范围内增加授课方式的多样性和多考虑学生个体差异的针对性。

10. 临床寄生虫检验

学　　院	医学院	课程名称	临床寄生虫检验
授课教师	岳文燕	授课班级	医学检验技术171
授课章节	医学线虫——钩虫		
课程类别	A.公共平台课　**B.专业平台课程**　C.专业选修课　D.全校选修课		
教学目标	**一、知识目标** 概括钩虫的致病阶段及致病机理,描述所导致的临床疾病的类型及表现。 **二、能力目标** 能熟练运用所学理论知识分析临床疾病表现,对疾病具有初步的诊断、治疗能力,能熟练运用所学知识对人们进行疾病预防的宣传教育。 **三、素质目标** 促进对国家富强意义的认识,培养爱国情操。		

教学内容	钩虫的致病与临床表现。 1.幼虫致病 (1)钩蚴性皮炎 (2)呼吸系统病变 2.成虫致病 (1)消化道症状 (2)贫血 (3)婴幼儿钩虫病
思政元素	综合国力;基本国情;爱祖国;制度自信;民族精神。
教学实施 路径	钩虫病曾经是我国五大寄生虫病之一,可以导致人体肠道黏膜损伤、失血,从而引起胃病样、肠病样表现,尤其可引起严重的贫血。 　　**1.病例分析** 　　其中病例第2个问题"解释本病例的症状和体征"里需要解释病人出现贫血的原因。 　　**2.超星学习通里进行在线课堂讨论** 　　讨论1:钩虫导致贫血的机理有哪些? 　　学生通过讨论,得出贫血的机理包括钩虫寄生导致人体慢性失血及铁、营养物质不能得到及时补充两方面。其中慢性失血的原因包括钩虫的唧筒样吸血排血、创口的渗血等;而铁、营养物质不能得到及时补充的原因包括钩虫寄生导致人体肠道黏膜损伤而使肠道的吸收能力下降以及人体营养物质供给不足。 　　讨论2:假如现在咱们班有位同学得了钩虫病,一般不会出现严重贫血,你觉得原因是什么呢? 　　通过同学的积极思考与讨论,知道了当今中国社会发展很快,综合国力明显提升,人们的物质生活水平较新中国成立前及成立初期得到了极大改善,基本摆脱了贫困,所以即使感染了钩虫,会引起人体慢性失血及肠道吸收能力下降,但是我们可以通过食物的充分供给将失去的营养补充回来,就不会出现严重贫血。而新中国成立前及成立初期钩虫病为什么那么严重,被列为中国五大寄生虫病之一,中国因此还被嘲弄为"东亚病夫",是因为那时中国非常贫穷,人们都吃不饱,感染钩虫后,因为钩虫寄生导致失去的血不能通过营养供给来补充合成,就会引起明显的贫血。钩虫性贫血患者一般面色萎黄,浑身无力,也被称为"懒黄病"。这个问题的讨论分析,不仅使学生掌握了钩虫导致病人贫血的机理这个重要的知识点,更加重要的是使学生意识到国家富强的重要性,培养其爱国情操,增强对社会主义制度优越性的自信及民族自豪感。
教学反思 与评价	大多数学生都出生及生活在比较富裕的家庭,至少不愁温饱,对新中国成立前及成立初期的中国社会没有感同身受的经历。本次思政教育主要是在课堂教学时结合病例讨论进行,讨论方式为线上线下相结合。经过本次内容的讨论分析,同学们对新中国成立后发生的巨大变化有了深刻的认识与体会,会更加珍惜现在的生活,更加努力地去学习,去提升自我,为国家的繁荣富强添砖加瓦,使人民的生活更加美好。

11. 医学检验技术专业导论

学　　院	医学院	课程名称	医学检验技术专业导论
授课教师	张建华	授课班级	医学检验技术 201
授课章节	医学检验人员的职业道德		
课程类别	A. 公共平台课　**B. 专业平台课程**　C. 专业选修课　D. 全校选修课		
教学目标	**一、知识目标** 掌握医德的概念和基本原则,熟悉医德的基本范畴及医学检验人员的职业道德规范。 **二、能力目标** 能结合案例对医学检验人员的职业道德进行客观评估。 **三、素质目标** 培养学生严谨的科学思维和创新精神,以及独立思考能力、分析和解决问题的能力。		
教学内容	**1. 医德概述** 医德的概念与基本原则;医德的基本范畴;医德的规范与修养。 **2. 医学生的道德规范** 医学生誓言、高等医药院校学生行为规范。 **3. 医学检验人员职业道德** (1)以患者为中心,提供检验服务 (2)坚持原则、实事求是 (3)热情服务、保障权益 (4)钻研技术、精益求精 (5)密切配合、团结协作		
思政元素	敬佑生命;以患者为中心、工匠精神、耐心细致等。		
教学实施路径	**一、课前** 1.通过超星学习通平台观看白岩松的精彩演讲《医学与医德》视频。 2.自学教材第 8 章《医学检验人员的职业道德》。 3.自学 3 个临床检验教学案例材料。 **二、课中** 课程思政元素通过案例教学方式切入,结合教学内容《医学检验人员职业道德规范》引入以下 3 个案例并开展课堂讨论。 教学案例 1:主动沟通,一种更好的选择 血电解质检验的内容是什么? 参考范围多少? 有何临床意义? 这位检验人员有何优点? 可以归结到哪个方面? 知识、能力、素质如何? 是否侵犯了患者的知情同意权? 教学案例 2:三家医院我该相信谁? 血清铁蛋白是什么项目? 有何临床意义? 检测技术有哪些类型? 这个案例反映了检验领域什么问题? 该检验人员与患者的成功沟通反映了哪些方面的职业素养?		

教学实施 路径	教学案例3:标本放置错位带来的后果 　　HBV-DNA定量分析有何临床意义? 检测技术是什么? 本案例检验结果张冠李戴是如何造成的? 会对临床治疗带来怎样的风险? 应该如何避免发生检验差错? 　　教师通过组织课堂讨论,结合医学检验人员职业道德规范具体要求,引入思政元素。教师在讨论的基础上进行总结,使学生加深对医学检验人员职业道德规范的理解。 　　**三、课后** 　　在学习通平台提供3个临床检验案例(教学案例4—6),并设置问题供学生思考讨论,按照回复次数及质量计算分值。 　　教学案例4:误用采血管的教训 　　教学案例5:血库需要的不仅是细心 　　教学案例6:一次院内感染监测的思考
教学反思 与评价	本章节教学内容涉及医学检验人员的职业道德,若单纯讲授教材内容会显得枯燥乏味,我们采用案例教学法,引入来自《检验与临床的沟通——案例分析200例》一书中6个典型案例供学生讨论学习。这些案例均为丁香园网站中网友提供的真实案例,对学生的启发颇多,认可度较高。

12. 临床基础检验

学　　院	医学院	课程名称	临床基础检验
授课教师	刘　兵	授课班级	医学检验技术191
授课章节	尿液检验		
课程类别	A.公共平台课　**B.专业平台课程**　C.专业选修课　D.全校选修课		
教学目标	**一、知识目标** 　　培养具备临床基础检验的基本理论、基本知识和基本技能,以及理解检验指标的临床意义及和临床疾病联系的检验专业技术人才。 **二、能力目标** 　　培养学生通过理论教学和实验中的适当专业联系与应用,逐渐将专业理论与实践相结合的能力,发现、分析和解决问题的能力。 **三、素质目标** 　　培养具有医学使命感、医学检验专业责任感的检验技术人才。		
教学内容	1.尿液的标本采集和处理;尿液一般检验;尿液分析仪检验。 　　2.掌握:尿液理学检验、尿液化学检验、尿液有形成分显微镜检验。 　　3.熟悉:尿液分析仪检验的质量控制。 　　4.了解:尿液标本采集和处理的质量控制、干化学尿液分析仪检验、尿液有形成分分析仪检验。		

思政元素	1.促进健康:科学技术现代化、综合国力、生命健康权。 2.敬佑生命:以人为本、工匠精神、求真创新、耐心细致。 3.合规守正:社会公正、职业操守、诚实守信、隐私保护。 4.大爱无疆:甘于奉献、爱岗敬业、职业道德、恪尽职守。
教学实施 路径	课前引导学生思考对尿液检验的理解;学生根据已有的尿液相关知识,提出自己对尿液检验的理解。向学生展示各代尿液分析仪的发展,强调国家政府为促进人民健康做出的巨大贡献、国家的科学技术水平的提高,同时也证明我国综合国力的提升为人民生命健康权利争取了更多保障。 　　多媒体教学,结合尿液疾病相关检验案例,强调尿液检验指标的报告要以诚信为基本,实事求是地报告检验结果。对异常尿液形态成分应该本着敬业的工作态度,认真复检,强调检验人才在尿液检验过程中应该时刻牢记自身职业道德。作为尿液检验人,引导学生以社会公正、医疗公平为基本,守护患者的合法就医权益,恪守检验人的职业操守,严格保护患者隐私,并举例说明未保护患者隐私的反面案例,起到警示效果。案例讨论中,引导学生发挥科学家精神,联系临床实际,为患者后续检验提出合理建议。结合临床尿液检验日常,为学生讲解日常工作中对窗口患者耐心细致讲解检验报告、以患者为本将最精确的检验报告发送到患者手上的工匠精神,以及在职业工作中思考全新方法去提供检验效率的求真创新精神。 　　总结本堂课内容,对尿液检验发展史进行简单梳理,与学生探讨尿液检验在国家未来发展中的机遇与挑战,启发学生由自身成长想到国家发展,坚定其为祖国建设贡献个人力量的信念。
教学反思 与评价	**1.教学前反思:**课前应反思如何将"尿液检验"的内容与课程教学目标及思政元素有效结合;思考本课程的教学重点与难点,如何强调重点,如何阐释难点。 　　**2.教学中反思:**课堂教学中,通过及时与学生互动,得到教学效果实时反馈,评价学生掌握知识点的程度、学生自身职业认同感的合规守正的体会、促进人类健康的职业使命感的培养。在案例教学中,着重观察学生敬佑生命品格的养成以及大爱无疆人文素养的养成。在课程总结中,关注学生对爱国情怀、新时代精神的理解。 　　**3.教学后反思:**课后回忆课堂教学过程,对教学目标、教学内容的具体环节进行思考,分析学生是否领悟本堂课程的思政元素。对未得到有效反馈的方面,加强对课程安排的合理规划,改进教学的方式方法,不断提高教学课程思政的质量。

13. 临床微生物检验

学　　院	医学院	课程名称	临床微生物检验
授课教师	阮　萍	授课班级	医学检验技术 181
授课章节	细菌接种和分离技术、培养方法（实验课）		
课程类别	A.公共平台课　**B.专业平台课程**　C.专业选修课　D.全校选修课		
教学目标	一、知识目标 　　掌握常用的细菌接种和分离技术；了解细菌培养法的种类。 二、能力目标 　　通过实验，习得细菌接种和分离的技术方法。培养学生实验观察和描述表达能力，培养学生独立工作及分析问题和解决问题的能力。 三、素质目标 　　学生具有严谨的科学态度，实事求是的科学作风，具有医学使命感和责任感。		
教学内容	根据不同目的，学习细菌的不同接种方法和培养技术。		
思政元素	1.热爱科学，尊重科学事实；敬业，职业操守。 2.团结合作，诚实守信。		
教学实施路径	通过课程实验的开展，强调临检操作的规范性和严谨性，以及临检结果的客观性。如实上报真实数据，实事求是看待临检结果，来引导学生尊重患者、尊重科学。批判性地讨论临检技术在临检工作中的贡献，引导学生反思技术的不足之处和可改进的方案，为进一步促进临床检验技术现代化做出自己力所能及的一份贡献。 　　教学方法：通过先讲解、后示范、再实操的方法，让学生知悉不同接种方法的操作技巧。通过对实验结果的观察，让学生了解不同的细菌培养方法在实验结果上呈现方式的不同之处。从而引导学生思考实际临检工作中细菌接种方法和培养基选择的重要性。 　　实施过程： 　　1.先介绍实验室规范，让学生知晓遵守实验室规范的重要性，懂得如何在正确操作的同时做到维护实验室的安全和自身安全。再介绍无菌操作规范，让学生理解细菌操作实验过程中无菌操作对正确呈现实验结果的重要性。 　　2.讲解细菌接种和分离技术、培养方法的具体内容，包括实验目的、实验材料、实验内容、实验结果等。 　　4.示范实验内容中的关键点或者重难点部分。比如无菌操作手法、平板划线手法。 　　5.告知实验报告的正确书写格式，懂得医学实验在医疗实践中的地位和作用，对实验结果的汇报一定要尊重事实结果，不能篡改数据歪曲事实，要树立科学精神。 　　6.开展小组实验，培养学生的团队协作意识。 　　7.实验结束，要整理实验台面，垃圾分类，培养学生形成良好的实验习惯。		

教学反思与评价	1.学生通过实际操作,切身体会到了细菌接种和分离技术在临床检验中的重要性,并加深了对理论课中抽象知识的理解。 2.学生在实操过程中初步体会到团队合作的重要性,懂得了维护实验室秩序和安全的重要性。

14. 系统解剖学

学　　院	医学院	课程名称	系统解剖学
授课教师	高贵山	授课班级	医学影像技术 191
授课章节	系统解剖学——绪论		
课程类别	A.公共平台课　**B.专业平台课程**　C.专业选修课　D.全校选修课		
教学目标	**一、知识目标** 　掌握人体的器官系统和部位、解剖学标准姿势、人体轴与面和方位术语;学习人体解剖学必须具备的观点;了解解剖学发展简史,以及系统解剖学的定义、研究范围、目的和分科。 **二、能力目标** 　通过自学教材、知识讲授、分析讨论、实体观察等方法引导学生自主学习能力的形成,培养学生观察事物,发现、分析和解决问题的能力。 **三、素质目标** 　学习、生活、择业、态度等人生观形成性教育,热爱学校,吃苦耐劳,团结协作,敬畏生命,献身医学,促进健康。		
教学内容	1.系统解剖学的概念、研究范围和人体解剖学分科; 2.学习系统解剖学的目的意义; 3.人体的器官系统和部位; 4.解剖学标准姿势、人体轴与面和方位术语; 5.学习人体解剖学必须具备的观点; 6.解剖学发展简史。		
思政元素	敬佑生命、促进健康、大爱无疆、仁爱协作、合规守正		
教学实施路径	1.理论教学:介绍系统解剖学的概念、研究范围和人体解剖学分科;人体的器官系统和部位;讲解并示范解剖学标准姿势、人体轴与面和方位术语等基本内容。 2.讲述学习人体解剖学的观点、目的意义;和同学讨论学习、生活、择业、态度等人生观,初步引导学生团结协作、敬畏生命、合规守正、促进健康的精神和意识。 3.讲述人体解剖学发展史,关键代表人物的贡献,着重阐明我国医学家对解剖学的贡献,如宋代杨介所著《存真图》、宋慈所著《洗冤集录》等,以增进爱国主义、文化自信,让学生课后拓展,进一步了解上述著作,引导学生自主学习能力的形成。		

教学实施路径	4.讲述遗体捐献的事迹,捐献者和家属的知情同意,从"大体老师"的无私奉献中,体会大爱、尊重、感恩、文明、诚信、友善的优良品质。
教学反思与评价	大学生开学第一课非常重要,上好开学第一课,利用首开专业平台课之机进行专业引领和思想教育,对学生今后良好习惯的养成有事半功倍之效。将正确的理想信念、价值取向、政治信仰、社会责任等融入专业理论教育,使学生明白医学知识的同时,更明白医学的精髓。 但教学中思政元素的融入应避免生搬硬套,上的是专业平台课,不是思想政治课,思政元素应化为无形,润物无声,避免在课堂的某一个时间段内出现单纯的说教。

15. 医学影像设备学

学 院	医学院	课程名称	医学影像设备学
授课教师	俞樟森	授课班级	医学影像技术 191
授课章节	磁共振成像设备——概述		
课程类别	A.公共平台课 **B.专业平台课程** C.专业选修课 D.全校选修课		
教学目标	一、知识目标 掌握医学影像设备的成像原理、结构组成和操作维护知识。 二、能力目标 能清晰了解医学影像设备的成像原理,熟练掌握设备的结构组成、操作维护,对医学影像产生过程中设备对图像的影响及故障能做出正确的判断。 三、素质目标 对医学影像设备的原理、结构和应用理论及实践能较熟练地掌握,了解未来医学影像设备的研究和发展方向,并具备较高的操作使用、维修保养的动手能力和一定的新设备开发、研制能力。		
教学内容	1.**基本概念**:原子核的磁矩、自旋和进动;产生磁共振的原子核特点;拉莫尔进动;氢原子磁矩进动学说。 2.**梯度磁场与定位**。 3.**MR 的基本结构**:主磁场、梯度磁场、射频发射和接收系统、计算机系统、运行保障系统(如磁体的屏蔽、超导及低温系统等)。		
思政元素	1.敬业:遵循职业道德、职业认同。 2.诚信:实事求是、尊重科学。		

教学实施路径	课堂教学,主要通过 PPT 及板书讲解,让学生逐步理解 MR 的基本成像原理、设备的主要组成部分及每一部分的功能与特点。 实验教学 1:利用小动物磁共振成像系统,进行磁共振造影剂的弛豫率测试及计算,进行不同浓度磁共振造影剂的成像,让学生更好理解磁共振成像及造影的特点。 实验教学 2:学生参加医院放射科磁共振临床使用,了解利用磁共振进行不同疾病成像诊断的操作流程、禁忌证等,初步了解如何利用 MR 图片进行疾病诊断。
教学反思与评价	MR 成像理论比较深奥,成像设备复杂,授课过程中学生较难理解。在授课过程中需详细讲解 MR 所涉及的基本物理学原理,且尽可能多地利用图片及动画进行演示。

16. 人体发育学

学　　院	医学院	课程名称	人体发育学
授课教师	吴建红	授课班级	康复治疗学 191
授课章节	胎儿期发育		
课程类别	A. 公共平台课　**B. 专业平台课程**　C. 专业选修课　D. 全校选修课		
教学目标	一、知识目标 　掌握胎儿期运动发育规律、胎教的概念和种类。熟悉胎儿宫内发育分期、胎儿神经系统发育、胎儿期行为发育。了解胎儿发育进程及发育特征、胎儿发育的监测、胎儿发育的影响因素。 　二、能力目标 　提高学习能力,有效使用课程教学大纲、教科书、教学参考书和网络平台,能科学地安排课外自学时间,学会自主学习。要求能熟悉人体发育学的正常发育规律。以人体功能发育为理论基础,从防治各类发育异常、疾病及相关功能的角度,加深对康复治疗技术的内涵和外延意义的理解。 　三、素质目标 　在课程教学中培养学生严谨的科学态度、实事求是的科学作风和严密的科学方法;培养学生的自学能力、观察能力、综合分析能力、语言表达能力、批判性思维能力、创造思维能力和创新能力;遵循人体发育规律,培养学生尊重生命、关爱生命的职业素质,提高学生人文素质和职业涵养。		
教学内容	1. 胎儿期的发育规律:胎儿宫内发育时间和分期;胎儿发育进程;胎儿期生理功能发育(各系统生理功能发育);胎儿期运动功能发育;胎儿期认知发育。 　2. 胎儿发育的影响因素和异常发育:影响胎儿发育的因素;异常发育。 　3. 胎儿发育的监测:胎儿发育监测的 3 种途径;发育评分(胎儿生物物理相评分,Apgar 评分)。		

思政元素	**1.敬佑生命,开拓进取** 　　通过观看视频,让学生知道每个来到这个世界上的生命都是独一无二的,两性生殖细胞经过生殖管道有缘相遇并受精,生命一出现就带着神奇、带着使命,所以生命是最值得敬畏的存在。苏联作家奥斯特洛夫斯基说过:"人最宝贵的是生命,生命对人来说只有一次。人的一生应当这样度过:当他回首往事时,不会因为虚度年华而悔恨,也不会因为碌碌无为而羞愧。" **2.健康促进,关爱生命** 　　在生命发生过程中,可能受到内在因素和外在环境的影响而发生脱离正常规律的发育,因此作为医学生有义务运用所学医学知识向大众普及优生优育的科普知识,特别是向同龄人。少年强则国强,大学生们要有规律、有计划安排好自己的学习生活,做到劳逸结合,展现当代年轻人的蓬勃朝气!
教学实施路径	教学实施途径:课前预习、思考→课中解析、内化→课后巩固、反馈三步。 　　课前预习、思考:在超星学习通平台上提前发布预习内容,即观看人胚胎发育视频,让学生以团队为单位提出胎儿发育过程中的特点,思考哪些因素会影响胎儿发育,造成发育畸形。 　　课中精讲、内化:先随机抽取2~3组同学回答通过观察视频获得了哪些信息,互相补充;教师根据学生回答情况,梳理重要知识点,归纳总结。 　　课后巩固、反馈:课后小测验检验学生对所学知识点的巩固程度,根据超星学习通统计结果对学生存在的共性问题再答疑。
教学反思与评价	借助线上线下学习平台,通过提供视频、文献资料提前布置自主学习任务,既培养了学生的自主学习能力,也培养了团队合作能力。特别是视频观看,让深奥的知识直观化,同学反映很有效。建议在教学过程中多使用这样的方式。当然视频必须短而精致。

（二）课程思政教学设计表

1. 人体机能学 2

学　　院	医学院	学　　科	护理学	课程名称	人体机能学 2
授课教师	高　辉	授课班级	护理学 18 级	学　　分	2
课程类别	A.公共平台课　**B.专业平台课程**　C.专业选修课　D.全校选修课				
教学目标	一、知识目标 　　获得药物与机体相互作用的一般规律,常用药物的药理作用、机制、临床应用、不良反应、禁忌证及其用药护理注意事项的知识。 　　二、能力目标 　　获得融合生理学、病理生理学和药理学知识的能力,能综合运用这些知识解释人体生理活动、疾病状态、用药干预的相互关系,并能运用于临床常见疾病的诊断、预防、治疗与护理之中,具有保护并促进个体和人群健康的能力。能有效地相互沟通、合作,具有良好的批判性思维能力和终身学习的能力。 　　三、素质目标 　　树立"以人为本"的理念,具有同情心、同理性和爱心特别是能在用药过程中体现人文关怀,具有严谨、仔细、慎独的工作作风,树立正确的世界观、人生观、价值观,热爱祖国,忠于人民,遵纪守法,具有良好的职业道德和素养。				
课程育人教育内容	**1.爱国敬业** 　　关注我国科学家在药理学上的重大贡献,结合药物的发展史和相关科学家的故事进行课程导入,激发爱国热情,提高职业荣誉感。例如:讲授抗疟疾药时介绍诺贝尔奖获得者屠呦呦,她发现的青蒿素让全世界的疟疾患者受益。 　　**2.大爱无疆** 　　关注医院、家庭、社会中医疗工作者的正能量案例,潜移默化中灌输敬业精神、奉献精神及关爱观念。如讲授糖皮质激素这一章时,重温在抗击"非典"的战场上广大医务工作者的"白求恩精神"。 　　**3.合规守正** 　　关注"百亿保健帝国"权健集团事件、2018 年长春疫苗事件等关乎人民身体健康的用药安全问题,培养学生的法律意识和责任意识。 　　**4.求真创新** 　　关注疾病治疗的新进展,激发学生的创新意识。例如:讲解平喘药时,介绍钟南山院士最新研究成果玉屏风颗粒和太极拳用于稳定期慢阻肺临床研究。通过这些科学家的故事,学生能够感受到他们不畏困难、勇于攀登科学高峰的精神,培养学生的科学素养。				

教学方法 与举措	1.课前推送资料和发布学习任务,让学生带着问题来上课。 课前精心设计教案,深入挖掘思政教育的切入点,通过查阅网络文献,积累丰富的思政素材。利用超星学习通创建课程,并将自主任务单和相关学习资源上传至平台,同时发布讨论话题,安排学习计划。 2.课中多个教学环节都可以融入思政教育。 在新课的导入环节,可以结合药物的发展历史和相关的科学家故事进行课程导入,培养学生的职业道德。在为学生介绍课程的主要内容、学习目标、重点、难点的同时,也要介绍课程的德育目标。讲课过程中根据内容熏陶,在课堂的最后环节安排学生以小组为单位解答案例问题并绘制思维导图,以小组为单位汇报展示,提高学生互助友善、团结协作的精神。 3.课后鼓励学生走进社区、走入基层体察民情。 鼓励学生到社区为百姓提供用药咨询,使他们把课上学习的知识应用到社会,提高百姓预防疾病的大健康意识,从而让学生感受到自身的价值,培养更浓厚的学习兴趣。

教师签名:高辉

2. 基础护理学 1

学　院	医学院	学　科	护理学	课程名称	基础护理学 1
授课教师	潘一楠	授课班级	护理学 19 级	学　分	4
课程类别	A.公共平台课　　**B.专业平台课程**　　C.专业选修课　　D.全校选修课					
教学目标	一、知识目标 具有一般生活护理技术如病区环境管理、病人出入院护理、病人卧位护理、安全护理、病人清洁舒适护理、休息与活动指导等相关基本知识。具有预防与控制医院感染相关知识,在操作中严格执行无菌技术原则、消毒隔离原则,具备职业防护的意识与知识。获得满足病人诊断、治疗护理需要的生命体征观察护理、饮食与营养护理、冷热疗法、排泄护理等相关知识。 二、能力目标 具有病人出入院护理、病人卧位护理、安全护理、舒适护理、活动指导等相关基本技能。具有预防与控制医院感染的相关技能,在操作中严格执行无菌技术原则、消毒隔离原则,具备职业防护技能。获得生命体征观察护理、饮食与营养护理、冷热疗法、排泄护理等相关技能。 三、素质目标 正确认识护士的自身价值,树立正确的价值观,具有良好的职业道德和职业情感。树立"以人为本""以病人为中心"的理念,具有同情心、同理心和爱心,在各项操作过程中体现对护理对象的人文关怀。具有严谨查对、慎独工作的作风,能有效地沟通与合作,具有良好的心理承受能力、一定的评判性思维能力和终身学习的理念。能运用护理知识和技能,并按照护理程序的方法为护理对象提供服务,具备观察、分析、解决问题的能力和独立工作能力。				

课程育人 教育内容	本课程是理论与实践并重的课程,以人在生长周期中一般性的护理需求和健康不佳时的专业护理需求为中心,紧密围绕促进健康、敬佑生命、知情同意、合规守正、大爱无疆、仁爱协作等育人元素开展。 　　**1.促进健康:**第二章"环境与健康",陈述了环境对健康的影响,利用大气污染、土地干涸、废气废水污染的图片的事例介绍保护环境的重要性,并通过学生的临床环境实践,亲身感受到如何创建良好的医院环境,促进病人的健康。 　　**2.敬佑生命:**第三章"预防与控制医院感染"中,医院感染发生的原因与传播的途径是重要内容,感染性疾病对个人、家庭和社会有着重要的影响,如何有效地预防与控制是核心内容。2020年1月19日浙江宁波某地举办的一场大型佛事集体活动导致社区新冠肺炎疫情暴发,确诊病例67例,无症状感染者15例。确诊病例中,男性17例,女性50例;年龄最大的96岁,最小的1岁;50岁以上病例48例,占71.64%。利用这个案例阐明传染性疾病的传播途径和特点,其中切断传播途径、传染者积极的隔离治疗和保护易感人员要同时受到关注,要保护生命安全。 　　**3.知情同意:**在实施护理措施之前,需要充分解释操作的目的、操作的步骤、患者配合的要点和可能出现的并发症状,必要时须请护理对象签署知情同意书。如鼻饲、吸痰、吸氧、口腔护理、灌肠术和导尿术等,在征得其同意后方可实施。护理时要注意安全和隐私防护,如果护理对象产生各种疑问都应充分解释,在解除疑虑后才能实施。 　　案例:患者小花怀孕30周进入医院产科门诊进行常规体检。这时一名医生带着实习生未征得小花和其爱人的同意直接进入产检室,在小花腹部进行胎儿检查并向实习生进行教学,请问这样实施可以吗?应如何妥善地实施才能保障病患的知情同意权? 　　**4.合规守正:**在基础护理教学中严格的查对制度是保证护理对象安全的重要环节,在所有操作前都应确保准确。在患者的出入院护理的教学环节,采用角色模拟法,设置不同的环境看学生是否能准确地进行核对,不发生护理差错。 　　案例:护士交接班时未检查手术患者尿袋引流情况,而事实上,手术病人返回病床时尿袋留于床上并未被合理放置,但护士未发现,等到发现时床单被褥已全部潮湿。在进行护理的过程中需要严格进行核对与查对,要细心、耐心严守操作规范。很多情况卜护理操作是由护士独立完成的,此时应该具备慎独精神,保持高度的责任心。 　　**5.大爱无疆:**在基础护理学的教学中有病人的卫生清洁、体位摆放、安全防护、饮食与营养、排便和排尿护理等内容,在教学实施中要不断地引导学生的吃苦耐劳与责任意识。 　　案例:54岁的刘女士因胆管结石入住北京燕化医院普外科。由于严重便秘,她已经连续几天排不出大便。手术的前一晚,强烈的便意让刘女士腹胀如鼓、疼痛难忍,却怎么也无法排出。若不能排便,不仅患者受罪,也会影响第二天手术。在医生的指导下,值班护士刘亚青为其使用了2支开塞露,并进行了洗肠,随后又陪同刘女士在楼道里进行了长时间行走,以帮助排便。然而多种方式都没奏效,刘女士依然无法排便,身体和心理倍受折磨的她已出现大汗淋漓、心跳加速的情况。刘亚青看在眼里、急在心上,考虑到患者便意强烈,长时间用力过大,可能导致身体出现其他症状,后果将不堪设想。因为新冠肺炎疫情防控期间,刘女士没有家属陪护,刘亚青决定用手抠的方式帮助患者排便。 　　当刘女士得知护士要用手抠的方式帮她排便时,她觉得护士与其非亲非故,实在过意不去,不同意手抠粪便。刘亚青劝说道:"身为护士,帮助您解除病痛是我应该做的!"

课程育人 教育内容	经反复劝说后,她与刘女士一同走进卫生间,让刘女士坐在马桶上弯腰向前,她便开始为其小心翼翼一点一点手抠粪便。经过十多分钟的努力,刘女士得以成功排便。 刘女士非常感动,特意写了封感谢信,连声夸赞刘亚青不怕脏、不怕累,做了连亲生闺女都很难做到的事,真是不是亲人胜似亲人。 6.**仁爱协作**:护士最主要的角色是照顾者,同时在临床工作中常常需要多学科、多人团队的协作。 案例:2018年6月19日凌晨1点多,北方医院急诊科接到了120电话后紧急赶往事发现场,看到现场有一名27岁小伙倒在血泊中,头部和胸腹部大量出血,已经意识模糊,急救人员立即进行现场施救。经过初步查看,患者左颈部、左上胸、左上腹有三处明显的刀刺伤,脑后有钝击伤,出血过多,已经危及生命,患者立即被送往北方医院普外科。CT检查结果为脾破裂、左肾横断、第七肋骨切断、胸部气血胸。初步诊断:腹部开放性损伤、脾破裂、低血容量性休克、腹腔积液、胸部损伤、颈部损伤,患者病情危重并属于复合伤。患者伤情十分严重,命悬一线,医护人员与患者家属紧急沟通,外科系统立即组织手术,普外科、麻醉科、胸外科、泌尿外科、重症监护室等科室有关专家和医护人员迅速到位,做好手术准备,一场与死神的赛跑悄然上演…… 经过外科5个科室20余位医护人员的密切配合,轮流联合手术治疗,从凌晨2点到早上8点手术顺利结束,将患者从死亡线上抢救回来,进入重症监护室继续观察治疗。 术后次日,患者恢复了意识,已经能够在戴呼吸机的情况下和医生做一些交流。6天后,患者终于脱离危险,由重症监护室返回普外科病房治疗,依次拔除身上的各种引流管,并能正常进食和下床活动了。每每回想起这几天的遭遇,他总是激动地说:"我要好好谢谢医生们,是他们将我从死神的手里抢回来的,给了我第二次生命。"
教学方法 与举措	**(一)教学采取大班理论,小班实验,分组操作相结合的形式;学习采取"个人+团队"的模式** 1.理论学习:课堂翻转,以学生为中心。 课前:发布学习任务单,完成自测、递交难点和疑点。课中:视频、案例导课,精讲重难点,团队展示,案例讨论,同伴学习等。课后:测试、作业、概念图等巩固知识并适当拓展。 2.实验学习:采取体验式和综合情景模拟式,核心操作人人过关。 **(二)育人元素于课程教学的切入点及实施路径** 1.思政元素融入理论教学 借助案例、报道、视频和图片等资源提供真实浸润情境,使学生更加直观地了解问题的本质,更加科学审慎。 以"个人+团队"的模式,利用问题式、探索式、同伴教学等形式,提升团队互助与协作能力,提升思维评判意识。 2.思政元素贯穿实验教学 从护理对象的视角出发,体会其感受,预见其需求。如搬运法、口腔护理等操作采取体验式教学,换位思考,提升责任意识;吸氧、吸痰法等操作以团队为单位梳理流程,以案例情境考核,融合临床思维,注重安全防护。

教师签名:潘一楠

3. 老年护理学

学　　院	医学院	学　　科	护理学	课程名称	老年护理学
授课教师	陈三妹	授课班级	护理学 18 级	学　　分	2
课程类别	A. 公共平台课　**B. 专业平台课程**　C. 专业选修课　D. 全校选修课				
教学目标	**一、知识目标** 　　获得满足老年人健康促进和老年病人治疗、护理需求所必需的基本知识和操作技能。 　　**二、能力目标** 　　能根据老年人的生理、心理、社会特点，运用护理程序对老年人进行整体护理；以"老年人健康为中心"，与老年人有效沟通，对老年个体、家庭及社区的人群进行健康指导，帮助与促进老年人健康长寿。 　　**三、素质目标** 　　能感知医院、社区及养老机构等开展老年护理的重要性，表现出知老、爱老、敬老的责任感；理解健康、尊重和关爱生命，具有良好的职业道德和职业情感。				
课程育人 教育内容	本课程育人元素有显性和隐性两部分。 　　显性部分以"尊重老人、关爱生命"为主线，培养学生良好的职业素养。 　　隐性部分以"爱国、敬业、价值信仰"等社会主义核心价值观贯穿展开，培养学生应对人口老龄化的责任和担当，使学生能主动选择服务于老年人。				
教学方法 与举措	1. 案例教学法。以案例为主线，通过热点人物、话题，引出教学内容和教学任务，把课程知识点和思政元素双线结合，开展教学，增加学生的学习兴趣和实用性体验。 　　2. 情境体验法。有目的地创设老年护理的现实场景，帮助学生体验老年人的生活状态，激发学生的学习积极性，增强学生对老年人的服务意识。 　　3. 服务性实践教学。体验老年护理工作环境和服务内容，明确老年护理的重要性和必要性，提高对老年护理的职业认同感。				

教师签名：陈三妹

4.临床营养学

学　院	医学院	学　科	护理学	课程名称	临床营养学
授课教师	谢小燕	授课班级	护理学 18 级	学　分	1
课程类别	A.公共平台课　B.专业平台课程　**C.专业选修课**　D.全校选修课				

教学目标	**一、知识目标** 获得营养学基础、临床营养风险筛查和常见疾病的营养治疗的知识。 **二、能力目标** 具有利用营养学专业知识识别并解决临床实际问题的能力。 **三、素质目标** 　　具有严谨求实的工作态度,能有效地沟通与合作,具有一定的评判性思维能力和终身学习的理念,具有良好的职业道德和职业情感。
课程育人 教育内容	1.富强、民主:结合物质现代化、共同富裕、综合国力、基本国情、文化自信等元素,培养学生的家国情怀。 　　2.诚信、友善:结合诚实守信、社会公德、包容、团结、尊重、推己及人、善待他人等元素,使学生树立正确的价值观,培养其诚实做人、诚信办事的品质,对人包容、友好,懂得尊重他人。 　　3.爱国、敬业:结合爱祖国、爱人民、爱岗敬业、职业道德、救死扶伤、防病治病、恪尽职守、关爱生命、严谨、慎独、仁心仁术等元素,培养学生在工作岗位上乐于奉献,关爱病人的品质。 　　4.围绕社会主义核心价值观,结合科学精神、健康素养等元素,培养学生建立科学严谨的求学态度,建立正确的营养观念,具有良好的健康素养。
教学方法 与举措	**1.文献分析** 　　以李哲敏博士的文献《近 50 年中国居民食物消费与营养发展的变化特点》为切入点,让学生分析中国居民近 50 年膳食结构的变化,中国居民的膳食从以植物性食品为主向动植物并重型转变,经历了贫困期、温饱过渡期、结构调整期、健康营养期四个阶段,随着我国生产力的提高、综合国力的增强和人民生活水平的提高,营养保障和供给能力显著增强,人民健康水平得到持续提升,营养缺乏性疾病的发生率明显下降,人居期望寿命从 35 岁提高到 77.3 岁,居民营养不足和体格发育问题持续改善,主要表现在居民膳食能量和宏量营养素摄入充足,农村 5 岁以下儿童生长发育迟缓率显著降低,这些都是食物供应充足、膳食质量提高的主要贡献,引导学生进一步理解处于社会主义新时代的中国,培养其民族自豪感和爱国情怀。 **2.案例讨论** 　　**案例 1:**《"健康中国 2030"规划纲要》中全民健康是建设健康中国的根本目的。立足全人群和全生命周期两个着力点,提供公平可及、系统连续的健康服务,实现更高水平的全民健康。 　　提高全民健康素养:推进全民健康生活方式行动,强化家庭和高危个体健康生活方式指导及干预,开展健康体重、健康口腔、健康骨骼等专项行动,到 2030 年基本实现全覆盖。建立健康知识和技能核心信息发布制度,健全覆盖全国的健康素养和生活方式监测体系。建立健全健康促进与教育体系,提高健康教育服务能力,从小抓起,普及健康科学知识。加强精神文明建设,发展健康文化,移

	风易俗,培育良好的生活习惯。 　　引导合理膳食:制订实施国民营养计划,深入开展食物营养功能评价研究,普及膳食营养知识,发布适合不同人群特点的膳食指南,引导居民形成科学的膳食习惯,推进健康饮食文化建设。建立健全居民营养监测制度,对重点区域、重点人群实施营养干预,重点解决微量营养素缺乏、部分人群油脂等高热能食物摄入过多等问题,逐步解决居民营养不足与过剩并存问题。实施临床营养干预。加强对学校、幼儿园、养老机构等营养健康工作的指导。到 2030 年,居民营养知识素养明显提高,营养缺乏疾病发生率显著下降,全国人均每日食盐摄入量降低20%,超重、肥胖人口增长速度明显放缓。 　　请同学们讨论,作为医护人员的你们,在以后的工作岗位上如何引导病人合理膳食,建立科学的生活方式? 　　**案例 2**:在湖北,来自全国的支援医疗队在超负荷地工作。从新闻报道中能够看到他们每天睡眠严重不足,为了减少隔离防护物资消耗,每天极少喝水,穿成人纸尿裤,每天只吃一餐饭,几乎吃不到新鲜的蔬菜水果,连续工作至少 10 小时才换班,脱下隔离衣能看见全身上下都被汗水浸透……即便在这样的工作状态下,他们也没有任何抱怨,有同事累倒,他们也绝不退缩,这份职业坚守值得全国人民为他们喝彩。但是在这样的工作状态下,他们的身体健康也在经历着考验。请同学们根据所学的营养知识讨论一下,这些医务人员在现有的条件下需要特别注意些什么营养问题? 有什么好的解决办法? 　　**案例 3**:小丽是某医院的内分泌科护士,张奶奶是她的一个老病人,患糖尿病多年,住院时一般都是小丽负责管理。有一次,小丽跟张奶奶约好来医院做检查,可是到了时间张奶奶还没来,小丽觉得很奇怪,张奶奶一向都是准时来医院的。她立刻想到糖尿病可能出现的各种严重情况,赶紧打电话到张奶奶家里,但是没人接听,她又打电话给张奶奶的儿子,她儿子也联系不上张奶奶,小丽向他解释此事的严重性,要他赶紧到张奶奶家去看看,自己带上常用的急救用品直奔张奶奶家,在路上就接到电话说张奶奶在家晕倒了,小丽让他赶紧打120,自己一路奔跑到张奶奶家,经过检查发现是低血糖晕倒了,紧急处理后张奶奶醒了,120救护车把张奶奶送到医院进行进一步检查。经询问,张奶奶最近因血糖控制不好,心里很着急,米饭吃得很少。请根据案例讨论糖尿病病人应如何控制和选择碳水化合物? 从护士小丽身上你可以学到哪些品质? 你在以后的工作岗位上应如何做? 　　**3.引经据典** 　　《黄帝内经》是中国最早的医学典籍,也是中国最早的膳食指南,其中提出的"五谷为养,五果为助,五畜为益,五菜为充,气味合为服之",与现代提倡的均衡膳食、多样化饮食非常接近,具有现实指导意义,彰显我国传统膳食文化的博大精深,增强学生的民族自豪感和文化自信。 　　**4.科学求证** 　　主题讨论:维生素 C 是否能预防新冠肺炎? 新闻:在新冠肺炎疫情肆虐期间,民众在网上看到维生素 C 可以预防新冠肺炎的信息,导致药房的维生素 C 片一抢而光。 　　请查阅文献后发表你的观点:维生素 C 是否可以预防新冠肺炎?

右列左侧标签:**教学方法与举措**

教师签名:谢小燕

5. 伦理与关怀

学 院	医学院	学 科	护理学	课程名称	伦理与关怀
授课教师	郭 靖	授课班级	护理学 18 级	学 分	1.5
课程类别	A.公共平台课　**B.专业平台课程**　C.专业选修课　D.全校选修课				
教学目标	**一、知识目标** 熟知医学伦理学的基本理论和观点,具备进行医德修养的基本理论知识;知晓临终关怀与护理的缘起、概念和特点,正确理解临终关怀的基本观念和原则、方法,客观看待各种死亡观,正确理解死亡教育。 **二、能力目标** 正确认识医德社会功能与重要作用,具备进行医德实践的基本能力;具备进行临终关怀与护理实践的基本能力;提高自主学习的能力。 **三、素质目标** 具有良好的职业道德、正确的伦理观,心怀牢固的生命关怀理念,具备平等、博爱的思想,尊重生命、关爱病患。				
课程育人 教育内容	1.讨论医学伦理学的基本理论和观点、医德修养的社会功能与重要作用,培养学生医德实践的基本能力。 2.分析讨论生命伦理原则、生命神圣论、质量论与价值论、医学人道主义、义务论、公正与公益论、他律与自律。 3.讨论辅助生殖技术、器官移植技术相关的伦理问题。 4.通过学习临终关怀与护理的相关知识,深入思考生命关爱问题。 5.终身学习,关爱生命。				
教学方法 与举措	**1.理论讲解、课堂分析** 基本理论、观点等以理论讲解为主,并在课堂中适当引导学生进行分析讨论,加深学生的理解。 **2.案例讨论、实践调查** 结合临床常见的临终关怀案例、"电车难题"等典型的伦理案例,进一步深化学生对相关原则、理念的理解,在案例讨论中思考、感受、体验、感悟,从而将相关原则、理念内化、凝练成自身的思想、素养。 通过对医患关系的调查,让学生在生动的实践体验中,对医患关系产生感性的、深入的、系统的认识,从而加强自身职业道德养成。 **3.观看视频、分享故事** 利用课程相关的视频、故事,让学生参与到生命伦理的情境中,在情境中感悟,从而将课程的思政元素内化、升华。				

教师签名:郭靖

6．护理专业英语

学　院	医学院	学　科	护理学	课程名称	护理专业英语
授课教师	陈明敏	授课班级	护理学 19 级	学　分	1.5
课程类别	A．公共平台课　**B．专业平台课程**　C．专业选修课　D．全校选修课				
教学目标	**一、知识目标**　掌握护理学重点专业词汇,临床口语句型中的重点词汇、短语、俚语,各类临床情景中的主要表达句型;熟悉专业文章的常规表达方式,各类临床护理情景;了解护理理论和临床相关内容的背景知识,以及相关情景中引申出的大量专业内容、词汇等。 **二、能力目标**　能灵活运用常规口语句型于日常交流;能听懂护理学专业背景内容的英语讲座;能用英语参与专业相关问题的团队讨论;在各类临床护理情景中,能用英语熟练表达和交流;掌握对话表演、演讲、剧本表演的技巧和要点;学会拓展背景知识的方法。 **三、素质目标**　具有人文关怀及医者仁心的职业信念,以及敬佑生命、知情同意和合规守正的职业操守,大爱无疆的情怀。仁爱协作,促进健康事业发展,践行社会主义核心价值观。				
课程育人教育内容	1.医学案例引入每节内容,从患者的主诉、医学工作者的检查和诊断,到最后的随访和预后。从医疗的不同环节培养护理学生的求真创新、耐心细致、同理心、客观独立、责任意识和隐私意识等,为实现"中国梦"的理想,为我国健康事业发展做出贡献。 2.通过课本文章和案例的学习,引导学生树立正确的价值观、人生观和金钱观。增强他们的家国情怀、甘于奉献和救死扶伤的精神,培育和践行社会主义核心价值观,为祖国的医疗技术现代化做出贡献;引领他们开拓进取、一视同仁、廉洁奉公、规范诊疗的职业操守。 3.通过为不同人群设计健康教育的内容和形式,来践行人文精神、包容、协作、团结、尊重、诚实、守信、正直和务实等核心价值观。				
教学方法与举措	1.经典案例引入课程内容,案例紧扣课程相关知识,在案例的学习过程中让学生身临其境地感受各个医疗过程,从中培育和践行社会主义核心价值观和职业思维能力、信念和理想等。 2.以案例主题内容为中心,引入课本外的文献、演讲视频、知识视频等,引导学生进一步深入地探讨正确的价值观、人生观和金钱观等。 3.通过团队合作的方式,以任务为导向,培育和践行社会主义核心价值观。				

教师签名:陈明敏

7. 护理心理学与精神护理学

学 院	医学院	学 科	护理学	课程名称	护理心理学与精神护理学
授课教师	张登科	授课班级	护理学17级	学 分	1.5
课程类别	A.公共平台课 **B.专业平台课程** C.专业选修课 D.全校选修课				
教学目标	**一、知识目标** 　　正确认识人的心理现象,认识和理解心理现象的本质。正确认识心理应激在各种躯体疾病和精神疾病发生、发展、治疗、护理、转归中的作用,理解应激与疾病、应激与治疗护理的依从性,以及应激与护士职业倦怠的关系。 　　**二、能力目标** 　　掌握病人和护士自身应激的心理调适方法。正确认识心理评估,掌握心理评估的方法,具备将心理评估融入护理实践中的技能。学习心理干预、心理护理的理论知识,掌握心理护理的技术方法。正确认识各类精神疾病,掌握各种精神疾病的临床表现,具备对常见精神疾病进行护理评估、护理诊断的技能。熟悉常见精神疾病的治疗方法,掌握常见精神疾病的护理方法和技术,具备对精神障碍患者进行心理护理的技能,熟悉对精神障碍患者进行家庭护理、社区护理的方式方法。 　　**三、素质目标** 　　正确认识心理因素在疾病与健康中的作用,树立正确的健康观,正确认识精神疾病,尊重和关爱精神障碍患者,树立良好的职业道德和职业素养。树立"以人为本""以病人为中心"的理念,具有同情心、同理心和爱心,在各项操作过程中体现对精神障碍患者的人文关怀。				
课程育人教育内容	1.结合心理生物学理论观点,深入认识辩证唯物主义认为"心理意识是客观世界的反映,客观世界是心理意识的源泉"的理论观点。 　　2.结合人本主义心理学理论,深入认识"和谐、民主、文明、自由"等社会主义核心价值观对人的价值的提升,对人性真善美的发扬光大。 　　3.在对躯体疾病病人心理问题的护理实践中,贯彻人文精神、人性关爱、人的尊严、爱的价值。 　　4.在对精神障碍患者的护理中,践行"自由、平等、敬业、友善"等社会主义核心价值观。 　　5.践行"以人为本、社会秩序、公序良俗、敬业、守信、团结、包容、宽厚、推己及人"等理念,构建和谐的社会主义医患关系、护患关系、医护关系。				
教学方法与举措	1.理论讲解; 　　2.典型案例分析; 　　3.课堂讨论。				

教师签名:张登科

8．临床生物化学检验

学　　院	医学院	学　　科	医学检验	课程名称	临床生物化学检验
授课教师	刘晓瑜	授课班级	医学检验181	学　　分	4.5
课程类别	A.公共平台课　**B.专业平台课程**　C.专业选修课　D.全校选修课				
教学目标	**一、知识目标** 　　掌握血浆蛋白、血糖、血脂、血清酶、微量元素与维生素、体液和酸碱等物质代谢紊乱,以及在相关疾病时的变化;肝胆、肾脏、心脏、骨、内分泌等组织和脏器疾病时的生物化学紊乱;各类生物化学物质检测的方法及其方法学性能。熟悉治疗药物监测;自动生化分析仪的原理与应用。 　　**二、能力目标** 　　掌握生理及病理情况下人体生物化学组成和生物化学反应的变化情况,并掌握检测这些生物化学变化的基本方法和基本技能。 　　**三、素质目标** 　　具有一定的临床生物化学基础理论知识和较强的实际操作能力,能够胜任临床生物化学的常规工作,能独立解决工作中的技术难题。				
课程育人 教育内容	1.促进健康:科学技术现代化。 2.敬佑生命:以人为本、科学精神、工匠精神、求真创新。 3.知情同意:资源共享。 4.合规守正:责任意识、职业操守、诚实守信、科学客观、隐私保护。 5.大爱无疆:保护人民健康、民族精神、职业道德、关爱生命。 6.仁爱协作:团结协作、互相帮助、诚实守信。				
教学方法 与举措	1.分组学习,培养仁爱协作的团队精神。在糖代谢紊乱、肝脏疾病、肾脏疾病等章节中学生分为5组,以课外讨论等形式发挥团队合作精神,利用集体智慧,形成讨论结果,作业成绩作为小组成员共同成绩。 　　2.通过介绍学科的前沿和历史,引导学生思考促进健康和大爱无疆的意义。如在绪论讲授中,在学科建立内容中重点介绍吴宪教授。吴宪教授首次向全世界提出蛋白质变性的机制,改良了血糖测定的方法,是我国生物化学之父,也是第一位获得诺贝尔奖提名的中国科学家,以此激发学生的爱国意识和民族自豪感。在各个章节中介绍生化检验项目和检测方法的最新进展,帮助学生体会科技发展对医学检验技术发展的促进作用,让学生意识到检验行业大有可为,引导学生更好地拓宽就业方向,热爱工作、热爱岗位、遵循职业道德。 　　3.在案例教学和标本采集中,培养学生敬佑生命、合规守正的工作态度,并引导学生换位思考,站在患者角度体谅理解病人,做到临床工作中对患者友善和气,建立良好的医患关系。 　　4.在实验教学中通过分析学生的实验数据差异,引导学生意识到资源共享、检验结果互认的难度和意义。				

教师签名:刘晓瑜

9.临床分子生物学检验

学　　院	医学院	学　　科	医学检验	课程名称	临床分子生物学检验
授课教师	丁志因	授课班级	医学检验181	学　　分	3
课程类别	A.公共平台课　**B.专业平台课程**　C.专业选修课　D.全校选修课				
教学目标	**一、知识目标** 掌握以下基本理论、基本知识和基本技能:临床分子生物学检验标志物、临床标本处理与分离纯化技术;核酸杂交技术;核酸体外扩增及定性定量检测技术;核酸序列分析、分子克隆、蛋白质组学技术;分子生物学检验新技术;病毒、细菌、真菌及其他感染性疾病,单基因遗传病,染色体病,线粒体病,肿瘤等的分子生物学检验技术。 **二、能力目标** 培养学生运用分子生物学和分子生物学检验技术的理论和研究分析人体内源性和外源性生物大分子的存在、结构及表达调控的变化,用分子水平为临床提供疾病的预防、预测、诊断、治疗和转归的信息和决策依据。 **三、素质目标** 拓宽学生医学检验理论和技术的范围,使其具备今后从事分子生物学诊断和研究工作的基本能力,为学生今后的发展打下良好基础。				
课程育人 教育内容	1.促进健康:科学技术现代化。 2.仁爱协作:团结协作、互相帮助、诚实守信。 3.大爱无疆:家国情怀、保护人民健康、民族精神、甘于奉献、爱岗敬业、职业道德。				
教学方法 与举措	**1.引导学生树立科学技术现代化的理念。** 分子诊断是当代医学发展的重要前沿领域之一,其核心技术是基因诊断,常规技术包括 PCR、DNA 测序、荧光原位杂交技术、DNA 印迹技术、单核苷酸多态性、连接酶链反应、基因芯片技术等。而这些分子生物学技术不断渗透到医学领域,对现代医学产生了深刻影响。医学科学的研究从整体和细胞水平汇集到分子水平,对许多疾病的诊断和对病情、治疗的判断亦逐渐进入分子水平。随着后基因组学研究的不断深入和分子诊断技术的不断更新,尤其是临床医学各学科与分子遗传学、分子生物学和仪器分析学等其他学科不断交叉和互相渗透,人们对生物大分子和疾病关系的理解也会越来越深入,分子诊断将在对疾病的诊断、预防和治疗方面发挥日益重要的作用,推动现代诊断医学的发展。 **2.引导学生学会仁爱协作的优良作风。** 本课程部分内容采用 CBL 和 TBL 相结合的方式。学生每5~6人组成一个小组,组长负责统筹协调组内任务。同一小组成员组成能力兼顾强弱差异,以便在学习过程中以强带弱,确保小组间人员组成的同质性,有利于学生在小组团队学习的过程中成长。教师对小组进行辅导,使每个成员明确自己的责任,积极参与小组活动的开展和任务的完成,积极参与小组的正常运作。课前教师将内容进行分解,部分进行精讲,并于课前一周将相关的资料(包括专业一线的实际知识、案例、教案等)上传超星学习通网站。学生根据学过的基础知识及查阅的相关资料,结合案例要素各抒己见,自由发挥,充分讨论,并对讨论结果进行归纳总结,达成共识后形成小组结论。教师对每个小组的初步结论进行指导,小组同学				

教学方法 与举措	针对问题再讨论,小组长或教师随机指定人在课堂答辩,或按照教师要求在网上提交。小组间可共享交流及评价结果,最后由教师总结点评要点。该内容可以进一步提升学生的认知能力,以及互相帮助、团队合作精神和人际交往能力。 **3.引导学生树立真诚守信的道德品质。** 　　在实验教学中学生以小组为单位,根据要求自行设计相关实验内容和步骤,由学生自己完成实验。在实行过程中要求学生如实根据文献进行设计,如实记录各个实验数据和内容,并将结果和分析以报告的形式上交。让学生在平常的细小事件中养成诚实守信的品质和踏踏实实的作风。 **4.引导学生弘扬大爱无疆的职业道德。** 　　在新冠肺炎疫情防控期间,浙江省核酸检测医疗团队多次赶赴疫情地,充分发挥自己的专业技能,把好质量关,顺利完成检测任务。

教师签名:丁志图

10. 临床基础检验

学　　院	医学院	学　　科	医学检验	课程名称	临床基础检验
授课教师	刘　兵	授课班级	医学检验191	学　　分	4
课程类别	A.公共平台课　**B.专业平台课程**　C.专业选修课　D.全校选修课				
教学目标	一、知识目标 　　具备临床基础检验的基本理论、基本知识和基本技能,并适当了解国内外学科新进展;掌握临床基础检验中的血液检验、尿液检验、其他排泄物与分泌物检验、体液检验、脱落细胞学检验的基本理论及实验操作技术,掌握各种检验指标的临床意义及和临床疾病的联系,辅助临床诊断、治疗疾病。 二、能力目标 　　培养学生通过理论教学和实验中的适当专业联系与应用,逐渐将专业理论与实践相结合的能力,以及发现、分析和解决问题的能力。 三、素质目标 　　培养学生的团结协作精神,善于沟通与交流,尊重人体标本及材料,爱护仪器、设备等实验设施以及做好自身及环境生物安全防护等优良素质,成为具有医学使命感、医学检验专业责任感的检验技术人才。				
课程育人 教育内容	1.促进健康:科学技术现代化、综合国力、生命健康权。 2.敬佑生命:以人为本、工匠精神、求真创新、耐心细致。 3.合规守正:社会公正、职业操守、诚实守信、隐私保护。 4.大爱无疆:甘于奉献、爱岗敬业、职业道德、恪尽职守。				
教学方法 与举措	1.通过课堂教学,强化医学生未来工作的特殊性与神圣性,检验人才通过先进的科学现代化技术手段为临床提供精准检验结果,突出为促进人民健康,维护人民生命健康权做出的贡献,强调我国检验技术的高速发展离不开不断提升的强大的综合国力。				

教学方法与举措	2.通过课堂教学,使学生了解临床基础检验工作的复杂性及工作责任性,学生在教学阶段更应该重视临床基础检验知识的积累、实践动手能力的培养,培养学生敬佑生命,在检验工作中"以患者为本"的精神。以老一辈检验人才为例,歌颂其大爱无疆、甘于奉献、爱岗敬业的职业道德与操守,在检验工作中求真创新并耐心为患者答疑解惑的工匠精神。让学生认识到,老一辈检验人的精神值得我们去继续践行与守护。 3.在教学过程中,引导学生自主学习,独立思考,重视团队合作,协同学习。在实验教学中,强调操作规范性、实验结果准确性、检验工作严谨性,以及检验人员合规守正的必要性。时刻提醒学生检验无小事,要诚实守信地看待科学实验结果,如实上报真实数据,保护患者隐私;在人生的路途中,也应该诚实守信,先做人后做事。 4.在教学实际中,着重引导学生细心观察实验现象,由现象讲原理,解释实验意义;借助工具书、网络教学素材,培养学生求真创新、科学学习的能力。

教师签名:刘兵

11. 临床医学概论1

学　院	医学院	学　科	医学影像	课程名称	临床医学概论1
授课教师	高云峰	授课班级	医学影像181	学　分	3
课程类别	A.公共平台课　**B.专业平台课程**　C.专业选修课　D.全校选修课				
教学目标	一、知识目标 掌握细胞、基本组织的光镜结构和超微结构,掌握血液系统、血液循环系统、呼吸系统、消化系统、泌尿系统、内分泌系统以及生殖系统等系统中主要器官的组织结构、正常生理功能和调节机制,掌握人胚早期发育的基本过程以及胚胎附属结构的形成、结构,掌握主要器官的常见畸形。 二、能力目标 能进一步提高学习能力,有效使用课程教学大纲、教科书、教学参考书和网络平台,能科学地安排课外自学时间,具有自主学习能力;通过实践进一步加深对理论知识的理解,正确、熟练使用各种仪器,认真观察、准确记录并科学处理实验现象和实验数据;能依据实验结果进行客观分析及逻辑推论,得出符合事实的结论,联系理论,规范书写实验报告,具有形象思维能力、自学能力、观察能力、阅读能力、表达能力、综合分析能力、创造思维能力和创新能力等。 三、素质目标 培养学生严谨的科学态度、实事求是的科学作风和严密的科学方法;培养学生立志献身于医学事业,树立良好的职业道德,形成不畏艰难、勇于探索的科学信念;培养唯真求实、尊重数据的科学态度,训练逻辑一致、推断合理的理性思维,养成平等宽容、团结协作的合作意识,形成以真、善、美为核心内容的高尚医德理想,做到社会利益,集体利益,个人利益三兼顾、三统一。				
课程育人教育内容	1. 文明:科学精神、人文精神。 2. 敬业:爱岗乐业、遵循职业道德。 3. 诚信:守信、诚实、说老实话、做老实事。 4. 友善:包容、协作、团结、尊重。				

教学方法与举措	1.讲授"临床医学概论1"的基本概念、基本原理时注重逻辑,严谨推导,得出可信的结论,教师板书注意书写规范,示范唯真求实的态度。 2."临床医学概论1"是一门基础的学科,理论性强、难度大、课时少,许多学生在学习的过程中,遇到各种困难,有畏难情绪。教师要认真备课,加强课堂教学效果,同时鼓励、激励学生,克服畏难情绪,养成严谨、科学的作风。 3.分组学习,培养团结协作的意识。组织学生形成学习小组,共同完成课内疑难问题讨论、课外作业研讨等任务。每次课外作业的质量检查采取抽查方式进行。 4.本课程在实验室上课时,要求每次上课后由两个实验小组负责实验室地面、黑板、白板、讲台、电脑操作台的清洁工作,保持实验室环境整洁,为下一位使用者提供便利。让学生养成"心中有他人""团结合作"的行为习惯和保持意识。

教师签名:<u>高云峰</u>

12. 系统解剖学

学　　院	医学院	学　科	医学影像	课程名称	系统解剖学
授课教师	高贵山	授课班级	医学影像191	学　　分	3
课程类别	A.公共平台课　**B.专业平台课程**　C.专业选修课　D.全校选修课				
教学目标	**一、知识目标** 掌握人体的基本理论、基本知识和基本技能,并适当了解国内外学科新进展;能够准确描述人体主要器官的位置、形态和结构特点,并适当联系器官的功能;能够辨认指出骨、关节、肌、血管、神经和重要脏器的位置、形态及主要毗邻关系。 **二、能力目标** 采用启发式、线上线下混合式、虚拟教学等教学形式,循序渐进,引导学生自主学习能力的形成;以适当的专业联系与应用,逐渐培养专业理论与实践相结合的能力;培养学生观察事物,发现、分析和解决问题的能力。 **三、素质目标** 在学生学习和掌握系统解剖学基本内容的过程中,进一步培养和树立辩证唯物主义的世界观,培养学生敬佑生命、促进健康、合规守正、大爱无疆的精神和基于人体的临床思维意识;在自主学习和团队实践中逐渐培养学生的仁爱协作精神,善于人际沟通的能力,使学生尊重"大体老师"、爱护仪器设备以及保持良好卫生习惯等。				
课程育人教育内容	1.认识生命的奥秘和本质,人的现代化、物质与精神文明、人文精神、人与自然的和谐等。 2.专业课中渗透从事医学的价值观、职业道德、责任意识等教育,融入正确的理想信念、价值取向、政治信仰、社会责任等。 3.从"大体老师"的无私奉献中,体会大爱、尊重、感恩、文明、诚信、友善的优良品质。 4.在实验室的"特殊环境"中,锻炼不畏艰辛、爱岗敬业的职业道德,通过对系统解剖学的学习,学会实事求是、不断求索的科学精神。				

教学方法 与举措	1.上好开学第一课,利用首开专业基础课之机,进行专业思想教育,让学生了解医学的艰苦性、医学的奉献精神、医学的责任意识和风险意识,以及医学人际沟通的重要性。 2.将正确的理想信念、价值取向、政治信仰、社会责任等融入专业理论教育。 3.在系统解剖学实验课上,教育学生从"大体老师"的无私奉献中,体会尊重、感恩、文明、诚信、友善的优良品质,学习不畏艰辛、勇于探索的科学精神和职业道德。

教师签名:高贵山

13.医学影像诊断学 A1

学 院	医学院	学 科	医学影像	课程名称	医学影像诊断学 A1
授课教师	马玉富	授课班级	医学影像 181	学 分	4
课程类别	A.公共平台课　**B.专业平台课程**　C.专业选修课　D.全校选修课				
教学目标	**一、知识目标** 掌握不同医学影像成像技术的特点;掌握医学影像诊断原则和步骤;了解影像诊断报告书写要求;掌握各系统正常影像表现;熟悉各系统基本病变影像表现;掌握各系统常见疾病影像表现。 **二、能力目标** 综合运用所学医学影像诊断学的各部分知识,能根据病情需要正确选择合适的医学影像学检查方法,并初步具有书写医学影像诊断报告书的能力;具有良好的职业道德和职业素养,具有良好的人际交往和沟通能力。 **三、素质目标** 形成仁爱仁心、仁术济世的医学信念,培养修德求真、崇德尚医的严谨态度,养成笃学诚行、精艺求新的科学精神,具备平等宽厚、团结协作的合作意识。				
课程育人 教育内容	**1.课程思政教育内容一:友善——团结、协作、尊重** 医学影像诊断好像是一条流水线上的一个产品,首先必须以影像解剖、病理、影像设备、影像技术、图像处理(数学与物理等)、临床医学等作为诊断基础,而后又必须经临床治疗和病理证实反馈与修正,即做到"影像、病理、临床"三结合。因此,作为影像专业学生只有学好影像专业基础课、临床课和影像专业课,才能成为一个优秀的影像专业毕业生;影像诊断医生只有与临床医师、设备工程师、影像技师等密切配合协作,尊重每一个人的劳动,才能做一个优秀的影像诊断医生。 **2.课程思政教育内容二:文明——社会文明、生态文明、国民素质** 肺癌是目前世界上发病率和死亡率最高的恶性肿瘤之一,其与吸烟和环境污染关系非常密切,因此倡导全面禁烟(至少在公共场所禁烟),治理污染,提高国民素质、社会文明和生态文明程度非常重要。肺结核等传染病目前还是危害人类健康的重要疾病,其主要通过公共场所病人咳嗽产生的飞沫和痰液传播,因此不随地吐痰、病人少到公共场所或出门戴口罩等文明举措是减少疾病发生的有效措施。"防疫情,不聚会,少流动,勤洗手,勤通风,戴口罩,打喷嚏时捂口鼻"体现了社会文明和国民素质,也是新冠肺炎疫情防控的主要措施。				

课程育人 教育内容	**3. 课程思政教育内容三：敬业——热爱工作、热爱岗位、职业道德、医德信念** 热爱教师这个职业，爱业敬岗，为人师表，遵守职业道德。注重教学方法改革，提高教学效果。选择影像检查方法时，要事先评估对病人的损害，做 CT 和 X 线检查时要注意对非检查部位的防护，因为这不仅仅是减少对病人损害的问题，也是关系到一个医生的职业道德问题。只有确立了医德信念，医学生对医德规范教育才能入脑、入心，才会产生对医学道德的亲近感、信任感，才能在实践中践行，从而成就医德医术并重的大医。事实上，大部分的医疗纠纷不是由技术引起，而是由医者的道德素质引起。改变医学生对"技术"至上的盲目崇拜，坚持技术与道德齐头并进，既专又红，是迫在眉睫的任务。 **4. 课程思政教育内容四：和谐——真善美、医学人文关怀** 注意保护病人隐私，冬天检查病人时注意病人的保暖，检查病人时动作轻柔、准确，检查前后的解释工作，等等。 **5. 其他教育内容** 具有良好的职业道德和职业素养。具有良好的人际交往和沟通能力。树立实事求是的科学态度和提出解决问题的方法，具有创新精神和敢于怀疑、敢于分析批判的精神。履行维护医德的义务。
教学方法 与举措	**一、进行教学改革** 转变教师的教学观念、方法和学生的学习观念、方法，以教学方法和教学评价改革为突破口，积极开展以"学生为中心"和以"自主学习"为主要内容的教育方式和教学方法改革，"强化专业特色，注重发展内涵"，改革以教师为主体、以传授知识为中心的传统教学模式，注重批判性思维和终身学习能力的培养，关注沟通与协作意识的养成。 传统的多媒体教学模式强调以教师、课本和教室为中心，要求教师先结合基础理论及基础知识带领学生讲解课件及读片，学生则被指引着学习。其特点是传授信息量较大、教学进展速度较快、系统性强，学生较容易理解比较枯燥的影像知识。但是，这种教学模式以教师为中心，属于"填鸭式"教育，学生在课堂上被动地听讲，缺乏学习的主动性和兴趣性，没有把影像特征与相关医学知识结合起来思考，实际读片能力较差，不能发挥其主观能动性。案例式教学是教师根据教学目标和内容的需要，采用案例方式组织学生进行学习，将病例与课程基本理论有机地结合起来，从而构成了一个完整的课程体系。例如：将临床病例资料与病人的消化系统影像学表现有机结合，引导学生主动思考，解答案例提出的问题，有助于培养学生综合分析和解决问题的能力，在提高学习兴趣的同时，激发学生的学习主动性和自觉性，最终实现教学相长。 **二、加强师德建设** 注重教风建设，倡导严谨治学，从严治教；融入人文教育；用身边人教育身边人，用身边事教育身边人；努力搞好本职工作，为人师表，教书育人。《所谓英雄只不过是挺身而出的凡人》《"B 超神探"贾立群：缝兜拒红包》等典型案例，正是我们医学影像专业学生学习的榜样。

教师签名：<u>马玉富</u>

14. 基础医学概论1

学　　院	医学院	学　科	医学影像	课程名称	基础医学概论1
授课教师	吴建红	授课班级	医学影像191	学　分	3
课程类别	A.公共平台课　**B.专业平台课程**　C.专业选修课　D.全校选修课				
教学目标	**一、知识目标** 掌握细胞、基本组织的光镜结构和超微结构;掌握血液系统、血液循环系统、呼吸系统、消化系统、泌尿系统、内分泌系统以及生殖系统等系统中主要器官的组织结构、正常生理功能和调节机制;掌握人胚早期发育的基本过程以及胚胎附属结构的形成、结构;掌握主要器官的常见畸形。 **二、能力目标** 要求学生有效使用课程教学大纲、教材、教学参考书和网络平台,进一步提高学习能力,能科学地安排课外自学时间,学会自主学习;通过实践进一步加深对理论知识的理解,正确、熟练使用各种仪器,认真观察、准确记录并科学处理实验现象和实验数据;要求能依据实验结果进行客观分析及逻辑推论,得出符合事实的结论,联系理论,规范书写实验报告。 **三、素质目标** 培养学生严谨的科学态度、实事求是的科学作风和严密的科学方法;培养学生的形象思维能力、自学能力、阅读能力、表达能力、综合分析能力、创造思维能力和创新能力等;使学生树立良好的职业道德,立志献身于医学事业。				
课程育人教育内容	**1. 敬佑生命——真善美、同理心、互尊互敬、耐心细致。** 因为健康所系,性命所托,所以"敬佑生命"应该成为每一名医学子的心灵基石。本课程告诉我们,构成机体的基本结构单位是细胞,由细胞→组织→器官→系统构成生命,因此生命的物质基础都是相同的。在医学领域生命高于一切,应尊重每一个生命,平等耐心地对待每一个生命,始终牢记医学誓言。 **2. 大爱无疆——爱岗敬业、职业道德、救死扶伤、恪尽职守。** 作为未来的医务工作者,需要有一颗"大爱无疆"的心,有良好的职业道德,时刻为病人着想,千方百计为病人解除病痛;对待病人不分民族、种族、性别、职业、地位、财产状况,都应一视同仁、救死扶伤。 **3. 科学严谨——认真、仔细、慎独。** 每个人都应该对医学有科学严谨的态度、求实探索的精神,在课程学习中认真对待每一次实验课,努力掌握人体基本结构、人体发育的基本规律,通过学习、再学习巩固医学基础知识,掌握生命的基本构成,作为未来奋发进取、钻研医术、精益求精的基本保障,最终实现对医学的终身追求,为医学事业的发展奉献一生。				
教学方法与举措	"基础医学概论1"是医学影像技术专业的一门专业基础课程,由组织学、生理学与胚胎学整合而成,课程旨在通过教学的各个环节,使学生掌握正常人体生命活动的组织结构和功能,人体生长发育过程的基本理论、基本知识和基本技能,注重素质教育和创新能力、实践能力的培养;了解本学科的近代发展、研究方向、科学成就;提出探索目标,为学习后续基础医学课程与临床课程奠定良好的基础。 为使"敬佑生命、大爱无疆、科学严谨"等思政元素融入课程教学全过程,采取了以下措施。				

教学方法 与举措	1. 提问引导、总结归纳式：在课堂结束小结时以提问式引导学生思考，显性展示有什么、还有什么、该怎样做等问题，最后由老师归纳总结确定思政元素。 2. 思政元素嵌入式：把思政元素自然地嵌入课程知识点的学习中，让专业知识点和德育元素实现同向共鸣。 3. 隐性渗透式：在案例分析中隐性融入德育元素，让学生全过程参与，把知识传授和情感表达融为一体，产生同理心。

教师签名：**吴建红**

15. 医学影像检查技术学

学 院	医学院	学 科	医学影像	课程名称	医学影像检查技术学
授课教师	胡劲松	**授课班级**	医学影像 181	学 分	3.5
课程类别	A. 公共平台课 **B. 专业平台课程** C. 专业选修课 D. 全校选修课				
教学目标	一、知识目标 通过本课程学习，使学生掌握 X 线、CT、MRI 检查技术的规范操作和临床应用。 二、能力目标 通过本课程学习，培养学生操作的主动性意识，提高动手能力，使学生获得多种医学影像检查技术的操作技能；提高对图像质量分析判断能力，以在将来能够承担影像科的日常技术工作。 三、素质目标 在职业活动中热爱岗位，重视医疗的伦理问题，尊重病人人格，保护病人的隐私。				
课程育人 教育内容	**1. 友善——团结、协作、尊重。** 医学影像检查技术必须以影像解剖、影像设备、图像处理（数学与物理等）、临床医学、影像诊断等学科为基础，同时要有扎实的理论基础和熟练的操作技能，以及对各种仪器设备性能的了解，是一门非常注重实用性的学科。只有与临床医师、设备工程师、影像医师等密切配合协作，尊重同事和其他专业人员，有集体主义精神和团队合作开展卫生服务工作的观念，才能做一个优秀的影像技师。 **2. 敬业——热爱工作、热爱岗位、职业道德、医德信念。** 爱岗敬业，为人师表，遵守职业道德；注重教学方法改革，提高教学质量与效果。选择影像检查方法时，要事先评估对病人的损害，做 CT 和 X 线检查时要注意对非检查部位的防护，因为这不仅仅是减少对病人损害的问题，也是关系到一个医生的职业道德问题。要有奉献精神和牺牲精神，只有确立了医德信念，医学生对医德规范教育才能入脑、入心，才会产生对医学道德的亲近感、信任感，才能在实践中践行，从而成就医德医术并重的大医。坚持技术与道德齐头并进，既专又红，是迫在眉睫的任务。 **3. 和谐——真善美、医学人文关怀。** 珍视生命，关爱病人，具有人道主义精神。冬天检查病人时注意病人的保暖；对于年老体弱、行动不便的病人上下检查床时要搀扶；危急重病人检查时要开通绿色通道，协助搬运病人；检查病人时动作轻柔、准确；检查前后要相应解释工作，充分认识医患沟通与交流的重要性。要注意保护病人的隐私。				

课程育人教育内容	**4.其他教育内容**。 正确掌握辐射实践正当化原则,通过应用各种可能的技术去追求准确的诊断或治疗的同时,应当能够正确判断辐射实践的危害与辐射实践的利益,能够考虑病人及家属的利益,并注意发挥可用卫生资源的最大效益。 根据病人的病情和实际情况,选择合理的设备使用、医疗设备维修方案,充分掌握公平有效分配和合理使用有限资源的原则,充分利用可用资源达到设备使用的最大效益。 珍视生命,关爱病人,具有人道主义精神;将预防疾病、祛除疾病作为自己的终身责任;将提供临终关怀作为自己的道德责任;始终将维护民众的健康利益作为自己的职业责任。 树立依法行医的法律观念,学会用法律保护病人和自身的权益。
教学方法与举措	1.增加和重视临床见习课程安排,提高教学的实效性,培养学生理论联系实际的能力以增强他们服务社会的责任感、关爱他人的责任心。通过了解目前的医疗状况,帮助学生自我定位,加强职业认同,逐步树立服务基层、奉献社会的观念。 2.发挥校内教学资源优势,探索应用灵活多样的教学手段和方法,加大实践教学力度,尝试应用 CBL 教学,积极推广小班授课、网络授课、小组研讨的课堂教学方法,调动学生的学习积极性,培养他们发现问题、分析问题、解决问题的能力;分组学习,培养团结协作的意识。 3.采用闭卷考试、课堂提问、实验报告及操作技能测评相结合的方法。 4.加强医德教育,理解公平、奉献,投身于为患者谋幸福的崇高事业。 5.重视实践教学,培养学生动手操作能力,加深对自己所学的医学专业的神圣感、责任感的认识,感受对生命的敬畏和尊重,坚定"为祖国医药卫生事业的发展和人类身心健康奋斗终生"的志向和目标。

教师签名:胡劲松

16. 医学统计学

学 院	医学院	学 科	医学影像	课程名称	医学统计学
授课教师	邢海燕	**授课班级**	医学影像 171	学 分	1.5
课程类别	A.公共平台课 **B.专业平台课程** C.专业选修课 D.全校选修课				
教学目标	**一、知识目标** 掌握医学统计学的基本原理和方法,数值变量资料和分类变量资料的统计分析方法。 **二、能力目标** 熟悉科研设计、数据收集、整理、分析的基本过程和方法,能运用 SPSS 统计软件对数据进行处理分析。具有自学能力、综合分析能力、获取信息能力、创造思维能力和创新能力等。 **三、素质目标** 具有逻辑性强、推断合理、解释客观的科学思维,实事求是、尊重原始数据的科学态度,养成不怕困难、积极探索的科学精神。				

课程育人 教育内容	1. 文明——科学精神、人文精神。 2. 平等——社会平等、众生平等。 3. 诚信——守信、诚实。

教学方法
与举措
	1. 医学统计学是统计学的一个分支,要求学生掌握统计学的基本原理和方法。本课程与其他课程相比,难度较大。在授课过程中注重理论与实例相结合,深入浅出,引发学生积极思考,逐步解决问题。
	    2. 在实际案例的讲解中研究对象会涉及人、动物等,要求学生尊重研究对象,在获得研究对象知情同意后才可进行研究。对实验动物要有爱心,平等对待。研究设计中要体现人文关怀,尤其是对人的研究。
	    3. 统计学是科学研究中的重要组成部分,注重培养学生的科学创新能力和统计学思维方式。
	    4. 原始数据的真实可靠是统计分析的前提,要求学生不随意篡改数据,实事求是,尊重结果,杜绝科研造假,培养诚实守信的学术作风。

教师签名:邢海燕

17. 医学影像设备学

学 院	医学院	学 科	医学影像	课程名称	医学影像设备学
授课教师	俞樟森	**授课班级**	医学影像191	学 分	4.5
课程类别	A. 公共平台课 **B. 专业平台课程** C. 专业选修课 D. 全校选修课				

教学目标	**一、知识目标**
	    掌握医学影像设备的成像原理、结构组成和操作维护知识。了解影像设备实现成像的基本物理学原理,为用好影像设备进行疾病诊断奠定基础。
	二、能力目标
	    能清晰地了解医学影像设备的成像原理,熟练掌握设备的结构组成、操作维护,对医学影像产生过程中设备对图像的影响及故障能作出正确的判断。对医学影像设备的原理、结构和应用理论及实践能较熟练地掌握,了解未来医学影像设备的研究和发展方向,并具备较高的操作使用、维修保养的动手能力,以及一定的新设备开发、研制能力。
	三、素质目标
	    树立终身学习观念,认识到持续自我完善的重要性,不断追求卓越。形成仁爱仁心、仁术济世的医学信念;培养修德求真、崇德尚医的严谨态度;养成笃学诚行、精艺求新的科学精神;具备平等宽厚、团结协作的合作意识。				

课程育人 教育内容	1. 核心价值观——文明:以人为本、仁术济世。 2. 核心价值观——敬业:遵循职业道德、职业认同。 3. 核心价值观——诚信:实事求是、尊重科学。 4. 核心价值观——法治:尽职尽责、廉洁行医。				

教学方法与举措	1.增加临床设备的见习课程安排,提高学生对影像设备的直观理解,培养学生理论联系实际的能力以增强他们服务社会的责任感、关爱他人的责任心。通过了解目前的医疗状况,帮助学生自我定位,加强职业认同,逐步树立服务基层、奉献社会的观念。 2.发挥校内教学资源优势,探索应用灵活多样的教学手段和方法,采用精品课程网站增加学生的学习资源;重视实践教学,调动学生的学习积极性,培养他们发现问题、分析问题、解决问题的能力;采用分组学习方式,培养团结协作的意识。 3.加强医德教育,学习现代医学生宣言,理解厚德励志、博学弘医。 4.培养学生的动手操作能力,加深学生对自己所学的医学专业的神圣感、责任感的认识,感受对生命的敬畏和尊重,坚定"为祖国医药卫生事业的发展和人类身心健康奋斗终生"的志向和目标。 5.注重教风建设,倡导严谨治学,从严治教;融入人文教育;用身边人教育身边人,用身边事教育身边人;努力搞好本职工作,为人师表,教书育人。

教师签名:俞樟森

18. 系统解剖学 B

学　　院	医学院	学　　科	康复治疗学	课程名称	系统解剖学 B
授课教师	朱颖飞	授课班级	康复治疗 201	学　　分	4
课程类别	A.公共平台课　 **B.专业平台课程**　 C.专业选修课　 D.全校选修课				
教学目标	一、知识目标 　使学生掌握人体器官的形态结构,认识人体的组成,能够准确描述人体主要器官的位置、形态和结构特点;能够辨认指出骨、关节、肌、血管、神经和重要脏器的位置、形态及相互位置关系。 二、能力目标 　培养学生的自主学习能力,专业理论知识与实践相结合的能力。通过观察事物发现、分析和解决问题的能力,沟通与交流能力。 三、素质目标 　树立辩证唯物主义的世界观和严谨的科学态度;在自主学习和团队实验中逐渐培养学生的团结协作精神,培养学生敬佑生命、爱岗敬业的道德情操。				
课程育人教育内容	**1.敬佑生命**:对生命的敬畏及尊重,对本专业作用及地位的理解,对专业知识的求真创新,对患者的同理心,以及对真善美的追求。 **2.合规守正**:责任意识的树立,行为守法的必要,以及诚信意识的建立。 **3.大爱无疆**:对生命的关爱,对职业岗位的尊重,对救死扶伤行为的赞赏。 **4.仁爱协作**:团队协作的精神,诚实守信的人格,包容理解的心态,仁心仁术的境界。				

教学方法 与举措	1.上好第一堂课,引导学生建立对专业和本课程的认知。本专业的宗旨是促进人类健康,帮助患者改善生命的质量,本课程是专业的核心基础课程。 　　2.在课程讲授中融入合规守正、大爱无疆的职业道德教育,以人为本的人文主义关怀理念。在授课过程中通过各种临床案例或新闻报道,让学生明白自己今后的工作将会涉及生命和健康,今天的刻苦学习为的是能在将来更有效地帮助患者康复或减轻痛苦。 　　3.强调学习中的团队作用,为今后的工作培养良好的协作意识。在课程的案例讨论环节设置学生团队,让学生以团队为单位去完成相应的案例分析任务,培养学生的沟通、人际交流及任务分配、协作等能力。

教师签名:朱颖飞

19. 人体运动学

学　　院	医学院	学　科	康复治疗学	课程名称	人体运动学
授课教师	张亚军	**授课班级**	康复治疗191	学　分	4
课程类别	A.公共平台课　**B.专业平台课程**　C.专业选修课　D.全校选修课					

教学目标	一、知识目标 　　熟悉各关节骨骼肌肉的构成及神经控制,掌握关节正常运动的生物力学原理。 　　二、能力目标 　　能够分析人体常见运动障碍的发生机制以及对日常活动的影响,从而更好地理解正常人体运动和病理状态下骨骼、关节和肌肉间的相互作用,为后续课程学习创造条件。 　　三、素质目标 　　树立人体运动的整体观,提升运用力学工具改善和解决人体运动障碍的能力,为今后开展创新性研究打下坚实基础。
课程育人 教育内容	人体运动学是康复治疗学专业基础必修课程,包含理论和实践教学环节,其蕴含的育人元素主要有:志诚志精、求真务实、团结协作、甘于奉献、关爱生命、开拓创新。
教学方法 与举措	1.要深入理解人体运动的生物力学机制,必须熟练掌握关节的骨骼构成特征和肌肉的起止点及走向分布,专注于某一个关节或某一条肌肉。通过解剖绘图、大体标本观察以及相互触诊,引导学生对志诚志精的工匠精神进行思考。 　　2.在每一次与"大体老师"的亲密接触、与学习伙伴的相互触诊练习中,逐渐将甘于奉献、团结协作等元素融入学生的人文关怀培养;以问题为导向,围绕"运动障碍病例",引导学生分组讨论,鼓励学生以求真务实的态度和开拓创新的勇气,大胆剖析其发生的可能机制和解决方法。

教师签名:张亚军

20. 病理学

学　　院	医学院	学　科	康复治疗学	课程名称	病理学
授课教师	冉娜	授课班级	康复治疗191	学　分	2.5
课程类别	A.公共平台课　**B.专业平台课程**　C.专业选修课　D.全校选修课				
教学目标	一、知识目标 　　通过本课程的理论教学,使学生掌握基本病理过程和各系统疾病的基本病理变化,熟悉各系统与本专业相关的常见疾病的病理变化及由此产生的各种临床表现,了解各系统常见疾病的病因、发病机理、结局和转归。 　　二、能力目标 　　通过系统的理论学习,培养学生运用病理学知识解释不同疾病出现的临床表现及后果的基本能力;通过实践学习,掌握"大体"标本和病理切片的观察方法,培养学生观察、描述病变的能力。 　　三、素质目标 　　培养学生严谨的科学态度、实事求是的科学作风和严密的科学方法;培养学生的形象思维能力、空间想象能力、自主学习能力、观察能力、综合分析能力、描述表达能力、批判性思维能力、创造思维能力和创新能力等。使学生树立良好的职业道德,立志献身于医学事业。				
课程育人 教育内容	1.利用病理学发展简史,进行爱国、爱党、爱社会主义教育。 2.根据疾病发生发展的基本规律,对学生进行辩证唯物主义教育。 3.运用教学过程中的某些实例,对学生进行职业道德教育。 4.培养学生理论联系实际的能力及团队协作能力。				
教学方法 与举措	1.通过引入我国科学家在病理学研究中取得的成就,激发学生的爱国心,从而努力学习,为国家未来的医疗事业发展,为解决现阶段仍存在的问题,做出每个同学应尽的贡献。 　　2.通过典型案例,让学生认识到疾病的发展是动态的,让学生通过动态的眼光认识疾病,既要看到疾病的现时表现,又要联系到它的发生和发展,学会辩证地看问题。要知道虽然一些病变往往表现在某些局部,但它的影响可以是全身的,如白喉。反之,全身状态也能影响局部病变的好转或恶化,如营养不良的病人。使学生正确认识局部与整体的辩证关系。 　　3.结合医学生的专业特点、职业特点,挖掘和收集最典型、最具说服力并有重要教育意义的医学案例,让学生在讨论案例的同时去思考作为一名优秀的康复治疗师应该具备哪些道德品质,应该遵守哪些职业规范。 　　4.深入社会,开展社会实践活动。联系学生所学专业的实际,有目的、有计划地组织学生去康复机构开展活动,增强学生对社会的了解,引导学生服务社会。这一方面可以增强学生理论联系实际的能力,另一方面也可以激发学生关爱生命、奉献社会的热情,同时也能培养学生的团队协作能力。				

教师签名:<u>冉娜</u>

21. 传统康复治疗学

学　院	医学院	学　科	康复治疗学	课程名称	传统康复治疗学
授课教师	董梁	授课班级	康复治疗181	学　分	2
课程类别	A. 公共平台课　**B. 专业平台课程**　C. 专业选修课　D. 全校选修课				

教学目标	一、知识目标 　了解中医学的基本理论、基本方法,熟悉中医学独特的诊疗方法,掌握传统的治疗方法和措施的基本知识、基本理论和基本技能。 二、能力目标 　学会运用中医的观点和方法去认识和解决所面临的临床康复问题。 三、素质目标 　培养学生的科学思维、悟性思维和严谨的工作态度;培养人际沟通交流能力和表达能力;突出"真、善、美",关爱病人。
课程育人教育内容	1. 中医药文化强调以人为本、大医精诚,认为医乃仁术、人命至重、有贵千金,学医之人要具有医心之仁和医术之仁。 　2. 医者要精勤治学、精研医道,强调求求古训,博采众方,中医药学习过程中要重经典、重临床、重师承、重流派、重勤求、重博采、重悟性,体现了严谨、认真、精细的治学精神,具有深刻的智育内涵。 　3. 注重动静结合,讲究"三调"即调身、调息、调心,使人的精神意识、呼吸和动作三者密切结合,通过调整阴阳、疏通经络、和畅气血,加强人体五脏六腑、四肢百骸的技能,从而起到强身健体、益寿延年、防治疾病的作用。 　4. 仁人仁术的心灵美、天人合一的和谐美、调和致中的平衡美。
教学方法与举措	1. 加强学情分析,明确学生"学什么、怎么学",加强课堂教学的设计,结合传统康复课程特点,加强传统文化的教育,提升课堂教学效果,自觉做到"文化自信"。 　2. 采用以问题为中心的学习模式,培养学生临床辨证性和批判性思维能力,同时加强其运用中医的基本观点解决问题的能力,尤其是对结果的客观解读。 　3. 在实践教学中体验传统康复方法,认知传统康复方法的"简便廉验"、得天独厚,深刻认识中医学的重要意义和社会价值,体会中国传统医药的魅力。 　4. 以实际案例引领学生领会古今中医人那种"医者父母心"的仁心仁术、大医精诚的思想。 　5. 注重临床实践与理论学习的同步进行,形成中医临证思维。

教师签名:<u>董梁</u>

22. 法医犯罪现场调查

学 院	医学院	学 科	基础医学	课程名称	法医犯罪现场调查
授课教师	范光耀	授课班级	全校选修	学 分	2
课程类别	A.公共平台课　B.专业平台课程　C.专业选修课　**D.全校选修课**				
教学目标	**一、知识目标** 　　通过本课程的理论教学使学生掌握法医犯罪现场调查的基本理论，熟悉了解常见犯罪现场调查方法，掌握远离和打击犯罪以及维护自身合法权益的能力。 　　**二、能力目标** 　　通过知识讲授、自学教材、分析讨论等方法循序渐进，由浅入深，不仅教知识，更注重教方法，采用启发式、线上线下混合式、案例教学等教学形式，引导学生自主学习能力的形成，培养学生观察事物、独立思考、发现、分析和解决问题的能力，促进学生的个性发展。 　　**三、素质目标** 　　在学生学习和掌握犯罪现场调查基本内容的过程中，进一步培养和树立学生的法治意识，力求使今后的各项工作纳入法制轨道，进一步提高大学生的综合知识水平和社会适应能力，更好地服务社会。				
课程育人 教育内容	1.开展马克思主义理论教育、开展社会主义核心价值观教育。学生是教师施教的对象，更是认识和学习活动的主体，一切教学活动都是为了使学生掌握知识、技能，形成观点和提高思想水平，一切教学效果也都必须体现在学生身上。学生学习的自觉性、主动性、积极性是学习获得成功的关键内因（学生学习的能动性），教师的教学和指导是外因，外因通过内因起作用。开展马克思主义理论和社会主义核心价值观教育，深刻领会社会主义核心价值观，树立科学的人生观和价值观。 　　2.融入"不忘初心、牢记使命"主题教育元素，培养道德修养，提高服务意识。社会主义核心价值观对道德规范的要求是爱国、敬业、诚信、友善。法医学作为一种特殊职业，担负着维护公平正义和促进法制中国建设的重任。因此，犯罪现场调查课程中融入的法医职业使命和道德教育，不仅要求学生达到技术上的精良，而且要求学生具备高度的责任感和高尚的道德情操。 　　3.理论联系实际。通过本课程学习，使学生了解正确的犯罪现场调查方法，掌握识别、远离和打击犯罪以及维护自身合法权益的能力，培养学生分析问题、解决案件和危机的能力，为今后在生活中遇到类似危机时正常处理应对打下基础。通过本课程的教学，切实落实"立德树人"的指导思想，把社会主义核心价值观融入本课程的教学中，助力学生全面发展，让学生毕业后能为法制建设贡献自身的力量，从自身做起、从身边小事做起，促进整个社会的公平正义，为实现伟大复兴中国梦添砖加瓦。 　　4.在科学发展观和建设和谐社会的理论指导下，通过法医学理论、犯罪学知识、现场勘验实战技能，教会大学生如何认识犯罪、抵制犯罪、远离犯罪、保护自我，增强自身抵御犯罪能力，树立大学生的正义感和良知，促进社会和谐健康有序发展。 　　5.从知识层面，教会学生用动态的观点进行观察分析，从局部到全面，从前因到后果，从形态到技能进行综合分析，逐步提高学生分析问题和解决问题的能力。				

教学方法与举措	1.注重成效。坚定教书育人的责任和使命,视学生为己出,发自内心地想为学生做些什么,动之以情,晓之以理,才能真正产生成效。 2.言传身教。对学生进行思想政治教育和德育引导,要看教师自己是怎么做的、做得怎么样。教师的一言一行、一举一动、举手投足,都会对学生的学习乃至人生产生影响。 3.因势利导。形式上不能太生硬,内容上不能太刻板,过程上不要太随意,既有事先的精心设计,又有进程中的即兴发挥,显性插播与隐性植入相结合。

教师签名:范光耀

23．睡眠与健康

学　院	医学院	学　科	基础医学	**课程名称**	睡眠与健康
授课教师	刘　正	**授课班级**	全校选修	**学　分**	2
课程类别	A.公共平台课　　B.专业平台课程　　C.专业选修课　　**D.全校选修课**					
教学目标	一、知识目标 　熟悉睡眠的生理学意义及健康含义,不同年龄、性别人群的睡眠特点,常见睡眠障碍的类型及调适方法;了解导致睡眠障碍的因素及相关疾病、睡眠与健康养生、睡眠与学习记忆、幸福的本质及影响因素等。 二、能力目标 能够运用睡眠与健康的相关知识处理实际生活中所遇到的相关问题。 三、素质目标 　提升大学生对睡眠与健康的科学认识;培养学生良好的睡眠习惯及关注健康的良好意识;运用睡眠与健康知识,对个人的身心保健发挥作用;同时培养大学生个人团队意识,人际交往、理解沟通能力及幸福理念,恋爱—婚姻—家庭正确认识观等。				
课程育人教育内容	1.重新审视健康概念,认识其重要性和内涵。健康关系到个人和家庭甚至国家命运,全民健康是一个很重要的话题。健康中国是党和人民提出的重要目标,是国家富强、文明、和谐的重要标志。 2.关注睡眠,认识睡眠问题不仅涉及个人的健康问题,更是与国家的富强、人民的幸福指数密切相关,是关系到社会和谐的重要因素。 3.良好职业道德教育,提倡社会公德,友善对待身边的人,诚实守信。 4.遵纪守法,诚信做人,平等对待周围的人和事。 5.爱护环境,提高文明素养,做一个对社会有贡献的人。				
教学方法与举措	1.课堂结合所学专业知识,联系社会现状,深入介绍社会主义核心价值观。 2.要求学生进行线下相关课程内容学习,再到课堂进行讨论,分享学习心得,特别是对自己的人生观、世界观及价值观的新感悟。 3.要求学生在生活中践行社会主义核心价值观,如热爱国家、做一个文明的好学生、孝敬老人、关心儿童、奉献爱心、遵纪守法等。 4.课堂加强师生互动,锻炼学生的主体意识,适当安排学生做主题演讲,与大家分享学习心得。				

教师签名:刘正

24．直面死亡恐惧

学　院	医学院	学　科	医学检验	课程名称	直面死亡恐惧
授课教师	李海玉	授课班级	全校选修	学　分	2
课程类别	A.公共平台课　B.专业平台课程　C.专业选修课　**D.全校选修课**				

教学目标	**一、知识目标** 　　使学生能够运用医学、哲学、伦理学、心理学等方面的一般知识认识与死亡相关的社会和心理现象,学会用科学的观点来分析和解释与死亡相关的焦虑、恐惧情绪产生的深层原因,从而做到以理性、真实的心理去面对与死亡相关的事实。 　　**二、能力目标** 　　熟知基本的死亡恐惧的缓解及治疗手段,在面对相应问题和出现心理困惑时,能科学看待问题,具备初步的科学运用和分析能力,提高学生的科学素质和人文修养。从理性、真实的心理层面认识死亡相关的事实。 　　**三、素质目标** 　　科学认识死亡,合理看待生死,树立正确的生命观和价值观,能在自己的生活和人生中及早做到死亡觉醒,更加珍惜时光,懂得人的生存价值和意义,学会以正确的态度对待生命、追求生命的价值和意义,做到向死而生,活出更精彩的人生。
课程育人 教育内容	1.引导学生树立正确的人生观、价值观,明确当代大学生为适应社会需求必须具备的素质,培养为社会建设贡献力量的使命感。 　　2.教育学生如何运用正确的观点,科学分析问题,理性看待死亡及其相关事实,做到早日觉醒,活出精彩而有价值的人生。 　　3.培养学生坚持实事求是、脚踏实地、勇于实践、敢于创新,既立足实际又坚信未来的科学精神。 　　4.培养和提高学生的自学能力,树立团队学习和终身学习的精神,不断提高自身的综合文化素质。 　　5.与时俱进,关注当前和未来经济社会发展趋势,了解前沿知识更新,紧跟时代脚步。
教学方法 与举措	1.开展实践课,通过身临其境地感受情绪的变化,使学生体悟和明白死亡恐惧产生的本质原因,树立正确的人生观、价值观,学会尊重生命,树立社会主人翁精神和使命感。 　　2.开展讨论和对话课,使学生在教学过程中体会如何实事求是地面对自己的内心,敢于剖析自己的灵魂,做到正确认识和看待死亡,进而明白死亡是人人都不可回避的重要问题。 　　3.应用实际案例,教授与死亡相关的医学、哲学、伦理学、心理学等适当的知识,帮助学生学会在面对死亡(他人的和自己的)时能寻求良好的心理支持,征服死亡带给人们的恐惧与悲伤,树立恰当的人生观和死亡观,教育他们学会热爱生活,珍视生命,正视死亡。 　　4.教学中注重认知理念的培养和人文质素的形成,帮助学生学会和心灵对话,真心、诚意、充实地过好每一天,最终实现活的时候以快乐相迎,死的时候以无悔相送。

　　　　　　　　　　　　　　　　　　　　　　　　　　　　　　教师签名:<u>李海玉</u>

三、课程思政示范课程建设

医学生物化学 B

课程性质:专业平台课程　　　受益专业:临床医学
课程负责老师:丁志因　　　　团队老师:刘丽华
项目起止时间:2018 年 3 月至 2020 年 3 月

"医学生物化学"是一门重要的医学基础课程,是研究生物体的化学分子与化学反应的生命科学。它的任务是从分子水平探讨生命的化学本质,研究生物体的分子组成、分子结构与功能、物质代谢与调节及其在生命活动中的作用、遗传信息传递的分子基础与调控规律等。医学生物化学与各个学科有着广泛的相互联系和渗透,越来越多地成为生命科学的共同语言和前沿学科。作为医学生,应该掌握生物化学的基本概念和原理,熟悉正常人体的分子组成、结构和代谢与生理机能之间的关系,为进一步学习医学知识奠定基础。

一、课程建设目标

(一)课程教学目标

1.专业知识方面

掌握人体正常的分子组成、分子结构、物质代谢规律及其与细胞、组织、器官功能之间的关系,疾病发生的分子机理,遗传信息的分子基础与表达调控机理。

2.专业能力方面

能利用医学生物化学的基础知识分析疾病发生的分子机理,掌握疾病辅助诊断指标及其意义,掌握基本的生物化学分析技术原理与操作方法。

3.综合能力方面

能运用医学生物化学与分子生物学的基本理论和实验技术,从分子水平出发分析疾病发生、发展、诊断、治疗和预防的机理,为后续课程的学习打基础。熟悉医学生物化学和分子生物学的基础理论和先进技术在医药卫生、工业、农业以及生活中的实际应用。

(二)课程德育目标

1. 养成优秀的医学职业素质

"医者仁心"是社会对医学从业人员的基本职业素质要求和理想定位。临床医学专业学生的未来职业面对的是人,是生命,从初次见面的医患沟通,到诊疗康复的全过程,与患者的心理、生理疾苦的全方位接触是零距离的,心理支持和精湛的医技是患者康复的精神支柱和健康保障。

2. 培养严谨求实的科学态度和临床思维能力

精准医疗是医学从业人员所能给予患者的最好帮助,也是患者有效康复的基本保障。每一个临床症状、每一个客观指标、每一个重要体征的相互联系的正确分析,需要实事求是的客观记录和科学的推理分析、鉴别诊断。

3. 提升团队协作的意识和合作能力

医院的分工细致,医疗活动需要医生、护士、治疗师、医技人员等的紧密配合和有效合作才能完成,所以,团队协作意识和合作能力的培养是必不可少的环节,宜早宜强,使之变成一种自觉行为。

二、建设举措

(一)课程育人的德育元素及对应的教学内容

1. 核心价值观:诚信——真诚谦逊、信守诺言

在第一堂课中,告诉学生以诚信规范日常行为,诚信做人、诚信处事、诚信学习、诚信考试,把自己塑造成诚信大学生。

2. 核心价值观:法制——遵守纪律、违纪必究

在第一堂课中,公布本课程的课堂规则和评分标准。如:关闭手机或调至静音,上课要集中听讲和理解,做到不迟到和旷课、不睡觉、不考后求情,平时测试和作业要按规定时间完成。在实验操作时,应该遵守实验室安全准则,严格按照实验

操作规程完成,如实记录实验结果。实验废弃物应该放置在相应的废弃桶里,实验剩余试剂不得带离实验室,杜绝危害公共安全的行为等。如有违反,一定会相应地扣分。

3. 核心价值观:敬业——爱岗敬业、医者仁心

根据教学进度,结合教学内容,引入生活事件和医学案例教学,理论联系实际。以糖代谢章节举例:让学生掌握血糖的消化、吸收、代谢以及血糖的调节规律,通过学习患者血糖异常变化的机理,指导患者一日五餐饮食的必要性,预防糖尿病并发症(泌尿系统感染与糖尿病之间的关系等)。学生可以用专业知识解释糖尿病患者饮食管理的医学人文关怀方法的合理性。通过让学生了解专业特色,认识作为医学从业人员"精益求精学技"的职业素质养成的必要性。同时也可以让学生自行深入医院,通过角色体验,了解患者疾苦和诉求,思考作为一名医学从业人员应该具备的"仁爱待人之心"的职业素质,树立敬畏生命、捍卫健康的使命感,并自觉自愿贯彻在行动中。

4. 核心价值观:友善——尊重他人、团结协作

本课程部分内容采用 TBL 形式进行,学生每 5~6 人组成一个小组,组长负责统筹协调组内任务。同一小组成员组成能力兼顾强弱差异,以便在学习过程中以强带弱,确保小组间人员组成的同质性,有利于学生在小组团队学习的过程中成长。教师对小组进行辅导,使每个成员明确自己的责任,积极参与小组活动的开展和任务的完成,积极参与小组的正常运作。课前教师将内容进行分解,部分进行精讲,并于课前一周将相关的资料(包括专业一线的实际知识、案例、教案等)上传至网络平台。学生根据学过的基础知识及查阅的相关资料,结合案例要素各抒己见,自由发挥,充分讨论,并对讨论结果进行归纳总结,达成共识后形成小组结论。该内容可以进一步提升学生的认知能力、团队合作精神和人际交往能力。

5. 核心价值观:文明——科学精神、终身学习

作为基础医学的生物化学课程,对科学知识的传授是必然的。在教学过程中,还要特别注重科学思想、科学方法和科学精神的渗透。例如通过"人染色体数目发现"的小故事让学生体悟不要盲信权威,要勇于质疑;以"芭芭拉·麦克林托克1938 年发现'会跳舞'的基因,直至 1983 年才获得诺贝尔奖"的小故事,让学生感悟真理也可能在短时间内不被认可,但要有不屈不挠、坚信真理的精神;学生课后自学"沃森和克里克提出 DNA 分子双螺旋结构模型"背后的故事,让学生思考,体悟破解大自然的奥妙,不是只需要聪明和严格的科学训练,还需要灵活通达的想法、百折不挠的韧性以及相当的运气。站在巨人的肩上,持之以恒,"小人物"也能干成大事业。同时在实验教学中,要求学生对实验原理、步骤及现象勤思考,培养科学探究的精神和终身学习的能力。

(二)教学方法

围绕提高课堂教学效果的总体目标,探索基于网络平台(蓝墨云班课),将CBL 和 TBL 的线上线下混合式教学法应用在"医学生物化学 B"课程教学中。

医学生物化学不仅仅是一门基础课程,也关乎我们生活的各个环节。生物化学的内容涵盖范围很广,延伸至医药卫生、农业等领域的各个行业,例如疾病的发生、发展、诊断、治疗、预防、衰老,植物基因的改良,基因工程制药,日常生活中消毒灭菌,食品的加工、运输、保存等。通过教学活动,使学生掌握生物化学基本知识,并能运用生物化学的知识分析解决生活中的相关问题。

(三)教学评价

通过蓝墨云班课等网络平台,实现对每位学生学习进度的跟踪和学习成效的评价。

1.建立课堂评价体系:在课堂形式中,取代以教材和教师为中心的灌输式教学体系,以学生为知识传授和掌握的主角,并将所学知识应用于实际临床工作中,鼓励学生独立思考,引导学生变注重知识为注重能力,不仅仅要牢记课本知识,更要注重将课本知识转化为临床工作的能力,同时也加强学生与学生之间、学生与教师之间的交流沟通,开拓思维。课堂评价占总评成绩的 10%。

2.建立 CBL、TBL 学习档案记录袋,根据学习目标的设定、课堂学习的反馈,建立自我评价、同学评价以及教师评价档案袋。此项评价占总评成绩的 10%。课堂学习的反馈一方面可以让学生更加客观、全面地认识自身的学习情况,在学习任务结束后自我反省,不断自我提高完善,对自身有准确的认识和定位,另一方面可以让教师根据反馈情况,及时调整或改变教学内容,对学生未掌握的知识内容及时补救,从而达到形成性评价教学相长的目的。

3.期末理论考试,减少名词解释、填空以及简答题的数量,有意识增加病例分析等联系临床的题型和题量,让知识活学活用,而不是以往的知识毫无加工地输入和输出,充分考虑临床医学专业学生所学知识是否能够真正在实际临床中得到应用。期末理论考试成绩占总评成绩的 50%。

4.蓝墨云班课网络平台按照进度定期进行测试,以检验学生对知识的掌握能力。网络平台测试成绩占总评成绩的 10%。

5.实验报告内容体现了学生的科研思维能力和动手能力。实验报告成绩占总评成绩的 20%。

课程思政教学设计方案

学　　院	医学院	课程名称	医学生物化学 B
授课教师	丁志囡	授课班级	临床医学 182
授课章节	糖代谢——血糖及其调节		
课程类别	A.公共平台课　**B.专业平台课程**　C.专业选修课　D.全校选修课		
教学目标	一、知识目标 掌握血糖的概念,熟悉血糖调节的过程。 二、能力目标 分析糖尿病发病的生化机理。 三、素质目标 培养"仁爱待人之心"的职业素质,树立敬畏生命、捍卫健康的使命感。		
教学内容	1.血糖的概念、来源、去路及血糖水平保持恒定。 2.血糖稳态主要受激素调节。 3.糖代谢障碍导致血糖水平异常。		
思政元素	爱岗敬业、职业道德、救死扶伤、防病治病、关爱生命、仁心仁术		
教学实施路径	1.通过学习患者血糖异常变化的机理,指导患者一日五餐饮食的必要性,预防糖尿病并发症(泌尿系统感染与糖尿病之间的关系等)。 　2.学生用专业知识解释糖尿病患者饮食管理的医学人文关怀方法的合理性。		
教学反思与评价	通过让学生了解专业特色,认识作为医学从业人员"精益求精学技"的职业素质养成的必要性。通过让学生早期深入接触临床,深入医院进行角色体验,了解患者疾苦和诉求,思考作为一名医学从业人员应该具备的"仁爱待人之心"的职业素质,树立敬畏生命、捍卫健康的使命感,并自觉自愿贯彻在行动中。		

课程思政教学设计方案

学　　院	医学院	课程名称	医学生物化学 B
授课教师	丁志囡	授课班级	临床医学 182
授课章节	PCR 技术的原理与应用		
课程类别	A.公共平台课　**B.专业平台课程**　C.专业选修课　D.全校选修课		
教学目标	一、知识目标 　　掌握 PCR 技术的原理，熟悉 PCR 技术的主要用途及几种重要的 PCR 衍生技术。 　　二、能力目标 　　提高学生分析问题、解决问题的能力，对所学知识进行系统的梳理、整合。 　　三、素质目标 　　培养爱国敬业、大爱无疆的民族精神。		
教学内容	1.PCR 技术的工作原理。 2.PCR 技术的主要用途。 3.几种重要的 PCR 衍生技术。 4.新冠病毒的核酸检测。		
思政元素	爱国敬业、大爱无疆、民族精神		
教学实施路径	1.课前，教师布置了作业"通过查阅资料和文献，了解新冠病毒"，学生以团队学习的方式完成学习后将视频资料上传至超星学习通平台，由教师进行点评。 　　2.课堂中教师讲解 PCR 技术的原理、主要用途、几种重要的 PCR 衍生技术，引入课程思政内容"新冠病毒的核酸检测"，从医护采样、试剂盒研发、实验室检测三个方面进行讲解。 　　3.以"为何会出现假阴性"为题开展头脑风暴，学生小组团队讨论。 　　4.课后，以问题为中心，结合《新型冠状病毒肺炎实验室检测技术指南》和实验室生物安全知识，进行专业知识的拓展学习。		
教学反思与评价	本次课程思政的教学以当前大家的热点话题"新冠病毒的核酸检测"为内容，激发学生学习兴趣及培养学生的家国情怀。 　　1.以学生能力培养为中心 　　学生课前预习查找资料，团队学习探讨，完成作业，皆在让学生由被动学习转变为主动学习。课堂中教师从医护采样、试剂盒研发、实验室检测三个方面进行讲解，以"为何会出现假阴性"为题开展头脑风暴，学生小组团队讨论，使被动听课转变为主动参与，提高学生分析问题、解决问题的能力，对所学知识进行系统的梳理、整合，达到了把所学知识融会贯通的目的，对实际问题进行分析判断。 　　2.混合式教学 　　课前作业、课堂测试、课后任务，均上传至超星泛雅学习通平台；专业知识与医学人文知识的融合。 　　3.课后拓展学习 　　课后以问题为中心，结合《新型冠状病毒肺炎实验室检测技术指南》和实验室生物安全知识，进行专业知识的拓展学习。		

病原生物学与免疫学

课程性质:专业平台课程　　　受益专业:护理学
课程负责老师:岳文燕　　　团队老师:李海玉　阮　萍
项目起止时间:2018 年 3 月至 2020 年 3 月

"病原生物学与免疫学"是一门医学专业基础课程,属护理学专业的核心课程。课程内容涵盖医学免疫学、医学微生物学及人体寄生虫学的相关基本理论知识和实践技能,包括人体免疫系统的组成、结构、功能,某些疾病的免疫机制,免疫学诊断和防治;与人类疾病有关的主要病原生物的形态结构、代谢活动、遗传和变异、致病机制、实验室诊断及防治原则等。

一、课程建设目标

(一)课程教学目标

1.专业知识方面

了解人体免疫系统的结构和功能,明确免疫应答的规律,探讨免疫性疾病发生发展的机制与诊断、防治;认识病原微生物的生物学特性与致病性;认识人体对病原微生物的免疫作用,感染与免疫的相互关系及其规律;了解感染性疾病的实验室诊断方法及预防原则。

2.专业能力方面

在准确了解医学免疫学和病原生物学发展现状的基础上,正确把握其主要发展方向,将有助于加快本学科发展并提升人类对抗传染病的能力,为后基因组时代、个体化医疗时代的人类健康服务与疾病救治提供更大的理论指导与技术支持。

3.综合能力方面

掌握本课程重要的基础理论、基本知识和基本实验操作,培养学生的无菌观念,培养学生独立思考与独立工作、分析问题和解决问题的能力。

(二)课程德育目标

1. 促进学生专业认同感的形成,培养学生专业责任感和使命感。
2. 养成平等宽容、团结协作的合作意识。
3. 培养不畏艰难、勇于探索、敢于奉献的科学精神。
4. 扩大学生对当代中国及全世界文明发展的认识,培养学生爱国情操。
5. 促进学生良好文明习惯的形成。

二、建设举措

(一)课程育人的德育元素及对应的教学内容

1. 课程育人的德育元素

富强:物质现代化、科学技术现代化。

民主:制度现代化、宽容、协商。

文明:生态文明、社会文明、科学精神。

和谐:真善美、以和为贵、和而不同。

公正:过程公正、结果公正、社会公正。

友善:包容、协作、团结、尊重。

法治:责任意识、纪律意识。

爱国:爱祖国、爱人民、爱家乡、爱学校。

敬业:热爱工作、热爱岗位、遵循职业道德。

诚信:诚实、社会公德。

2. 与教学内容相对应、如何融入教学内容、采用的教学方法及教书育人的方法

许多病原体的传播过程涉及生态文明、社会文明、社会公德,通过理论讲解、案例分析、相关视频动画的展播等对学生进行教育。

课程中的许多病原生物的防治成效与物质现代化、科学技术现代化、制度现代化相对应,通过分析其关系可以让学生明白国家富强的重要性和社会主义制度的

优越性,培养学生的爱国精神。

课堂上对纪律要求严格,培养学生的纪律意识。

进行一定的案例教学,要求学生分组完成分析,同时实验课上分组操作,从而培养学生团结、协作、包容、协商意识与能力。

作业的验收与期末成绩考核中通过正面与反面事例教育学生要诚实守信。

通过考核评分标准的改进示范公正教育。

课程中涉及许多重要的科学发现,与一些伟大的科学家的工作密不可分,通过插入一些科学小故事,培养学生不畏艰难、勇于探索、敢于奉献的科学精神。

整个教学活动中,润物细无声地灌输医疗行为活动的特殊性,将"一切医疗活动应以病人为中心,尊重生命,热爱生命"的观念传达给学生,使他们逐渐了解自己的专业特点,培养专业认同感,并初步树立正确的职业观。

(二)教学方法及教学评价的改进方面

1.从单纯的课程专业知识讲解到加入德育内容;从填鸭式教学到学生自主学习加教师讲授;增加了一定的案例教学;增加了一些与课程知识相关联的新闻和话题,或通过一些小故事增加了课程的趣味性。

2. 教学评价方面,设计教学评价表让所有上课的学生对课题组老师的德育效果进行评价。邀请同行进行评价。

课程思政教学设计方案

学　　院	医学院	课程名称	病原生物学与免疫学
授课教师	岳文燕	授课班级	护理学 19 级
授课章节	厌氧性细菌		
课程类别	A.公共平台课　**B.专业平台课程**　C.专业选修课　D.全校选修课		
教学目标	一、知识目标 　　概括破伤风梭菌的生物学特性、致病条件、致病机理、临床表现。详细描述结核菌素试验的原理、方法及应用。归纳破伤风梭菌的防治原则。 二、能力目标 　　具有初步分析问题、解决问题的能力。 三、素质目标 　　理解国家富强、社会文明的重要性,培养爱国情操,加强对社会主义制度的自信。		

教学内容	1.破伤风梭菌的生物学性状。 2.致病条件、致病机制、所致疾病。 3.微生物学检查。 4.防治原则。
思政元素	1.富强:物质现代化、科学技术现代化。 2.文明:物质文明、精神文明。 3.爱国:爱祖国、制度自信。
教学实施路径	结合病例讨论,以说故事的形式进行课程思政教学。 　　病例1:患儿,男,8天,因阵发性哭闹、面色发青伴吮乳困难1天收入院。 　　医院查体:易激惹,哭声紧,呼吸尚平稳。牙关紧闭,颈部略有抵抗感,腹肌紧张。脐带未脱,脐窝内有脓性分泌物。 　　询问病史,在家中接生。 　　入院后抽搐频繁,角弓反张等,第3天出现急性呼吸衰竭,处于昏迷状态,重症监护,给予镇静止痉抗感染等治疗。抽搐发作减少,并逐渐清醒,能自行吮吸奶液。 　　部分课堂病例讨论。 　　主题讨论:破伤风梭菌经脐带伤口感染新生儿的具体原因有哪些? 　　通过病例讨论,总结出病例中患儿感染破伤风梭菌的原因有:接生断脐时接生人员的手或所用的剪刀、止血钳、纱布或断脐后覆盖脐带的敷料等未经消毒或消毒不严密,或出生后不注意脐部的清洁消毒护理等而导致破伤风梭菌经脐带伤口感染新生儿。 　　此时插入一个小故事:婆婆老家村子里以前有户相对有钱点的人家生孩子时请了位大夫,这位大夫接生时用了剪刀等接生器具,村里其他人听到竟然有这种事情,认为他是要搞破坏的"牛鬼蛇神",要把他抓起来,吓得那人赶紧逃走了。 　　提出问题"中国古时候接生时用什么剪断脐带呢"。当同学们听说有许多人用竹篾之类的锐物切断脐部时,他们发出一片疑惑声。 　　教师总结:中国社会在新中国成立前和成立初期人民整体物质生活水平低,科学技术落后,还有人们的思想也封建落后。孩子出生时经常在家里请产婆接生或自己接生,没有严格的消毒观念和消毒程序,不用剪刀之类接生,因为他们认为新生儿破伤风归根结底还是新生儿出生时或出生后受了"风",因此常把破伤风叫作"脐风"或"七日风",用剪刀剪断脐带时,咔嚓一下,肯定也有风,所以不能用。 　　新中国成立后,社会经济不断发展,中国逐渐富强起来,社会物质文明和精神文明程度进一步提高,科学技术水平逐步提高,随着我国城乡医疗卫生服务的推广,科学分娩接生技术的应用,本病的发病率已经明显降低。
教学反思与评价	本次课程思政教学以病例讨论的方式为主,讲故事的方式为辅。通过本次课,同学们不仅掌握了相关微生物学的理论知识,获得了一定的分析问题和解决问题的能力,而且感悟到物质现代化及科学技术现代化对国家富强的重要意义,精神文明与物质文明的重要性,增强了学生的爱国情操及对社会主义制度的自信心。

课程思政教学设计方案

学　　院	医学院	课程名称	病原生物学与免疫学
授课教师	岳文燕	授课班级	护理学 19 级
授课章节	其他原核细胞型生物——衣原体		
课程类别	A.公共平台课　**B.专业平台课程**　C.专业选修课　D.全校选修课		
教学目标	一、知识目标 　　概括常见致病衣原体的种类,沙眼衣原体的型别种类;描述沙眼衣原体所导致的临床疾病的类型及临床表现;归纳衣原体的生物学特性,常见检查方法、防治原则。 二、能力目标 能初步运用所学知识对人们进行相关疾病预防的宣传教育。 三、素质目标 加强对爱国、敬业、科学精神的认识与感悟。		
教学内容	1.衣原体的生物学性状,致病性及免疫性。 2.主要致病性衣原体(沙眼衣原体、性病淋巴肉芽肿亚种)。 3.衣原体的常见检查方法、防治原则。		
思政元素	1.爱国:爱祖国、爱人民。 2.敬业:热爱工作、热爱岗位、职业道德。 3.文明:科学精神。		
教学实施路径	1.课前——线上(超星学习通)布置作业:观看视频(科普中国)"中国第一代医学病毒学家——汤飞凡"。 　　2.课中——上课讲授到衣原体的培养特性这部分知识时,通过以下途径实施思政教育: 　　(1)课件展示中国发行的"中国现代科学家"系列邮票之微生物学家汤飞凡。 		

教学实施路径	简略回顾汤飞凡的成就,特别是衣原体方面的研究成果,以潜移默化的方式激发学生们对美好道德情操的赞叹与体悟。 (2)插入随堂测试 随堂练习:该视频资料反映了汤飞凡哪些优秀道德品质? 引导同学们回顾课前自主学习视频资料,思考与感悟科学家汤飞凡身上的科学精神和道德情操。 A.爱国精神　　B.敬业精神　　C.科学精神　　D.谦逊
教学反思与评价	本次教学主要是以线上线下相结合的方式进行,通过课前线上的学习、课中的回顾点评及小测试,学生们不仅对相关微生物学知识有所了解,而且对爱国、敬业及科学精神的内涵有了更加深刻的认识与体会,相信也会默默影响他们的价值观。

健康教育学

课程性质:专业平台课程　　　受益专业:护理学
课程负责老师:赵伟英　　　　团队老师:郭　靖　谢小燕
项目起止时间:2019 年 3 月至 2021 年 3 月

"健康教育学"是护理专业的基础必修课程之一,是医学与行为科学相结合所产生的综合性学科。课程基本内容包括健康教育基本理论和方法,健康传播、健康相关行为、健康教育心理等理论,学校、医院、社区等重要场所和重点人群的健康教育,重要健康问题的健康教育等。本课程具有较强的理论性和实践性,对培养护理专业的学生具备分析不同人群健康问题、制定立足于行为改变的健康教育策略、实施并评价干预策略等健康教育相关能力具有重要作用,有助于进一步提升护理专业学生的职业能力和职业素养。

一、课程建设目标

(一)课程教学目标

1.使学生获得健康行为改变的基本理论和基本原理,以及实施健康教育和健康促进的基本方法。

2.使学生能理解健康行为各种因素的相互关系和评估方法,具有在个体、人际和社会不同层面对不同护理对象开展健康教育的能力,包括进行健康需求评估、计划制订、传播材料的制订、干预的实施和效果评价等能力。

3.使学生理解重要场所和重点人群、重要健康问题的健康教育的形式和方法,初步具有对医院、家庭、社区开展健康教育的能力,以及常见慢性病、传染性疾病、意外伤害健康教育的能力。使学生具有健康教育实施过程中所需的团队合作能力和自主学习能力。

(二)课程德育目标

1.能正确认识护士的自身价值,树立正确的价值观,爱岗敬业,具有良好的职业道德和职业素养。

2.树立"以人为本"的理念,具有同理心和爱心,在健康教育过程中尊重护理对象,耐心细致,体现人文关怀。

3.能进一步建立对不同人群开展健康教育的使命感,进一步增强社会责任意识和家国情怀。

二、建设举措

(一)课程蕴含的德育元素

梳理课程知识点,挖掘内在德育元素,将社会主义核心价值观中的富强、平等、文明、敬业等涵盖的思政元素以人为本、家国情怀、爱岗敬业、责任意识、终身学习等确立为本课程育人元素。

(二)教学内容

相对应的教学内容如下表。

序号	课程内容	具体内容	德育元素
1	绪论	1.健康教育和健康促进的概念、范畴。 2.健康教育的意义和任务。 3.健康教育的历史发展。	敬佑生命、责任意识、终身学习、家国情怀。
2	健康相关行为	1.行为的影响因素。 2.促进健康的行为,危害健康的行为。 3.健康行为的影响因素及健康行为干预的方法。 4.应用于人群和社区水平的健康行为理论。	以人为本、责任意识、物质现代化、家国情怀。

序号	课程内容	具体内容	德育元素
3	健康信息传播	1.健康传播的概念、传播模式。 2.常用信息传播的模式和方法。 3.影响健康传播效果的因素与对策。	以人为本、求真创新、科技现代化。
4	健康教育诊断、计划、实施、评价	1.健康教育诊断的基本步骤。 2.健康教育计划制订的原则和基本内容。 3.健康干预的基本内容和实施。 4.健康教育评价的类型和基本内容,影响评价结果的因素。	责任意识、团结协作、家国情怀。
5	重要场所和重点人群的健康教育	1.医院健康教育的实施形式、内容和方法。 2.家庭健康教育的任务、原则和内容。 3.社区健康教育的任务、原则和内容。	爱岗敬业、职业道德、耐心细致。
6	重要健康问题的健康教育	1.慢性病的健康教育(高血压,冠心病、糖尿病)。 2.传染性疾病的健康教育。 3.意外伤害健康教育。	敬佑生命、权利平等、仁心仁术。

(三)教学方法和实施路径

1.课程思政案例教学

用案例关联和具象化思政元素。编写与课程知识点密切相关的思政案例,通过收集权威性资料,如《WHO世界卫生统计报告》《2019年中国卫生健康事业发展统计公报》《中国心血管健康和疾病报告2019》《"健康中国2030"规划纲要》等,用翔实的数据使思政元素立体化、具象化,通过教师的解读成为课程思政的教学案例。

用课程知识点触发"思政案例",有机融合学科知识和德育元素。如绪论部分阐述健康教育的意义和任务时,明确健康教育是为了帮助人们把行为向有利于健康的方向转变。适时结合思政案例《"健康中国2030"规划纲要》把"普及健康生活"确立为五大重点领域的首要项,明确"健康中国"发展战略把人民的健康置于优先发展的位置,体现了对生命的尊重和佑护,体现了以人为本的治国理念,也是国家富强、社会文明的具体表现(见下页图)。

在讲述健康行为部分,尤其是生活方式与居民健康寿命之间的关系时,结合当今中国居民平均寿命明显提升、健康水平提高的现实,指出这些成绩的取得与社会发展、居民生存环境改善有关,与物质现代化、科学技术现代化密切相关,尤其是医疗技术的发展,如心脏介入性手术、脏器移植手术的开展,新药的研制等,激发学生

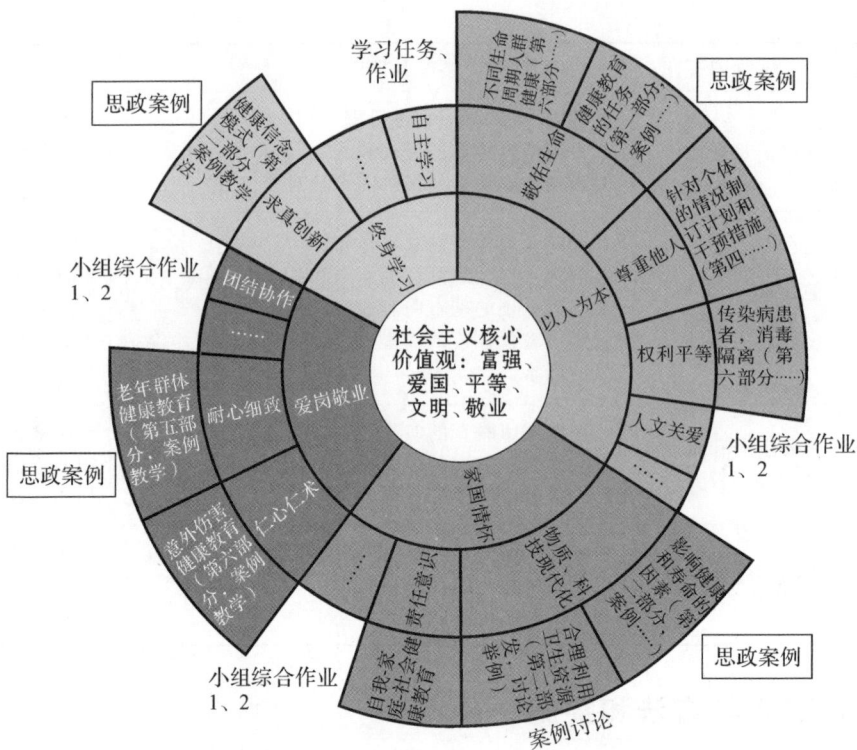

课程德育元素、教学切入点及其实施路径

进一步思考,进一步增强学生的社会责任感和家国情怀。

2.小组综合作业

以讨论、综合作业的形式开展小组学习,通过理论与实践相结合的综合性作业,通过健康教育实践、情景模拟等综合作业,如重要问题(高血压、糖尿病等)的健康教育,学生分别扮演患者、家人和医院护士进行健康教育情景模拟,让学生在学习任务中直接体验和感悟育人元素,在思考中内化知识,培养团结协作和人文关爱等能力及素养。

(四)教学评价

采用三结合评价体系和形成性评价。三结合是指采用教师与学生、学生与学生相结合,线上和线下学习相结合,专业知识和思政元素相结合的评价体系和评价标准。形成性评价体系包括参与讨论、作业成绩、阶段性测验以及期末评定等,注重平时学习和成绩的反馈,以帮助学生增强学习效果。

课程思政教学设计方案

学　　院	医学院	课程名称	健康教育学
授课教师	赵伟英	授课班级	护理学 19 级
授课章节	健康行为		
课程类别	A.公共平台课 **B.专业平台课程** C.专业选修课 D.全校选修课		
教学目标	**一、知识目标** 　能复述行为、健康行为、健康相关行为的概念,能列举促进健康的行为与危害健康的行为的特点,理解健康行为的影响因素,能描述健康相关行为理论模式的主要内容。 　**二、能力目标** 　能对不同个体的健康相关行为进行正确区分,分析健康相关行为背后的原因,能应用合适的理论模式,具有对个体、人群进行健康教育的能力,具有团队合作和自主学习能力。 　**三、素质目标** 　进一步提高健康素养,逐渐养成向家庭、社会进行健康教育的责任意识,树立以人为本的理念,增强职业认同感和家国情怀。		
教学内容	1.行为 (1)行为的概念、分类 (2)人类行为发展的特点和影响因素 2.健康行为与健康相关行为 (1)健康行为与健康相关行为的概念 (2)健康相关行为的主要特点和内容 (3)促进健康的行为 (4)危害健康的行为 3.健康行为的影响因素 (1)个体因素 (2)家庭因素 (3)人际以及社会和物质环境因素 4.健康信念模式 (1)健康信念模式的相关概念、框架发展、实践应用 (2)案例讨论 5.阶段变化理论 (1)阶段变化理论的相关概念、内涵 (2)阶段变化理论在戒烟行为中的应用 6.社会认知理论 (1)社会认知理论的重要概念 (2)在健康教育与健康促进实践中的三元交互决定论 (3)案例讨论		
思政元素	以人为本、责任意识、物质现代化、家国情怀		

教学实施路径	**一、课前自主学习** 1.布置自主学习任务,让学生明确学习目标、自主学习行为的概念、人类行为发展的特点和影响因素。 2.完成课前自主学习任务检测,反馈存在的问题。 **二、课堂教学环节** 1.结合自主学习检测结果,结合案例精讲健康相关行为的主要特点和内在联系,针对健康信念模式、阶段变化理论、社会认知理论等内容,通过案例讨论深化学生对知识的理解,提升认知程度。 2.结合实例启发、拓展学生对促进健康的行为、危害健康的行为的认知。引导学生关注个体健康行为,关注社会。《中国心血管健康和疾病报告2019》指出,我国心血管病患病率处于持续上升阶段。据推算心血管病现患病人数为3.30亿人,其中高血压2.45亿人。农村居民的心血管疾病、冠心病死亡率高于城市居民。面对日益加重的心血管病的疾病负担,一方面强调提高医疗水平,改善医疗质量,另一方面也必须大力开展健康知识普及,强调每个人是自己健康的第一责任人,积极控制行为危险因素,如避免不健康饮食、规律身体活动等。 3.运用健康信念模式、阶段变化理论、社会认知理论等理论模式力所能及地开展健康教育。作为当代大学生、懂医学知识的家庭成员,应该做好自我健康教育,成为家庭健康教育的践行者和倡导者,并由近及远向社会传播健康知识。 **三、课后小组作业** 1.引导学生担当起专业人员的健康教育责任和使命。以小组为单位开展"自我"健康教育,每位学生结合自身体能选择中等强度体育锻炼,并进行运动打卡。 2.选择某一人群(如青少年、中年人、健康老年人、高血压者等),或某一健康问题,或某类健康相关行为,应用健康信念模式、阶段变化理论或社会认知理论等其中一种理论模式,进行健康教育实践。
教学反思与评价	由知识点触发思政案例。在健康行为的影响因素分析中,通过调查周围人群的高血压、慢性病情况,引入思政案例《中国心血管健康和疾病报告2019》。介绍我国心血管病患病率处于持续上升阶段,农村发病率明显高于城市的现状,然后展开社会环境对个体健康行为影响的讨论。在课堂上能感受到学生对此思考而表现出的凝重感,以及在讨论环节中表现出的社会责任意识。学生对课程教学模式评价满意度为97.8%,对教学中融入课程思政元素满意度为97.8%。学生对思政元素的重要性排序依次为人文关爱、责任意识、以人为本、爱岗敬业、家国情怀。 学生从教学环境中习得和养成的价值观显化为具体行为。学生在本学期坚持运动锻炼,完成每周中等强度体育运动打卡任务,其中10月完成度为97.8%,1位学生因脚部受伤未完成5次;11月、12月完成度均为100%。运动形式以跑步为主。在作业任务评价反馈中,虽然学生认为健康教育实践作业的综合性强、难度大,但满意度≥83.0%。 通过对自我、家庭、社会的健康教育实践,在思考中内化知识、在实践中培养团结协作能力和人文关爱素养,由近及远、潜移默化地培养职业道德,也有利于学生树立"以人为本"的理念,增强职业认同感和家国情怀。

课程思政教学设计方案

学　　院	医学院	课程名称	健康教育学
授课教师	郭　靖	授课班级	护理学 19 级
授课章节	健康教育与健康促进计划设计		
课程类别	A.公共平台课　**B.专业平台课程**　C.专业选修课　D.全校选修课		
教学目标	**一、知识目标** 　　能描述健康教育与健康促进计划设计的概念,能列举健康教育与健康促进计划设计的原则,理解其含义,能复述健康教育与健康促进计划设计的基本步骤。 **二、能力目标** 　　能将健康教育与健康促进计划设计的原则应用到实践中,能进行简单的计划设计,尤其是能根据实际拟定计划目标、确定目标人群。 **三、素质目标** 　　能进一步建立、巩固投身健康教育的使命感,逐渐生成为建设"健康中国"贡献力量的专业情怀。		
教学内容	**1.计划设计概念** **2.制订健康教育计划的原则** (1)目标原则 (2)整体性原则 (3)参与性原则 (4)可行性原则 (5)灵活性原则 **3.制订健康教育计划的基本步骤** (1)确定计划目标 (2)确定目标人群 (3)确定干预的内容　三类行为影响因素 (4)确定健康教育干预场所 (5)建立干预框架 (6)确定干预活动 (7)干预活动组织网络与人员队伍建设 (8)确定监测与质量控制计划 (9)制订项目预算		
思政元素	责任意识、 家国情怀		

教学实施路径	**一、课前小组学习** 1.明确学习目标,自主学习健康教育与健康促进计划设计的概念、原则、基本步骤。 2.以小组为单位,初步起草一份关于"流感预防"的健康教育与健康促进计划设计。 **二、课堂教学环节** 1.结合小组作业与课堂当堂测试等精讲健康教育与健康促进计划设计的概念、原则、基本步骤,提升学生的理解层面,深化学生的认知程度。 2.结合实例启发,拓展学生计划设计的思维,并引导学生担当起专业人员的健康教育责任和使命。 **三、课后小组作业** 以小组为单位进一步完善关于"流感预防"的健康教育与健康促进计划设计。
教学反思与评价	**1. 教学反思** 党的十八大以来,党中央把健康置于优先发展的位置。党的十九大进一步强调实施"健康中国"战略,为人民群众提供全方位、全周期健康服务,充分体现了党对人民健康福祉的高度重视和战略部署。护士作为推进"健康中国"建设的中坚力量,"健康教育"能力是必不可少的专业技能,而把健康教育理念落实到日常工作当中,也是护士必备的专业素质。"健康教育学"这门课程,理应承担起专业技能与专业思想两方面的教学任务。 如何更深入地融入思政元素,引导学生结合专业知识展开对于未来职业的思考?思政元素的融入,有时"蜻蜓点水"即可,潜移默化中学生自会领悟,但偶尔安排深入讨论,进行系统引导,并让乐于表达的"00后"学生充分表达自己的观点,也很有必要。 课前布置作业,课堂上引导学生充分讨论,并以偶像级专业人员积极开展健康教育的事例为范例,启发学生,在潜移默化中起到了较好的引导作用。 **2. 教学评价** 评价学生对于专业知识的掌握,通过作业、测试可达到,而评价学生的专业思想、理念,在学生的深入讨论和问卷调查中,也可窥见一二。但更期待的是,他们在未来的职业生涯中,过硬的职业技能和稳固的专业思想的展现。

基础护理学 1

课程性质:专业平台课程　　受益专业:护理学
课程负责老师:潘一楠　　团队老师:陈小萍　周丹丽
项目起止时间:2019 年 11 月至 2021 年 11 月

"基础护理学"在护理专业国家级技能型紧缺人才培养方案中被确定为主干课程之一,属护理专业的核心课程,是临床各专科护理的基础,也是全国护士执业资格考试的重要内容之一,包含护理病人必须具备的护理基本理论、基本知识和基本技能。基础护理学课程具有丰富的科学知识内涵和人文元素,对学生职业道德、职业情感、职业能力、职业素质的培养起到了重要的支撑作用。

一、课程建设目标

(一)课程教学目标

1.具有一般生活护理技术如病区环境管理、病人出入院护理、病人卧位护理、安全护理、病人清洁舒适护理、休息与活动指导等相关基本知识和基本技能,并在操作中应用节力原理。

2.具有预防与控制医院感染相关知识和技能,在操作中严格执行无菌技术原则、消毒隔离原则,具备职业防护的意识与技能。

3.获得满足病人诊断、治疗护理需要的生命体征观察护理、饮食与营养护理、冷热疗法、排泄护理等相关知识和技能。

4.能运用护理知识和技能并按照护理程序的方法为护理对象提供服务,具备观察、分析、解决问题的能力和独立工作的能力。

(二)课程德育目标

1.正确认识护士的自身价值,树立正确的价值观,具有良好的职业道德和职业情感,具有工匠精神。

2. 能够以病人为本,关注其生理、心理及社会需求,树立"以人为本""以病人为中心"的理念,具有同情心、同理心和爱心,在各项操作过程中体现对护理对象的人文关怀,观察并预防意外情况,出现并发症时能及时处理。

3. 具有严谨查对、慎独工作的作风,能有效地沟通与合作,具有良好的心理承受能力、一定的批判性思维能力和终身学习的理念。

二、建设举措

(一)教学思政元素

本课程在建设实施中遵循"以人为本"的原则,坚持科学精神、评判精神、人文精神、工匠精神、慎独精神,提高责任意识,坚守责任岗位,稳定专业思想,并保持高度的看齐意识、团队协作意识,尊重病人、尊重同伴。

(二)本学期教学与思政相融合的内容

1. 医院的环境

物理环境与社会环境,以病人为本注重其舒适与安全,提升责任意识。

2. 常见卧位及体位转移

从病人出发根据其病情变化进行体位安置,注意安全防护。具有评判性思维和奉献精神,不怕苦累,注重团队协作。

3. 无菌技术与隔离

严谨求实,具有匠心精神,能深入思考,不断反思,操作规范,具有慎独精神。

4. 清洁与卫生

能结合病人的情况,进行充分的评估与分析。对特殊病人的观察与护理不能区别对待,具有慎独精神,不怕苦累。

5. 特殊饮食护理

对病人的情况进行充分评估,以人为本进行整体化护理,关注病人病情变化及配合程度,具有评判性思维的能力。

6. 排泄护理

保护病人隐私,体现尊重与关爱,询问需求,执行严格的操作流程,提高责任意识,具有工匠精神。

7. 冷热疗法

因人而异,安全防护,防止病人冻伤与烫伤,注重观察与评估,有慎独精神。

8. 生命体征的测量

科学严谨,观察入微,全面观察,重点评估,以科学的态度进行评判。

9. 常用四种注射法与静脉输液

关爱保护病人,充分了解病人的需求,操作规范,注意无菌原则,观察病人的反应,及时处理意外事件,科学严谨的态度。

10. 临终关怀

以病人与家属为本,善待、尊重、关爱,承担自己的责任,注重团队协作。

教学设计如下表。

序号	内容	课程实施	思政元素
1	医院的环境	1.通过临床实践,拍摄医院环境,分析医院环境的影响因素。 2.访谈住院病人对医院环境的需求,提出完善方案。	以人为本、实事求是、责任意识。
2	常见卧位及体位转移	1.团队讨论,汇总每种卧位的适应证及禁忌证,通过课堂测试、分析及讨论,完善学生的认识。 2.团队协作模拟,通过分析讨论、角色分配,对常见卧位与体位转移内容进行分解,分析要点,利用PPT、情景模拟等方式直观呈现。	科学严谨、大局意识、责任担当、团队协作。
3	无菌技术与隔离	1.无菌技术与隔离原则的精讲与细讲,把握重要原则。 2.团队的讨论及分小组练习,逐一进行考核。	严谨求实、匠心精神、规范慎独。
4	口腔护理	1.案例分析,小组讨论,汇总重点与难点。 2.全面评估,个体化方案设计。 3.分小组真人操作,学生具有实体感,同时书写操作反思,能换位思考。	不怕苦累、责任意识、慎独精神。

续表

序号	内容	课程实施	思政元素
5	鼻饲法	1.温故知新,以团队为单位巩固消化道解剖结构与生理功能。 2.分析插管相关步骤的重点与难点,小组梳理操作步骤。 3.操作结合临床实践,分析插管过程中可能遇到的问题并提出解决方案。 4.拓展与创新:对于插管与固定的方法进行拓展。	评判思维、以人为本、开拓创新。
6	导尿术	1.精讲泌尿系统的解剖结构与正常、异常排尿形态。 2.案例分析异常排尿的护理措施。 3.导尿术的规范操作,逐一进行练习及考核。	隐私保护、尊重关爱、责任担当。
7	全身擦浴	1.案例分析及思考。 2.分析以降温为目的和以清洁为目的的擦浴的区别。 3.实施正确的擦浴方法,反思操作中的重点与难点,完成测试。	关爱保护、责任担当。
8	生命体征测量	1.小组自主学习分析并汇总重点、难点问题。 2.课上讨论解决重点与难点。 3.分小组练习,熟练步骤,准确测量。 4.分析测量结果不正确的原因。	科学严谨、慎独精神、探索求实。
9	静脉输液	1.重点精讲输液液体的种类及适用范围,常见输液的方法。 2.团队探讨输液过程中的无菌原则及提高一次性穿刺成功概率的方法。 3.案例分析常见的输液反应及处理方法。 4.学生实训练习并逐一考核。	科学严谨、匠心精神、批判思维。
10	尸体料理	1.请团队探讨尸体料理的意义以及如何体现对患者的尊重。 2.尸体料理的操作方法示教,让学生体会严谨的作风以及对患者的关爱。 3.以团队为单位收集各个国家与地区的丧葬习俗,尊重地区间的差异性。	尊重善待、以人为本、大局意识。

(三)教学方法的改进

传统的教学方法是以教师为中心讲授,学生进行学习,这样的形式效率虽高,但是对于学生的批判性思维的训练及团队协作能力的锻炼比较欠缺,所以在教学中虽然也有部分理论教学内容,但应给学生更多的参与、思考以及拓展的机会,让他们变被动为主动学习。

其中,常见卧位及体位转移、生命体征的测量及鼻饲饮食以学生的团队协作为基础,中间穿插更多的思考探索性问题,通过团队设计实施完成。

清洁卫生与冷热疗法以学生真人体验为主,在不同角色的转换中体会病人的感受,了解病人的需求。

医院的环境以学生临床实践为基础,通过实景的感受,更加将理论与临床实际相结合,从多维度构建安全、舒适的医院环境。

无菌技术、隔离技术、吸氧技术与吸痰技术以操作实训为主,结合案例,让学生进行评判,有针对性地完成操作步骤的梳理,注重人文关怀。

(四)教学评价

教学评价通过学生的实践反思、团队展示、操作考核评分、案例分析以及情景模拟等形式进行,注重过程中的评价,理论部分仍旧采用期末试卷考核的方式,将理论与实践操作充分融合。

课程思政教学设计方案

学 院	医学院	课程名称	基础护理学 1
授课教师	潘一楠	授课班级	护理学 191、192
授课章节	口腔护理		
课程类别	A. 公共平台课　**B. 专业平台课程**　C. 专业选修课　D. 全校选修课		
教学目标	一、知识目标 能够说出口腔护理的适应证,能够列举常见漱口溶液与口腔护理外用药物。 二、能力目标 能够根据患者不同的病情选择正确的漱口溶液并进行口腔护理。 三、素质目标 能够关心爱护患者,具有同理心,坚持以人为本,关爱生命并促进其健康。		
教学内容	**口腔护理相关基础知识:** 1.健康人口腔中的菌群分布。 2.口腔护理的评估内容。 3.口腔清洁护理的内容(清洁用具、刷牙方法、牙线及义齿的护理)。 **特殊口腔护理的基础知识和技术:** 1.特殊口腔护理的适应证。 2.常见的漱口溶液和外用药物。 3.特殊口腔护理技术(清醒患者和昏迷患者操作时的区别)。		
思政元素	促进健康、 敬佑生命、 仁爱协作		

教学实施 路径	**案例引导** 男性,40岁,右上腹钝器伤。查体:呼吸加快,神志不清,脉搏140次/分,血压70/50mmHg,腹部膨隆,移动性浊音(+),考虑外伤性肝破裂,紧急进行抗休克治疗及急诊手术。 **逐层深入分析** 1.患者的护理等级,说明理由。(根据患者的需求与自主能力,引出患者不能自主完成口腔护理,此时需要专业帮助) 2.患者口腔护理的方式。(应进行特殊口腔护理。同时针对患者处于神志不清状态,能够理解昏迷的患者与清醒患者进行口腔护理时的差异性) **课程精讲** 特殊口腔护理的适应证、目的、操作步骤。 在相关内容讲解时利用图片、题目测试,有效结合临床并与学生分析细节。 **视频操作示范** 观看标准版操作视频,进而让学生自主学习梳理操作步骤。 **团队讨论** 以学生自主梳理的操作流程为基础,开展团队的"头脑风暴",讨论并确定完整的流程、操作中患者可能出现的特殊情况以及应对方法、人文关怀的要点。 **问题拓展** 清醒患者与昏迷患者在特殊口腔护理过程中的差异。 **分组练习** 每两位同学为一个小组,以角色扮演的形式相互进行口腔护理,注意操作流程的细节以及操作体会。 **操作反思** 在进行操作练习之后请学生通过超星学习通,书写操作反思,将操作中的要点、难点和操作体会详细地分析与书写。 **总结** 1.小结学生在操作中的易错点,并强化操作中的核心细节。 2.通过汇总操作反思、汇总词频图来强调操作中的人文关怀这一部分,并引出操作措施改进的思考。 **课后作业** 1.收集临床常见的漱口溶液的类型。 2.拓展气管插管患者的口腔护理要点。
教学反思 与评价	本节课程中最核心的内容是掌握不同情况下患者的口腔护理需求,从是什么、为什么和怎么做几方面开展。授课过程中时刻注意以人为本,借助标准操作视频和同学分组互为患者和操作者的自我体验,发现并预见患者的护理需求,采取积极有效的措施,促进健康。同时坚持以人为本,耐心细致,有同理心,体现对生命的尊重和佑护。小组团队协作进行学习、分析总结,并在特殊情况下实施互助方案,体现仁爱协作。 在学生的操作反思中,提到了角色扮演分组练习的必要性和重要性,提出只有通过亲身感受才能真正体会到患者的需求和感受。他们在操作中的所感所悟也会应用在今后的临床工作中。

课程思政教学设计方案

学　　院	医学院	课程名称	基础护理学 1
授课教师	潘一楠	授课班级	护理学 191、192
授课章节	特殊饮食护理		
课程类别	A.公共平台课　**B.专业平台课程**　C.专业选修课　D.全校选修课		
教学目标	**一、知识目标** 能够理解管喂饮食的概念,可以分辨管喂饮食的适应人群。 **二、能力目标** 能够充分做好插管前的准备,能够完整梳理管喂饮食的流程,正确辨识插管过程中的意外风险并且积极应对。 **三、素质目标** 学生具有同理心,在操作过程中能够给予充分的解释与人文关爱。		
教学内容	1.消化系统的解剖结构和生理功能(温故:结合人体形态学的知识)。 2.胃区听诊以及卧位摆放要点(知新:结合临床操作技术的拓展)。 3.特殊饮食护理的适应证、管喂饮食的方法和注意事项。		
思政元素	促进健康、敬业爱岗、仁爱协作、慎独、科学严谨		
教学实施路径	**线上部分** 1.发布人体吞咽过程视频 通过观看人体吞咽过程视频,请学生分析人体摄食的途径,食物消化、吸收的过程。利用相关脏器生理解剖特征,完成相关讨论与测试,并绘制消化系统解剖图,其目的在于温故而知新,讨论并确定操作相关的知识点。 2.发布鼻饲饮食真人操作视频 请学生以团队为单位探讨鼻饲的步骤、操作中意外突发事件的处理办法,汇总操作中的重点与难点并注重人文关怀内容。 3.文献检索 以"胃管""置管"相关内容为主题,探索常见置胃管失败的原因与置管过程中常见的并发症,汇总相关注意事项。 **线下部分** 1.案例分析 以张先生的案例为基础评判人体进食方式选择的影响因素,根据细节分析张先生目前适合选用的是管喂饮食方法,以此引出哪些情况下需要通过置胃管途径提供营养。 2.流程推进,核心凝练 将课前团队梳理的胃管饮食流程梳理进行总结和反馈,对操作前、操作中、操作后团队梳理流程中的难点进行整理,其中将置胃管前评估、置管长度测量、位置验证、置管应急处理、置管日常护理作为课程精讲与示范的核心。		

教学实施路径	3.主题讨论反馈 通过学生自主进行的正常胃液性状的讨论,判断验证胃管确实在胃内的准确性,并结合临床实际进展。 4.临床探究 通过临床案例引出,胃管验证经过层层把关,但还是防不胜防,会出现异位置胃管的可能,进而引出临床验证的金标准以及特殊人群的防范。 5.学生创新设计 学生脑洞大开,设计置胃管后的固定方式,并通过图片来判断设计是否满足舒适、美观、牢固、安全等要求。 6.思政引入——做有温度的操作 在进入临床实际工作前,同学们会对各种护理技能进行反复的操作以达到标准、规范,其中会借助模拟训练、虚拟仿真等途径,而我们使用的操作模型既是我们的操作工具,也应该成为为病人提供安全护理操作的最佳"战友"。 **总结** 应从全面评估、正确置管、规范操作、评判质疑和人文关怀的角度综合防范,准备第二节课的团队操作练习和课后的文献学习,在实践中积累经验、在实践中循证思考。
教学反思与评价	传统的操作练习学生没有实体感,操作非常机械,而且不能注重人文关怀。通过真实视频与临床的实践,学生能够直观地看到真人插管过程中可能出现的各种情况,可以进行更多的换位思考,有探索精神。对于操作中病人出现的不适都能及时地关注并合理应对,细心观察,敬业爱岗。 通过团队的讨论与研究,自行梳理操作的流程与操作中的人文关怀内容,更好地体现了团队协作精神,操作更加人性化。进行操作练习时,学生具有慎独精神,不怕苦累,不操之过急、应付了事,能保持科学严谨的态度,操作规范,符合要求。 从团队的操作流程梳理来看,学生能更好地将临床实际结合进去,能够考虑到昏迷患者、失语患者的操作特殊性,并且通过对话设计更能够体会到对患者的关爱与整体化护理要求。

人类生命密码的解码和应用

课程性质:全校选修课
课程负责老师:金　欣
团队老师:陈佳玉　刘学红　吴建红　张　衡　陈明敏
项目起止时间:2019 年 3 月至 2021 年 3 月

千百年来,解读生命天书是困扰科学家、哲学家、艺术家乃至每一个有思想的个体的经典问题。随着基因组大数据时代的到来,生命密码逐个被破译。本课程将带领学生了解基因与两性、衰老、健康、法证、社会等之间的关系和其中的奥妙,精选基因研究过程中的经典故事,结合历史和现代实例进行学习。课程内容贴近大学生的日常生活,集趣味性和专业性、科学性和人文性于一体。学生在熟悉基因相关基础和应用的同时,将学会用科学思维解释和辨析社会现象。进一步地,将理论与实践、专业相结合,融会贯通,加深对生命、对人生的理解。

一、课程建设目标

(一)课程教学目标

1.掌握基因的结构特点和人类基因组的组成,熟悉基因表达的原理和相关遗传疾病的发生机制,了解基因组大数据时代及相关领域的应用进展。

2.能利用所学知识对生活中的常见现象进行科学的解释,辨别"伪科学",建立科学的思维方式。

3.引导学生正确认识健康与疾病的关系。

(二)课程德育目标

1.激发学生探索生命奥秘的兴趣,培养学生科学思考的习惯和科学思辨的能力。

2.通过生活案例的引入和讨论,加深对人类生命的理解,培养学生对生命的尊重和关怀。

3.引导学生初步思考先天(基因)与后天(原生家庭和后天努力)的关系,培养学生认识自己、了解自己从而改善自我的能力。

二、建设举措

(一)课程育人的德育元素及对应的教学内容

1.爱人类、爱祖国、爱人民的情怀

对应的教学内容举例:在人类基因结构这一章的学习中,涉及人群基因检测的内容。通过一个世界不同人群基因检测的小视频,使学生认识到每个人身上存在着来自不同地区的 DNA,人与人之间是存在内在联结的,激发其爱人类的情怀;进一步地,引导学生思考:是否因此就要"无国界"? 讨论后再播放第二个小视频,是关于"中国强则中国少年更强"的演说。使学生认识到,祖国是在座青年的母亲,我辈当爱祖国、爱人民、奋发自强。

2.求真求实的科学精神

对应的教学内容有科学知识类的,例如孟德尔遗传规律、摩尔根遗传规律以及中医药研究成果的故事等。以摩尔根的遗传学成就为例。摩尔根原本并不认同孟德尔,但是在实验中却发现孟德尔才是正确的,他立即"黑转粉"完全支持孟德尔的学说,这是实验主义的、不带任何成见的科学精神,值得所有人学习。

教学内容也有辩证性的问题,比如传统中医和现代西医的"冲突"问题。通过我国中医方面的研究成果,引导学生思考,唯有经过实验认证的结果才是科学的,无谓其分类是中医还是西医,帮助学生建立起求真求实的科学精神。此外,还有大量的生活科普,将帮助学生辨别"伪科学",学会在知识掌握的基础上,科学地思辨。

3.和而不同、求同存异的互相尊重精神

就转基因食品、基因与环境的关系等方面的问题设计辩论赛。在辩论赛中使学生认识到不同的观点和论点,思考自己的角度,从中得到成长。学生在辩论中不仅会学习到科学知识,还将体会到和而不同、求同存异的互相尊重精神在今后的生活中非常重要。

4. 以人为本，纳入对生命和历史的思考

这部分相关的教学内容很多，例如精卵识别——生命的诞生；例如在多基因病孤独症的介绍中，引导学生认识到孤独症患者需要的帮助；例如在线粒体与人类这一章中，将学习母亲与我们之间特殊的遗传关系；等等。几乎每一章都将延伸到与生命有关的话题。

5. 引导学生初步思考先天(基因)与后天(原生家庭和后天努力)的关系，培养学生认识自己、了解自己从而改善自我的能力

课程在学习基因知识的基础上，还将学习表观遗传学的部分内容，即基因修饰对基因表达的影响。对于非本专业学生来说，需要知道的是后天经历给一个人的成长带来的影响及其在后代遗传中的影响。联系到学生身心健康，该部分内容的意义在于启发学生思考先天与后天的关系。选择师范类或教育类专业的学生针对这一主题进行调研和讨论，结合自身成长与社会调研，从表观上探讨后天的主观努力以及被动接受对个人成长的影响。进一步地，通过简单的辩论，探讨个人成长的主要影响因素是否主要来自原生家庭，从而启发学生认识自我。教师引导学生思考基因与环境，即先天与后天的影响，同时教师讲授相关的科学研究进展。课后开设讨论区请学生进一步探讨。

(二)教学方法及教学评价的改进方面

1. 充分运用超星学习通等平台，采用线上线下结合授课的方式。线上授课每次都将从多方面实时收集学生的课程反馈，帮助教师更多了解学生的知识盲区或关注点，教师也将迪过线上平台实时向学生反馈自己的观点。线下授课时，则在课堂开放弹幕，课后有主题地设置讨论区。通过上述方法，随时接收学生的反馈，从而调整教学设计，即在保证教学目标的基础上，从学生的角度出发设计教学环节，让师生共享课堂。

2. 教学评价由形成性评价和终结性评价组成。前者强调学生的课程参与情况和实践表现。课程参与情况包括以线上或线下课堂练习的总体成绩为主要依据，参考学生在课堂上的发言、弹幕互动和课堂辩论、讨论的表现等；综合给予优秀(95)、良好(85)、及格(75)的等级评分。实践表现则通过一次主题模型制作或实验项目的开展进行评价。

终结性评价将通过综合大作业的形式进行考核，即任选课程中的某一个知识模块，结合自己的专业或知识基础，以海报形式呈现。作品内容要求包括：课程理论模块＋生活科普(＋科学前沿/专业特色)。这种考核方式兼顾了不同学习背景和学习基础的全校学生，且可以有效体现学生对课程的掌握程度和由此延伸的学习广度及深度。

课程思政教学设计方案

学 院	医学院	课程名称	人类生命密码的解码和应用
授课教师	金 欣	授课班级	全校选修
授课章节	转基因食品的科学		
课程类别	A.公共平台课　B.专业平台课程　C.专业选修课　**D.全校选修课**		
教学目标	**一、知识目标** 知道转基因食品的基本原理。 **二、能力目标** 能够辨别生活中关于转基因食品的谣言。 **三、素质目标** 　通过课堂辩论,懂得从不同角度去分析关于转基因食品产生的争论,不仅学会用科学角度和哲学角度分析大众的争议点,也能够贴近生活实际,体会大众感性认知的关注点,初步培养学生的科普能力。		
教学内容	1.转基因食品的历史。 2.常见转基因食品。 3.转基因食品的基本原理。		
思政元素	和而不同、 科学精神、 互尊互敬、 团队协作		
教学实施路径	1.课前分组辩论正反方。 2.导入:请学生辨别5组食品是否为转基因食品。 3.学生辩论:推行转基因食品是利大于弊吗?赛前投票计算支持率,赛中观众和辩手弹幕互动,赛后再次投票计算支持率,宣布获胜方。 4.教师答疑。 5.学生写线上总结。		
教学反思与评价	本讲选择了一个大众的科学争论,引入了辩论的方式,增加课堂的趣味性、学生的参与度,由此锻炼学生的科学精神、团队协作能力和语言表达能力。学生辩手在这个过程中通过反复思辨,体会到与自己不同的思维方式;学生观众则以弹幕形式全程参与,热烈非常。在期末反馈时,不少学生表示"很喜欢"辩论的形式,印象最深刻的课堂环节之一是辩论赛。 　此外,对于相关专业的学生辩手,教师要求能从原理来进行说明,锻炼其思维转换能力。		

课程思政教学设计方案

学　　　院	医学院	课程名称	人类生命密码的解码和应用
授课教师	金　欣	授课班级	全校选修
授课章节	先天与后天		
课程类别	A.公共平台课　B.专业平台课程　C.专业选修课　**D.全校选修课**		
教学目标	一、知识目标 知道表观遗传学的基本概念。 二、能力目标 能够区分表观遗传学和经典遗传学的差异。 三、素质目标 通过思考先天遗传和后天环境的关系,启发学生接纳自我、认识自我,从而提升自我。培养学生"自尊自爱"精神,知道后天努力的重要性,并因此"由己推人",学会包容他人。		
教学内容	1.表观遗传学的概念。 2.表观遗传学的机制。 3.表观遗传研究举例 出生后遗传:母爱改变后代应激水平。 代代相传:甲基化程度可通过相似的行为进行遗传。 人体研究:幼年经历改变甲基化水平。 4.相关延伸和拓展 药物研发:清洗甲基。 用足够的爱,抚平甲基。		
思政元素	自尊自爱、 开拓进取、 由己推人、 包容、 关爱他人		
教学实施路径	1.学生分享:由教师教育学院的学生分享先天遗传与原生家庭对成长的影响,以及后天努力带来的影响。 2.分组讨论和思考:先天与后天的关系。 3.教师精讲理论。 4.思考:当原生家庭带来创伤时,该如何抚平? 5.师生讨论:后天自身努力与他人关爱将产生的效果。 6.学生线上总结本堂课的收获。		
教学反思与评价	本讲中引用了《哈利·波特》等经典影片中的名言,启发学生了解和接纳自我,在与自己和解的基础上,思考自身努力将带来的效果。学生因此而产生自尊、自爱、开拓进取的信心。 课程中提及"足够的爱"和药物均可以消除基因甲基化修饰的水平,令学生感受到"关爱他人"的重要性。 在下一轮教学中,将增加讨论的比例,与育人元素做更加紧密的结合。		

四、课程思政建设成果

（一）媒体报道

最纯真的鞠躬，最深情的还礼

——一个世纪后的经典重现

2020 年 2 月 23 日，浙江绍兴市中心医院护士长曹玲玲的心头被阵阵暖意包裹着，用她自己的话说是："从业 21 年，遇到了久违的美好。"

曹玲玲是绍兴市中心医院的一名护士长，她的感动来自一个 2 岁的"小病号"。2 月 22 日，小男孩病愈出院，曹玲玲按惯例送病人出门，刚打算挥手告别，小男孩突然回头向她鞠了一躬，曹玲玲立马还礼向他鞠躬。

而这一刻，凑巧被一旁的其他医护人员给拍了下来。这张单纯而美好的照片迅速刷爆了许多人的朋友圈。大家被小男孩"圈粉"，也被护士的还礼打动。还有人翻出了一张百年老照片：时任浙江大学医学院附属第二医院的前身杭州广济医院院长的英国人梅藤更医师查房时，一位小患者彬彬有礼地向梅医师鞠躬，深谙中国礼数的梅医师也深深鞠躬回礼。一个世纪后，经典瞬间在柯桥重现。

有人在朋友圈转发这张照片时留言:这个温馨瞬间,诠释着患者把健康乃至生命都托付给医生的感激,也涌动着医生对病人的尊重和关爱。春天已来,疫情会散,但对医护人员的赞美从未退却。

(曹玲玲系绍兴文理学院 1999 届护理 51 班校友)

"四措并举" 全力培养"仁心仁术"医学生

从 2008 年开始,绍兴文理学院依托综合性大学的学科优势和地方历史文化资源,遵循医学的教育教学规律,坚持"仁术兼修、知行合一",强化医学人文教育,为社会培养了 12000 余名医学人才。近日,全校师生认真学习习近平总书记给在北京大学首钢医院实习的西藏大学医学院学生和北京大学援鄂医疗队全体"90 后"党员的重要回信精神,结合学校实际,高站位、全方位、多举措加强医学教育改革和发展,努力为社会培养更多"仁心仁术"的医学人才。

一是坚持立德树人,切实加强医德教育和人文教育。学校秉持"立德树人"理念,切实加强对医学生的医德教育和人文教育。医学人文教育模式得到教育部临床医学专业认证专家的充分肯定,获绍兴市高等教育优秀成果一等奖。近日学校专门制定出台《绍兴文理学院关于加强"仁心仁术"医学人才培养的若干意见》,要求进一步弘扬"修德求真"的校训和"崇德尚医"的院训精神,积极探索具有医学特色的课程思政;专门成立学校医学人文教育研究中心,在附属医院建设医学人文教育实践基地;精心组织好"业界精英进课堂"活动,融思政教育、专业教育、职业精神培养为一体,推动人文教育和专业教育有机结合;编辑《校友"抗疫"风采录》,组织"抗疫"优秀校友事迹报告团;精心组织"清明节缅怀'无语良师'""5·12 护士节授帽仪式""医学生毕业宣誓仪式"等品牌活动,培养学生"珍爱生命、大医精诚"的救死扶伤精神,将预防疾病、解除病痛和维护群众健康作为自己的神圣职责。

二是强化知行合一，提升医学生的岗位胜任能力。学校高度重视医学生临床思维能力和临床技能的培养，取得了显著成效。临床医学专业毕业生参加全国执业医师考试通过率连续 8 年位居全国医学院校前 20％，2019 年 11 月在浙江省第五届大学生护理竞赛中荣获 3 个一等奖(共 6 个)。2022 年学校将全面实施《绍兴文理学院关于加快推进新时代卓越医学人才培养的若干规定》，提升医学生的岗位胜任能力。一是进一步完善临床医学专业"2.5＋2.5"校院一体化教学改革，实现学生"早临床、多临床、反复临床"；二是积极开展"基础教师下临床、临床教师进课堂"活动，加强"双师双能型"队伍建设；三是以省"十三五"教改项目和省一流课程为抓手，推进和深化 CBL、PBL、翻转课堂等教学模式改革，加强仿真虚拟项目建设与教学，提高教育教学水平；四是成立医教协同办公室，健全与附属医院的医教协同工作机制，在学术资源、实验平台、师资培训和教学改革等方面实行资源共享、互助合作，进一步提高临床教学水平和人才培养质量。

三是突出面向基层，加大全科医学人才培养力度。学校长期坚持"面向基层、服务基层"的方针，为区域卫生健康事业培养了一大批"下得去、用得上、留得住"的医学人才。2022 年将面向基层医疗单位，加大全科医学人才培养力度。(1)适应绍兴卫生事业发展需要，将首次招收 30 名临床医学专业定向培养生，精准对接基层卫生人才需求，加快培养"小病善治，大病善识，重病善转，慢病善管"的全科医学人才；(2)扩大临床医学专业硕士招生数到 75 名，比 2019 年增加 82.9％，通过政策激励引导考生攻读全科医学方向；(3)加强教育引导，促进临床医学毕业生更好地面向基层就业，守护人民的生命健康。

四是加强组织领导，改革创新狠抓落实，争创新业绩。为加强医学教育的改革和发展，学校成立专门领导小组，由分管校领导任组长，宣传部、教务处、医学院负责人任副组长，学生处、研究生处、人文社科处、校团委、马克思主义学院和医学院领导任组员，领导小组办公室设在医学院。学校将把学习贯彻习近平总书记回信精神和贯彻"新医科"内涵建设新要求结合起来，加快医学教育由"以疾病治疗为中心"向"以促进健康为中心"转变，推进以器官—系统为中心的基础医学课程整合，探索基础—临床的深度融合，推动医科与工科、理科等多学科交叉融通，加强信息技术与医学教育融合，重视新医科建设研究。学校将以临床医学专业认证终期验收、护理专业认证、护理学硕士点申报等为抓手，进一步强化专业和学科建设，加强高水平学科带头人和优秀博士的引进，加强"双师双能型"师资队伍建设，努力实现人才培养工作新发展，提升我校医学人才培养的知名度和美誉度，为地方卫生和健康事业做出新贡献。

李兰娟院士、郑树森院士
"特殊回信"勉励绍兴文理学院医学院师生

2020 年 4 月 17 日,绍兴文理学院医学院收到一封来自李兰娟院士和郑树森院士的"特殊回信"——他们写给绍兴文理学院医学院师生的亲笔题词:"仁术兼修知行合一。"

2020 年 3 月初,我院 17 级"卓越医师班"学生给李兰娟院士写信。信中表达了作为家乡医学学子,对李院士奋战一线抗疫精神的崇高敬意。也表达了作为未来医者,将不忘使命,以仁心仁术保卫人民健康的决心。院士夫妇的"回信"在我院师生中引起热烈反响。这已经是李院士第二次给绍兴文理学院医学院"回信",2020 年 3 月,在抗疫一线的李院士对我院教师金欣博士在疫情防控中做出的贡献给予了充分肯定,并勉励更多的高校教师能发挥专业优势,团结合作,为祖国抗疫尽一份力。

医学院党委书记夏瑞明获悉此事后,非常感动。他表示,医学是一门追求至真至善至美的科学,医学教育需要培养医学生追求真理的科学精神,提高医学生悬壶济世的人文情怀,更需要激发医学生心怀家国的责任担当。李兰娟院士和郑树森院士的寄语,对于我们强化立德树人,培养仁心仁术的医学生;面向基层需求,培养胜任力强的全科医生;扎根绍兴大地,培养服务健康绍兴建设的生力军意义重大。

医学院副院长陈三妹表示,李兰娟院士和郑树森院士的题词饱含深情,语重心长,不仅是院士夫妇厚德载医、民生至上的人生写照,更是体现了他们对绍医师生的谆谆教诲和殷切期望。希望每一位绍医师生牢记院士夫妇的嘱托,以院士夫妇为学习的榜样,崇德尚医,追求卓越。

临床医学专业陈家琦同学说,"仁术兼修,知行合一"是李兰娟院士和郑树森院士对我们医学生的深刻勉励,我们应该践行"仁义",掌握"医术",不断"求知",身体"力行"。

临床医学专业宋家瑶同学表示,在前不久写给李兰娟院士的信中,每一位绍医学子都表达了他们对李院士的由衷钦佩和感激之情。崇拜英雄,应不驰于空想,不骛于虚声。成为一名医术精湛、医德高尚、心怀天下、情系群众的好医生将是绍医学子毕生的追求。

临床医学专业屠金卿同学说,"医生",是终身学习的代名词,知,应当尽知,行,应当多行,将知识与实践相统一,将知识运用于实践中,知行合一。现在的我们,或有不足,但勤能补拙,我们必胸有大志、心有大我、行有大德、肩担大任,像李院士和郑院士那样。

护理学专业程潇琦同学表示,作为护理专业的一名学生,只有练就仁心仁术,做一名"有温度"的医者,方能提护理之标准,谋患者之福利。我们会从前辈手中接过南丁格尔的蜡烛,也必将点亮每一位需要我们的人。

临床医学专业朱明了同学说,李兰娟院士的抗疫精神让我明白了爱国不是一腔孤勇,而是众志成城。每个时代都有每个时代的英雄,她无疑就是我心目中的英雄。我愿以李院士为榜样,不辜负身上的使命与肩上的责任,仁术兼修、知行合一,砥砺前行。

学院召开"课程思政"暨教学改革研讨会

2020 年 9 月 19 日下午,绍兴文理学院医学院在 219 会议室召开"课程思政"暨教改课题《培养有温度的医学生——地方综合性高校医学人文教育的实践探索》研讨会。会议由教师发展中心主任刘丽华教授主持,院领导,各系、部主任,学生科、团委负责人参加会议。

会上,柳国庆书记以《培养有温度的医学生——地方综合性高校医学人文教育模式构建和路径探索》教改课题为切入点,从项目背景、主要研究内容、拟解决的关键问题、项目创新、预期成果和效益、工作计划等方面展开,希望通过教改项目的实施,不断总结、凝练、提升,能够做医学特色的"课程思政"。张剑副院长强调要重视课程思政教改课题,要将人文因素融入其中,做出区别于其他院校的绍兴特色。陈三妹副院长认为:医学院开展"课程思政"更有优势,希望全体教师和教辅人员积极投入,开展医学人文特色的"课程思政"。

与会各位领导对医学院校开展"课程思政"的必要性和重要性给予充分肯定,结合本专业、部门的特点交流经验,对项目内容和实施方案提出了宝贵建议。

医学教育的对象是未来的医务工作者,培养"崇德尚医""敬畏生命"的医学生是我们的责任,成为"有温度的医学生"是我们的目标,培养"业精德馨"的高素质医务工作者需要我们共同努力。

学院举行"课程思政"工作推进研讨会

2020 年 10 月 31 日下午,绍兴文理学院医学院举行"课程思政"工作推进研讨会。常务副院长葛建荣,党委副书记金坚强,副院长张剑,各科室、系(部)、中心负责人参加会议。会议由党委书记夏瑞明主持。

首先,学院邀请马克思主义学院院长章越松教授做课程思政专题讲座。章院长围绕如何创新性地实现"思政课程与课程思政同向同行"展开阐述。他从"课程思政"的源起讲起,简要介绍了学校进行"课程思政"改革的过程,重点就如何认识"课程思政"、如何实施"课程思政"和医学院"课程思政"亮点特色怎么做三方面进行展开。他指出,认识"课程思政"需要认识专业课程的育人功能,实施"课程思政"

需要符合教育规律、符合思想政治教育的规律和课堂教学的规律,同时认识"课程思政"还需要在三全育人的总体格局中来定位"课程思政"。在讲到如何实施"课程思政"时,章院长指出,一是要抓"课程思政"的专业队伍即专业教师队伍。二是要注重教书育人、管理育人。三是要注重"课程思政"的方法。最后,章院长指出,医学院要创新性地进行"课程思政"工作,需要在通识教育课层面做文章,开设好医学人文学科课程,要积极凝练"课程思政"元素,围绕学校中心工作,做好专业建设,做好教学建设。

专题讲座后,夏瑞明书记带领全体参会人员学习了习近平在学校思想政治理论课教师座谈会上的讲话。金坚强、俞朝阳、董梁、张巧英四位老师结合自身的工作实际,就医学人文、"课程思政"进行了交流和发言。

夏瑞明书记指出,无论是思政课程还是"课程思政",都离不开以学生为本的理念。结合实际,贴着学生的需求进行思政教育,才是落实立德树人的最好注脚。"课程思政"打通了全员育人的"最后一公里"。他强调,要牢固树立"教书育人"的使命。教师有"教书育人"的使命,每门课程也蕴含了"教书育人"的使命。要把思想政治教育元素和思想政治教育功能融入课堂教学各环节,全力推动以"课程思政"为目标的课堂教学改革,将其作为医学院全体老师的教学目标。要找准、找好课程与德育的结合点,开展"课程思政"教学设计,把价值要素及内涵有机地融入原有的课堂教学中,培育一批思政功能明显的示范专业课程,建立一套"课程思政"育人评价体系,推动"第二课堂""第三课堂"建设,发挥育人功能。医学是科学,也是人学;是技术,也是仁术。要把医学人文与"课程思政"有机结合,要充分挖掘其科学人文精神,重点强化科学素养、创新意识、人文关怀、生命健康和职业素养教育,增加学生的学习乐趣和情感认同,提高其对本专业的认同感和自信心,获得情感教育和人文关怀并提升职业素养,培养有理想、有道德、有温度、有情怀的医学生。

对下一阶段学院"课程思政"工作,夏瑞明书记指出,各支部要开展以"课程思政、党员先行"为主题的创新活动,组织教师党员上含思政元素的党员示范课;要积极做好一师、一课、一表和一案工作,做好评优评奖和编印。

我院成为首批医药院校"课程思政"研究协作组成员单位

2020 年 1 月 10 日至 12 日,"医药院校课程思政改革研讨会暨课程思政研究协作组成立大会"在广州南方医科大学召开。院党委书记夏瑞明,绍兴文理学院医学院党委副书记金坚强,院党委委员、教研科副科长马国庆,院分工会主席温多红,院新医科教育研究所副所长俞朝阳参加会议。

会议期间,与会人员聆听了原上海中医药大学党委书记张智强教授《推进高校课程思政建设的几个问题》、南方医科大学副校长文民刚教授《医药院校"课程思政"改革与实践》、大连医科大学人文学院院长赵名杰教授《医学人文的几个相关问题的探讨》、北京师范大学马克思主义学院副院长熊晓琳教授《思政课程与"课程思政"的若干思考》、原南方医科大学护理学院副院长史瑞芬教授《让医学专业课堂思政飘香》、山西医科大学杨小荣教授《初步探索医学生理学"课程思政"教学体系改革》等专题报告和10位优秀案例获奖者代表的优秀案例分享;观摩了南方医科大学"课程思政"教学研究中心成立仪式和医药院校"课程思政"研究协作组成立仪式;参加了医药院校"课程思政"研究协作组工作会议,绍兴文理学院医学院与南方医科大学等40所医药院校成为首批医药院校课程思政研究协作组成员单位。绍兴文理学院医学院俞朝阳老师申报的"课程思政"案例荣获二等奖,马国庆、谢小燕、张华芳三位老师申报的"课程思政"案例荣获优秀奖,四个案例均被做成壁报进行交流展示。

据悉,组建医药院校"课程思政"研究协作组旨在深入贯彻落实习近平总书记在学校思想政治理论课教师座谈会上的重要讲话精神,凝聚"课程思政"研究力量,探索新时代协同推进医学"课程思政"改革的有效路径。协作组将聚焦医学"课程思政"改革的热点问题,协同开展"课程思政"理论实践研究、教师育德育才能力培训、"课程思政"案例共建共享、改革成果转化推广、构建信息支持平台等活动,探索协同建设德医双修的素质能力培养体系的新机制,不断提升医学人才培养质量,为满足人民的健康需求、助力"健康中国"战略不懈努力。

学院举行新冠肺炎疫情防控期间"课程思政"工作研讨会

2020年2月29日下午,绍兴文理学院医学院召开推进新冠肺炎疫情防控期间"课程思政"工作研讨会议。学院党政领导班子成员,各系部、科室相关负责人参加会议。

张剑副院长强调了在新型冠状病毒肺炎疫情防控期间,有效落实和推进学校"停课不停教""停课不停学"和"停课不停育"的工作要求。他指出,要充分利用这次疫情防控中涌现出来的先进事迹、优秀典型、感人故事等思政育人元素,将"一方有难、八方支援"的家国情怀、团结精神、奉献精神等要素有机融入各门课程之中,提升"课程思政"的实效性,同时就下一步做实做好学院疫情防控期间"课程思政"组织工作进行了详细的布置。

新医科教育研究所俞朝阳老师介绍了医学院课程思政的总体工作方案,他强调要结合医学学科专业特点来开展课程思政。张建华、范光耀、赵伟英、张华芳、谢小燕、吴建红等六位老师分别围绕各自的学科特点就如何开展课程思政工作进行发言。

金坚强副书记指出,各专业课教师要进一步提高站位,把立德树人贯穿于医学教育教学的各个环节,创新教学模式,将德育元素充分融合进医学专业课程中,切实增强"课程思政"的实效性。

夏瑞明书记做总结发言。他指出,医学是科学,也是人学;是技术,也是仁术。

专业教师要精心组织,紧密结合此次疫情防控期间的校友们的"逆行"事例,积极凝练课程思政元素,有机融合进专业课程教学中,打造具有医学院特色和彰显人文精神的"课程思政"体系。要把思想政治教育元素和思想政治教育功能融入课堂教学各环节,在润物细无声中提升学院教师的立德树人水平。夏书记最后指出,要不断探索具有医学特色的课程思政建设规律,多研究、多总结、多出成果,努力营造"课程门门有思政,教师人人讲育人"的良好氛围。

我院组织学生与全国大学生同上一堂疫情防控思政大课

在抗击新冠肺炎疫情取得阶段性胜利的关键时刻,为将高校思想政治理论课的教学优势转化为支持防疫斗争的强大力量,教育部社会科学司与人民网联合组织"全国大学生同上一堂疫情防控思政大课"。

此次"思政大课",解读了以习近平同志为核心的党中央关于疫情防控的战略部署,讲述了"防疫""战疫"一线的感人故事,分析了历史经验和中国智慧。教育部艾四林、秦宣、王炳林、冯秀军四位教授分别从理论认识、制度优势、历史启示、青春责任等方面结合思政课教学内容进行了精彩讲授,有利于进一步引导广大青年学生在疫情防控中增强"四个意识",坚定"四个自信",做到"两个维护"。

护理学 171 班程潇琦说,作为一名护理学专业学生,要不忘初心、牢记使命,全面提升自己的专业素养,做一名有深度、有温度的白衣天使。

医学检验技术 171 班何子懿说,疫情防控期间,全国上下团结奋战,众志成城,我们青年学生是历史传承中的接棒人,作为新一代的青年,作为一名医学生,更要认真学习专业知识,主动承担社会责任,把青春的小我融入祖国的大我!

临床医学 173 班朱明了表示,在疫情面前,举国上下都行动起来了。作为一名医学生要砥砺前行,不忘初心,为社会做出更大的贡献。

医学检验技术 171 班方春霞说,2020 年新型冠状病毒感染的肺炎席卷全球,我们每一个人都应该尽好自己的责任和义务。当今世界是一个命运共同体,更应该是一个"战疫"共同体。让我们共同作战,抗击疫情,为逆行勇士们加油。

康复治疗学 171 班张子晗表示,虽然疫情很严重,但中国人民的抗疫决心坚不可摧。人民群众是抗击疫情的坚固防线,只要人民有信心,抗疫就有力量,控制疫情就指日可待。

临床医学 171 班杨子键说,正如秦宣教授所言,这是一次疫情大考,其中有奋战在一线的白衣天使,有昼夜不眠的科研人员,也有负责后勤保障的普通人。作为当代大学生的我们,要拒绝食用野生动物,保护自己也保护身边的人;作为未来的医务人员,我们可以在村、社做志愿者;我们还要不断巩固自己的基础知识,提升自己的专业素养,为我们更美好的未来而奋斗。

医学影像技术 181 班王柯昕说,疫情防控期间白衣天使选择逆行,治病救人。

作为一名医学生,我不仅要掌握专业技能,更应该增强自身的爱国意识和责任意识,秉承一颗仁爱之心,厚植"大爱无疆,心系苍生"这种伟大的品质,用自己的实际行动去践行"崇德尚医"的院训,在国家需要我们的时候挺身而出,为人民健康保驾护航,做一名真正有仁心仁术的医务工作者。

校领导来我院调研省级标杆院系创建及课程思政教研工作

2021年1月27日上午,绍兴文理学院党委副书记沈赤、副校长陈均土、马克思主义学院院长章越松来医学院调研医学专业"课程思政"教育教学工作。院党委书记夏瑞明、副书记金坚强、新医科教育研究所所长俞朝阳和部分教师代表参加调研。

夏瑞明书记介绍了学院在"课程思政"教研方面所开展的一些工作。他表示,学院各专业围绕"崇德尚医,仁术兼修"的主线,在医学专业特色思政德育元素凝练,构建医学专业思政主导设计理路,创新架构医学人文思政教育等方面开展了探索性的工作。目前医学院有"药理学""医学生物化学B""健康教育学""基础护理学1"等8门"课程思政"建设课程。

学校领导对医学院结合自身专业学科特色,积极探索"课程思政"教育教学的新方法和新路径给予了肯定,并提出在下一阶段,"课程思政"要紧紧围绕教育部关于《高等学校课程思政建设指导纲要》的要求,结合医学类专业课程特点,做实"课程思政"工作,增强课程育人功能,为社会培养卓越的医学人才。

拥抱健康　东浦"红立方"春季义诊献爱心

为弘扬"奉献爱心,处处可为"的东浦志愿精神,提高街道村(居)群众的健康意识和保健能力,2018年3月17日,东浦"红立方"组织开展春季义诊活动。

活动当天,"红立方"邀请到东浦卫生院多名外科、慢性病管理科的医护志愿者提供专业医疗卫生服务。绍兴文理学院医学院的学生志愿者也前来参与志愿服务。志愿者们详细询问了问诊群众的身体情况,为他们测量血糖、血压;对群众提出的健康问题给予详细的解答;针对中老年人春季易发多发病的预防保健知识进行了普及,并现场发放健康资料手册。

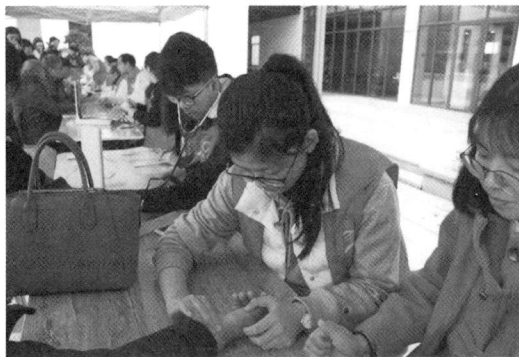

整个义诊活动持续了两个小时,近百名东浦群众进行了免费的血压、血糖测量

和健康咨询,发放健康资料 100 余份。医护志愿者们耐心细致的服务态度,赢得了群众的高度评价,真正让居民感受到家门口的健康服务。医学专业学生的参与更是获得了群众的赞赏和肯定,也充分发挥了东浦特色地校党建联建志愿服务工作。

浙江新闻客户端 2018 年 7 月 15 日图文并茂报道
我院大学生"健康里南行"活动

近日,绍兴文理学院医学院"健康里南行"大学生社会实践服务团又如约来到嵊州里南乡(2019 年撤销贵门乡和里南乡建制,合并设立新的贵门乡)开展实践活动。据悉,服务团由 4 名医学专家和 12 名大学生志愿者组成,他们展开了为期三天的义诊、送药、健康宣教等实践活动。

2018 年 7 月 12 日上午九点,里南乡卫生院里热闹非凡,一早得到消息前来就诊的群众络绎不绝。"医生,我这几天肚子不太舒服,您快帮我看一下……"村民俞大妈急切地说。消化内科主任医师兰梅博士详细询问病情后,给出了合理的建议,并免费赠送了服务团带下乡的药物。"做梦也没想到大博士能到大山里来给我看病,还那么平易近人!"俞大妈揣着药逢人便说。

"医生,我腰背部一直很酸痛……"主治医师郑业虎耐心细致地为村民胡大姐做了检查,"给你开点膏药吧!你要按时贴哦!"胡大姐连声道谢。"真是没想到绍兴大医院的专家年年都能够到这里来,为我们提供免费义诊,让我们足不出户就可以享受到大医院的医疗服务,实在是太感激你了。"胡大姐高兴地拉着专家的手说道。

专家们细心为村民们查体、测血压、普及健康知识,耐心回答村民提出的有关医药保健方面的问题,并提醒村民对常见病、慢性病要及时就医和合理用药,进一步提高村民的自我保健意识。短短一个上午,消化内科、骨科、口腔科和妇科等 4 位专家共义诊 65 人次,免费发放价值 2500 余元的常用药品。

当然,大学生志愿者们也没有闲着,他们在卫生院内开展社会调查,导医、协助体检、测量血压等,接下去他们还将在里南乡进行为期三天的社会实践活动,包括跟随签约服务团队下村开展服务,体验基层医务人员的工作和生活;走访留守老人、儿童;捐献书籍等。

据悉,2018 年是该服务团到里南乡活动的第 21 年。1998 年的夏天,一群来自绍兴文理学院怀揣青春热血的"白衣天使"来到了里南,从此与里南结下了一段 21 年的青春之约。21 年来,绍兴文理学院医学院的大学生志愿者协同附属医院的医疗专家每年组织实践服务团来到里南,利用专业优势服务农村,在里南这片土地上挥洒青春,书写精彩。

(新闻链接:"做梦也没想到 博士能到大山里来给我看病". https://zj. zjol. com. cn/news. html? id=985883&from=singlemessage.)

（二）相关论文

组织学与胚胎学课程思政教学探讨

刘学红　张　泳　吴建红　金　欣　张　衡

（绍兴文理学院医学院组织学与胚胎学教研室，浙江绍兴　312000）

课程思政以课程为载体，以思政教育为灵魂，将高校思想政治教育融入专业课程教学改革各环节、各方面，通过学科渗透的方式达到思想政治教育的目的，营造以文养人、以德育人环境，实现潜移默化的立德树人，引领学生树立正确的人生观、价值观和世界观，培养具有强烈社会责任感、爱国、自信、敬业和高尚职业道德的新时代高素质人才[1-2]。习近平总书记强调高校思想政治工作关系着高校"培养什么样的人、如何培养"；要坚持把立德树人作为中心环节，把思想政治工作贯穿教育教学全过程，推进教育改革[3-4]。教育部明确提出以立德树人为根本，以理想信念教育为核心，以社会主义核心价值观为引领，以全面提高人才培养能力为关键，大力推动以"课程思政"为目标的课堂教学改革[5-6]。课程思政是当代高校开展思想政治工作的新理念、新模式，其核心是挖掘不同学科和专业课程的思政元素，把思政教育贯穿专业课程教育教学全程，建立有机统一培养学生的课程体系，形成全学科、全方位、全功效的思想政治教育课程体系，实现全程育人、全方位育人[7-8]。

1. 强化组织学与胚胎学课程思政教学目标

"组织学与胚胎学"是一门医学基础主干课程，是研究正常人体组织微细结构以及受精卵发育为新生个体相关机理及功能的学科。组织学与胚胎学知识体系是学生今后学习病理学、药理学、生理学、产科学等课程的基础。本课程的育人目标是培养学生严谨的科学态度、实事求是的科学作风和严密的科学方法；培养学生的形象思维能力、空间想象能力、自学能力、观察能力、综合分析能力、描述表达能力、批判性思维能力、创造思维能力和创新能力等；培养学生良好的职业道德，立志献身医学事业的精神。经过200多年的发展，科学、人文及社会知识在这门课程里得到了充分融合，爱国主义和人文精神蕴藏在组织学与胚胎学的发展历程中，字里行间凸显出人文气息。从显微镜的问世、形态技术的革新、组织形态结构到受精卵的发育、器官的形成与演变，都蕴含大量的思政育人元素。吃透专业知识，找到切入点，深入挖掘与专业知识密切相关的思政元素，以核心价值观为引领，让专业课透出人文味道，是上好这门课的关键。

2. 挖掘组织学与胚胎学课程思政元素案例

课程思政元素的选取是课程思政开展成败的关键环节。结合专业知识体系，合理深入挖掘课程思政元素,才能保障课程思政顺利开展,有效达到隐性思政教育的目标。要实现这一点,必须做到思政元素根植于专业知识,由专业知识延伸,并和专业知识无缝衔接,融为一体,而不是浮于表面。在长期的教学实践过程中,教研室教师逐渐摸索出一些行之有效的思政教学案例。

2.1 课程蕴含的思政元素

教研室教师依据"爱国、敬业、诚信、友善的社会主义核心价值观",立足于组织学与胚胎学专业知识,深入分析组织学与胚胎学课程各章节知识点所蕴含的思政元素,挖掘出的思政元素有:敬业、奉献、严谨、求实、创新,团结友爱、互帮互助、医者仁心的社会主义医学职业精神和忠于职守、克己奉公、自觉报效祖国的爱国主义精神。

2.2 课程蕴含的思政元素与专业知识的融合衔接

精选有效教学案例是成功开展课程思政的关键。教研室坚持课程思政教学案例少而精、辐射面广,思政元素与专业知识无缝衔接的原则,引领学生树立正确的人生观、价值观和世界观,激发学生的爱国奉献精神,培养学生的科学人文素养和社会主义职业精神。

案例1:绪论部分融入敬业、奉献、严谨、求实、创新和爱国主义等思政元素。通过组织学与胚胎学的发展简史,在向学生介绍知识的同时,我们可以通过影像、图片及学生团队学习方式等展示老一辈科学家们对科研事业的敬业、奉献、不断创新和爱国精神。通过 H-E 染色法这一简单常用的实验步骤演示,使学生明白做事要严谨、求实,否则就无法得到好的实验结果。

案例2:在课程的上皮组织部分融入团结友爱、互帮互助、敬业等思政元素。通过上皮细胞的形态结构及细胞间的连接有效保护机体,阻挡95%以上的细菌、病毒等微生物的入侵,使学生明白团结友爱、互帮互助在生活学习中的重要性,小到家庭、单位,大到国家、世界都需要团结友爱这种精神。通过学习纤毛的分布部位及其作用,通过播放慢性支气管炎患者咳痰困难、慢性输卵管炎的患者不易正常受孕等小视频,使学生明白我们每个人都是集体中的一员,我们要恪尽职守,不管是当下,还是在今后的行医道路上,我们都须踏实进取,德才兼备,在人生道路上站好每班岗。

案例3:在课程的结缔组织部分融入爱国主义思政元素。介绍分子筛的分子构成和分子筛在基质中可以阻挡细胞及大分子物质的移动,当分子筛的核心骨架透明质酸受到破坏时,分子筛就会崩解,就会失去功能,使学生明白我们美好的生活是在党的领导下实现的,中国共产党就是全国人民的核心,我们要时刻牢记跟党走、拥护党,培养学生维护祖国统一、自觉报效祖国的爱国精神。

案例4:在循环系统知识点教学中融入团结、敬业、奉公的思政元素。心脏传导系统由窦房结、房室结、房室束及其各级分支组成。正常情况下窦房结是心脏兴奋的起搏点,通过房室结、房室束及其各级分支的协同作用,引起心脏细胞兴奋,维持心脏的收缩搏动。如果这个传导系统出现了问题,心脏就会出现病症。告诫学生心脏好比国家,我们每个人都好比是一个心肌细胞,窦房结好比是国家的党中央,房室结、房室束及其各级分支就如同各级党组织。各级党组织必须自觉服从党中央的领导,团结一致,同步进退,这样国家才能健康发展,民众才能团结一心。培养学生忠于职守、克己奉公的社会主义职业精神。

案例5:在课程的胚胎总论部分融入仁道、博爱、担当和医者仁心等思政元素。通过视频播放、PPT讲解和学生情景模拟等教学手段,以受精及胚胎形成的过程来说明生命来之不易,每个生命都是经历重重磨难、历经各种严格考验才来到了人世间的。使学生明白生命价值,要学会尊重生命,敬畏生命,既不能剥夺践踏他人生命,也不能自我放弃生命,在今后的行医道路上,要有仁道、博爱、担当的责任意识,要做到医者仁心,培养学生的医学职业精神。

3. 构建三位一体的组织学与胚胎学课程思政教学体系

3.1 加强师资队伍思政培训,提升专业教师的思政水平

课堂教学是大学立德树人的主渠道、主阵地,教师队伍是"课程思政"实施的主体,专业教师的道德、文化以及能力水平直接制约着课程思政的实效性[9]。提升专业课教师的思想政治素质、思政教育意识与能力是课程思政教学质量的关键[4]。医学院校教师虽然经过长期医学专业知识和技能训练,但常常缺乏规范的教学方法及思政育人能力培训,思政意识普遍较受过专业思政教育的思政课老师薄弱,尤其在课程思政元素挖掘及思政教学能力方面亟须提高,以满足课程思政全面、高效开展的需要。本教研室教师75%以上是中共党员,教研室主任是校师德标兵、基础医学党支部书记,一位教师是基础医学党支部宣传委员,这为本门课程思政教学打下了坚实基础。本教研室把课程思政纳入党支部的日常学习活动中,通过党支部"三会一课"制,围绕学院核心工作把政治学习和业务需求结合起来,充分发挥支部党员的智慧,深挖专业知识蕴含的思政育人元素,以理论学习促进教育教学工作。教研室每周例会针对选定的知识点开展集体备课,集思广益,反复推敲,形成课程思政案例。

3.2 开展具有鲜明教育主题的第二课堂,将德育元素与知识元素完美融合

挖掘专业知识背后蕴含的思政元素,教师不仅须具有雄厚的专业知识与技能,还须具有较好的政治理论知识和丰富的社会阅历。教师只有深入其中,心灵得到感应,思政元素和专业知识才能有机融合,才能达到隐性育人的目标。本教研室通过"与临床科室结对子""邀请马克思主义学院专家指导""吸纳市疾病控制中心、妇幼保健院资深专家加入教学""支部书记讲党课""临床医学专业思想教育""实验室安全教育""清明扫墓""社区义诊""孤儿院探望",以及参观周恩来祖居、鲁迅故里、秋瑾故居、校史馆等具有鲜明主题的教育活动来加强师生政治理论学习,丰富社会

阅历,引起师生共鸣,点亮师生心中德才兼备、精医尚德、敬畏生命的明灯,使其永不磨灭、越照越明。

3.3　通过线上线下,完善课程思政教学评价体系

超星学习通、雨课堂是本教研室开展组织学与胚胎学线上教学的主阵地,把与本课程相关的诺贝尔奖获得者和我国组织学与胚胎学老一辈科学家的研究历程,"天使之心""海豹肢"等科普文章作为资料通过微信、QQ传阅,或导入学习平台,设定学生阅读时间段,学生必须在规定时间内阅读才能加入后面的团队学习。"组织学与胚胎学"这门课程要开展3次团队学习,团队学习成绩占课程总成绩的10%。在团队学习的课堂上,学生围绕主题,研讨专业知识,汇报学习体会,通过团队内的研讨、团队间的辩论,将思政元素和专业知识有机融合,使学生在掌握专业知识的同时,也领悟了医学人文的精髓,从而达到课程思政育人于无形的隐性教育目标。

教研室主任每学期主持召开1～2次本门课程学生交流会,班长、学习委员、课代表、普通学生代表和任课教师一起参与交流,通过交流会和对学生问卷调查了解学生对本门课程的学习需求和课程思政教学实施的效果。对临床医学120位学生开展问卷调查(表1),收回有效调查问卷108份。经分析,95%的学生认为本课程开展的课程思政达到了隐性教育的预期目标,有助于培养他们的人文情怀、医学职业精神;87.5%的学生认为课程思政的开展对他们未来求学、工作等有一定影响;90%的学生认为教师的教学手段丰富,方法得当,学生容易接受;15%的学生建议老师进一步丰富网络资源或课前一周通过微信推送方式发布专业知识相关的名人、科技及生活科普信息。教研室通过上述方式及时掌握学生学习、生活及感情中存在的问题并给予帮助,做学生的贴心人,用真情感化学生,用严谨的工作态度对待学生,培养学生真诚友爱,对工作一丝不苟、乐于奉献的精神。

表1　"组织学与胚胎学"课程思政教学实施效果的问卷调查

调查内容	A	B	C	D	E
学院各级领导、任课老师都非常重视课程思政教学					
案例选取合理,实现思政元素与专业知识有机融合					
教师教学手段丰富,方法得当,学生容易接受					
有助于培养学生人文情怀、医学职业精神					
对学生未来求学、工作等有一定影响					
达到隐性教育的预期目标					
为更好开展本课程思政教学,请给出您的意见和建议:					

A:完全认同;B:认同;C:较认同;D:不认同;E:完全不认同

"组织学与胚胎学"课程充分融合了科学、人文及社会知识,蕴含丰富的爱国主义、职业道德和人文精神。课程思政融入"组织学与胚胎学"课程教学,符合精医尚德的教育宗旨,满足大医精诚的医学人才培养模式,有利于引领医学生树立正确的人生观、价值观和世界观,把医学的精神和文化传承给学生,把思想政治教育和人文精神的培养有机结合在一起,实现全方位、全实效的思政育人体系。在当今医学高等教育"大思政"格局下,高校课程思政教学尚处于起步阶段,在课程思政教学内容、方式、途径、师资队伍及考核评价机制等方面都有待深入研究。

参考文献

[1]魏其艳,刘欣,陈智."课程思政"背景下大学生意识形态教育的探索与实践——以高校所处区域历史名人为榜样的教育[J].高教学刊,2019(15):157-158,161.

[2]段丽芳,李鑫,张晓芹,等.病理生理学教学中课程思政探讨[J].卫生职业教育,2019,37(15):81-82.

[3]彭艳,朱丹,罗涛,等.《临床医学导论》教学中"课程思政"的探索与实践[J].继续医学教育,2019,33(6):15-17.

[4]张云静,吴虹,吴欢,等."课程思政"融入《药物分析》教学的认识与探讨[J].广州化工,2019,47(15):197-199.

[5]教育部、卫生部关于加强医学教育工作提高医学教育质量的若干意见(教高〔2009〕4号),http://www.gov.cn/gongbao/content/2009/content_1371356.htm.

[6]中共教育部党组关于印发《高校思想政治工作质量提升工程实施纲要》的通知(教党〔2017〕62号),http://www.moe.gov.cn/srcsite/A12/s7060/201712/t20171206_320698.html.

[7]马晶,包玉颖.医学伦理学课程思政教学改革与实践[J].南京中医药大学学报:社会科学版,2019,20(2):132-135.

[8]陈红梅,蔺美玲,张伟,等.医学生理学"课程思政"教学体系改革探析[J].医学教育研究与实践,2019,27(6):1051-1054.

[9]徐启江,周波,闫海芳."分子生物学"课程思政教学探索[J].黑龙江教育:高教研究与评估,2019,(11):15-18.

(原载《解剖学杂志》2020年第43卷第4期)

课程思政融入医学细胞生物学教学的探索与实践

刘学红　张　衡　吴建红

（绍兴文理学院医学院，浙江绍兴　312000）

医学高等教育的目标是培养一批为人类健康保驾护航的医学栋梁之材。医学高等教育工作者承担着党和人民赋予的特殊责任和使命。从古至今，无论是祖国医学还是西方医学，对一名医生的首要要求是"德"。具备良好的道德情操是医学生成长为一名合格医生的前提，更是成为一名优秀医务工作者的必备条件[1]。随着时代的发展，高校的思政教育也步入新时代。习近平总书记在 2016 年 12 月的全国高校思想政治工作会议上强调"高校思想政治工作关系高校培养什么样的人、如何培养人以及为谁培养人这个根本问题"。为解决高校思政教育与专业教学脱节问题，实现全员、全程、全方位育人目标，"课程思政"应运而生[2]。在大思政教育格局下，各级教育和卫生健康主管部门积极行动起来，医学高校更是首先推行思政课程和课程思政两者协调发展、相互补充，把思政教育推向一个新高度。

1. 医学细胞生物学开展课程思政的合理性

医学细胞生物学作为一门生命科学的新兴前沿学科，是细胞生物学在医学领域的渗透和应用，是现代基础医学教育的五大支柱课程之一，是组织学与胚胎学、生物化学、病理学、药理学等多门医学基础课程的基础。医学细胞生物学学科的快速发展浓缩了一代代科学家不畏艰难、不怕牺牲去探索生命科学未知领域的励志故事。医学细胞生物学的知识体系凝练了一个个生动的、发人深省的真人真事，正是最好的课程思政教育素材。根据高等医学教育课程设置规律，"医学细胞生物学"课程一般开设在新生入学第一学期，这个时期也是学生学习阶段的转型过渡期。一方面学生对大学的学习充满期待和对知识充满渴求；另一方面学生也存在对大学课程学习的不适应，继而产生厌学情绪和对未来的迷茫。这个时期开展医学细胞生物学课程思政能引导学生快速适应大学学习，坚定不怕困难、刻苦钻研的信念，增强学生自信心，树立远大目标。

2. 医学细胞生物学课程思政教学设计

习近平总书记在 2019 年 3 月 18 日学校思想政治理论课教师座谈会上发表重要讲话时指出，要"坚持显性教育和隐性教育相统一，挖掘其他课程和教学方式中蕴含的思想政治教育资源，实现全员、全程、全方位育人"。2017 年学校开始启动思政元素进课堂，专业课教师和思政课教师间开展思想大交流，围绕"爱国、敬业、诚信、友善"的社会主义核心价值观，挖掘每门课程专业知识蕴含的思政元素，积极开展专业课课程思政教学设计。

医学细胞生物学课程思政设计体现在以专业知识为载体、思政元素为灵魂的设计理念,在传授专业知识的同时,潜移默化地实现思想政治教育,达到隐性教育的目标。本课程教材选用人民卫生出版社出版、陈誉华主编的第 5 版《医学细胞生物学》。教材内容丰富,分细胞生物学概论、细胞的结构与功能、细胞的社会性、细胞的基本生命活动和干细胞与细胞工程 5 篇,共 18 章,但本课程仅有 28 学时,其中理论课 20 学时,实验课 8 学时。"捉襟见肘"的学时数,促使教师必须在知识结构上进行取舍,在保障专业知识传授的同时达到思政教育目标。整个课程设计历时 3 个月,经历了调研交流、思政元素挖掘和多方求证、实时更新 3 个阶段。第一阶段调研交流。通过召开高年级学生座谈会、授课学生座谈会等,掌握学生所想、所需及其兴趣点。第二阶段思政元素挖掘。围绕课程思政教育目标,依据专业知识,结合学生思想教育及认知需求,挖掘专业知识中蕴含的思政元素。第三阶段多方求证、实时更新。把专业知识结合的思政元素展现给学生、教研室教师、专业思政课教师、临床相关专业医生、行政人员等,听取他们的意见和建议,结合时事政治,及时更新,逐步完善。

3. 医学细胞生物学课程思政教学案例

将思政教育合理引入医学细胞生物学课程教学的各环节,精选有效教学案例是成功开展课程思政的关键。教学案例尽量做到少而精,辐射面广。思政元素要与专业知识无缝衔接,使学生在学习专业知识的同时,了解我国科学家不畏艰险、开拓进取、百折不挠、淡泊名利、为国为民的献身精神和在医学细胞生物学领域做出的重大贡献,通过"爱国、敬业、诚信、友善"的社会主义核心价值观引领学生树立正确的人生观、价值观和世界观,激发学生的民族自豪感、文化自信和爱国奉献精神,培养学生的人文情怀、科学精神和学术素养[3]。例如:在绪论部分,学习 DNA、RNA 和蛋白质时,联系到 1965 年国内科学家在极端困难的条件下,通过努力成功合成了世界上第一个具有生物活性的蛋白质——牛胰岛素。在学习细胞的协同运输时,顺带引出政府近年倡导的"一带一路"。在学习溶酶体与疾病——硅肺时,引出病毒性肺炎及身边的"白衣天使"逆流而上、抗击新冠肺炎疫情的催人泪下的英雄事迹。学习细胞骨架时,联系肌萎缩性侧索硬化症(渐冻症),引入武汉金银潭医院院长张定宇不顾自己身患渐冻症,舍小家顾大家,克服种种困难,坚守抗疫前线的先进事迹。在学习染色体时,引入华裔科学家蒋有兴发现人类二倍体细胞的 46 条染色体,开创了人类细胞遗传学的科学史。在学习基因知识时,引发学生讨论"CRISPR 编辑基因的双胞胎女婴"和"克隆羊多莉"等社会热点问题。在学习信号转导与药物研发时,引入诺贝尔生理学或医学奖获得者、药学家屠呦呦发现青蒿素的事迹。通过一个个发人深省的课程思政教学案例,借助 QQ、微信及学习通教学网站等,将专业知识与思政元素有机融合,通过线上线下教学模式,激发学生的学习兴趣,引导学生成长成才,达到隐性思政教育目标。

4.医学细胞生物学课程思政反思

课程思政能否达到预期效果,关键是教师。首先,教师要不断加强思想政治理论学习,通过与思想政治专业课教师结对、党支部理论学习等方式提高自身思想政治理论水平;其次,教研室定期召开业务组会和组织教师参加国内专题学术会议,通过收集、挖掘杰出校友及身边师生的先进事迹,深入研讨,不断完善教学内容和教学方法等,使学生在思想认识上产生共鸣;最后,教研室定期组织召开学生座谈会,听取学生的教学反馈,及时调整课程思政的授课内容。

医学细胞生物学课程思政在临床医学专业已顺利开展两轮,240多名学生参与了学习。从学生学习表现来看,学生课前准备充分,课堂教学参与度较前明显提高,课后与老师交流问题的明显增多,问题的广度和深度都明显提高。本课程从2012年开始实施团队学习[4],在所有章节中抽出3个章节开展以团队学习为主的翻转课堂,这两轮学生团队合作能力也明显增强,学生能充分利用互联网扩充知识。翻转课堂的学生授课由原来的抽签决定转变成各组学生争先上台,营造出你追我赶、奋发图强的课堂学习氛围。从学生行为表现来看,学生遇到老师由躲避转变为主动热情打招呼,课间学生主动给老师的茶杯续水,学生遇到困难时由首先求助家长和同学转变为向老师求助等。取得上述良好的教育教学新局面,与近年国家实施的大思政格局下的思政教育分不开,不仅仅是医学细胞生物学课程思政所取得的全部成果。医学细胞生物学课程思政只是国家实施大思政教育教学这一宏伟工程中的一颗小小螺丝钉,教师和学生在教与学的过程中都充分发挥了锲而不舍的螺丝钉精神。

教师应牢记教育家叶圣陶先生的至理名言:"教学有法,教无定法,贵在得法。"在教学过程中要根据实际的教学内容、教学环境和教学对象开展课程思政,不断总结经验,课程思政定能实现润物细无声地将学术资源转化为育人资源的隐性教育目标。

参考文献

[1]陈琳,徐志鹏,季旻珺,等."人体寄生虫学"课程思政的实践与思考[J].中国血吸虫病防治杂志,2019,31(4):431-433.

[2]游跃."课程思政"的现实根源与理论基础研究[J].福建医科大学学报(社会科学版),2019,22(2):7-10.

[3]徐启江,周波,闫海芳."分子生物学"课程思政教学探索[J].黑龙江教育,2019(11):15-18

[4]刘学红,张泳,吴建红,等."医学细胞生物学"课程学习团队建设实践[J].中华医学教育探索杂志,2015,14(9):923-925.

(原载《卫生职业教育》2020年第38卷第23期)

论医学专业"课程思政"中的载体创新

俞朝阳¹　　夏瑞明²

(1.绍兴文理学院医学院基础医学部药理学教研室,浙江绍兴　312000;

2.绍兴文理学院医学院党委书记,浙江绍兴　312000)

大学专业课程中融入思想政治教育,是构建全员、全程、全课程育人的"大思政"格局,将各类课程与思想政治理论课同向同行,形成协同效应,把"立德树人"作为教育根本任务深入展开,坚持育人导向[1]。重要责任在于价值引领,促进学生思想政治素质提升。但在现实中,特别是高等医学院校专业课程与思想政治课程"油与水"现象一直存在,比较生硬,如有些教师在传授专业知识之前机械地"贴标签",强调一些时事政治内容;有些教师还处于无意识的育人状态,蜻蜓点水,尚未达到应有的效果;有些教师甚至还有些抵触情绪,认为科研和医学专业教学是自己的本职工作,而育人工作是思想政治课教师的分内工作,使得"课程思政"明显薄弱,全课程育人理念还没有完全树立起来。其实,没有德育支撑的知识与技能传授,对社会可能会是一把双刃剑。正如北京大学的钱理群教授指出的:"我们一些大学,包括北京大学,正在培养'精致利己主义者'。"[2]因此,根据专业课程的特点如何创设载体的形式,恰当地融入思想政治元素去感染学生,如何与思想政治课程同向同行,将"精致的利己主义者"培养成全方位发展的,对社会和他人有益的利他主义者,值得研究。

1.专业课程开展"课程思政"的重要意义

育人之本,在于立德铸魂。每一位高等医学院校教师在专业课程中都需要创设一些合适的载体与思想政治教育有机地结合起来,润物无声地把思想政治的育人元素之"盐"融入专业课程之"汤"里[3],避免以机械的道德输出以及简单的价值传递去直接教导学生,让医学生在各类课程的学习过程中自然地受到情景感染,从而潜移默化地提高自身的思想境界、政治觉悟、道德和文化修养,实现医学生的自由全面发展。

赫尔巴特认为教学如果没有进行道德教育,只是一种没有目的的手段[4]。"润物无声"的教育体验,源于学生的心理设防,是为了隐藏教育意图,教育者精巧设计的教学情景或手段。卢梭曾说:"最好教育就是无所作为的教育,受教育者看不到教育的发生,却实实在在地影响他们的心灵,帮助他们发挥潜能。"这里的无所作为是表象的无所作为,他要求教育者在表象背后,进行精妙的构思、精巧的设计,无痕的传授[5]。国务院在《关于进一步加强和改进大学生思想政治教育的意见》[6]中提出:要把思想政治教育融入大学生专业课学习的各个环节,要深入挖掘各类课程的思想政治教育元素,在传授专业知识的过程中加强大学生的思想政治教育。

2. 医学专业"课程思政"中创设合适载体

医学专业"课程思政"是指在高等医学院校专业课程教学中以专业知识技能为依托,加强大学生思想政治教育,在传授医学知识和技能的过程中强调主流价值引领,促进医学生的全面成长成才。通过挖掘医学专业各门课程中蕴含的潜在思想政治教育资源,不断发掘各门课程隐性渗透、立德树人的效能,深化"课程思政",从而营造良好的思想政治教育氛围。基于医学专业课程视角下"课程思政"的科学设计,还需要通过医学专业课程中情景创设和载体创新去发掘育人元素,将深藏于医疗事故、新药发现、老药新用、临床案例、核心问题之下的思想境界、精神内涵与价值意义挖掘出来去感染学生,使医学专业知识增添思想和哲理的光芒,更使拥有医学知识的学生具有家国情怀和价值追求,成为祖国真正需要的医学人才。

2.1 以医疗事故为载体,将育人元素融入事故和相关医学专业知识之中

医疗事故,包括医源性疾病、药源性疾病等,是医学专业"课程思政"的重要载体资源库。事故原因主要是医生和患者双方的误会导致诊疗错误;医生对待病人的态度不够专心或忙中出错;医学专业基础知识不够扎实或理念没有达到最新诊疗水平如多学科联合诊治的精准治疗,继而导致最佳诊疗措施得不到落实;等等。以医疗事故为载体,从错误中学习,启发学生对医疗事故中的医生角色进行换位思考,唤起学生的换位体验,激发认知冲突,唤醒责任与担当;启发学生与医疗事故中的病人角色进行换位思考,使学生对病人更具有同理心,提高"共情能力"[7]和交流与沟通能力。这既能弥补医学专业知识之不足,也有利于人文精神的渗透,对于阻止过高的医患纠纷上升态势有一定作用。医疗事故或死因分析资源,在附属医院中比较常见,在"医教协同"[8]背景下,容易获得病历或案例资料,尤其要将医疗事故鉴定委员会最终给出的确认意见和有关医生的申诉理由加以分析比较,通过运用专业知识去判断和校准医疗事故中的基础与临床脱节等诸多失误,将敬业、奉献、严谨、科学等价值观浸染、渗透在理性分析之中,以吸取惨痛教训。

医疗事故可以演化为多种情景,学生通过换位思考和角色体验之后,更容易使一些与医学专业相关的价值观念感染或植根于学生的内心,如基础与临床相融合、遵守国家相关的法律法规等。教师依托情景的相关医学专业知识重点或难点的讨论或讲解,会更加生动有趣,在阐述医学知识背后的逻辑时,又能深层挖掘精神、价值、思想、艺术和哲学领域,就像给清唱的歌者加上音乐伴奏或音乐电视(MTV)一样。

2.2 以新药发现为载体穿插相关专业知识并隐性渗透育人元素

新药发现是医学和药学教育中的重要载体资源库。众所周知,青霉素是英国科学家弗莱明发现的。但青霉素是怎样被发现的?以这个研发的过程为载体,易激发学生的科研兴趣,使其愿意进行研究性的学习。首先在实验中发现一个基本

事实:在培养皿靠近青霉菌的周边出现一个空白带,距离青霉菌越远金黄色葡萄球菌的菌落越多。也许一般的科研人员对这一现象容易疏忽,但是弗莱明却在思考可能的原因:是青霉菌的直接作用还是青霉菌释放一种化学物质后的间接作用?是培养皿本身有其他细菌污染还是夜间空气污染造成的呢?于是,在问题引导下,弗莱明既查文献,又做实验,检测后的结果证实,空白带中存在一种化学物质而不是青霉菌,说明间接作用假设成立。接着他进一步思考,这种化学物质有什么性质?与青霉菌有什么关系?可否用于临床?杀菌作用的机制是什么?这种化学物质可否人工合成?有哪些不良反应?……半个多世纪以来,青霉素为人类做出巨大贡献,青霉素以及人工半合成的青霉素类药物至今还在临床应用,弗莱明和弗洛里、钱恩三人,于1945年同获诺贝尔生理学或医学奖。

更为值得重视的是挖掘深藏于青霉素发现过程中科学研究的思想方法和精神内涵。即从基本事实出发,大胆猜测可能的原因是什么(假设),还需要阅读相关文献或者还需要做哪些实验来肯定或排除假设等。这种尊重基本事实的科学研究方法和好奇、兴趣的精神内涵培养了大批敬业奉献、严谨科学、求真务实的医科大学生和研究生。这种以问题为导向的假设推理方法、实验研究的方法,在高等医学院校中科研育人,更使学生终身受用。

2.3 以案例为载体穿插相关专业知识并隐性渗透育人元素

大量的临床诊疗案例可以穿插在专业知识之中,是医学教育中的重要载体资源库。

(1)案例穿插

在讲授抗结核药时,补充介绍肺结核(又称肺痨)过去无药可治。穿插案例:鲁迅的小说《药》表现革命者的大义凛然和民众的愚昧。鲁迅通过人血馒头将情节连接起来,一方面写华老栓买人血馒头,另一方面写夏瑜的牺牲。这就有了全新的意义——革命者白牺牲而不被民众理解。鲁迅从"医身"到"救心",都是一名"医生",他发现民众的愚昧,不仅是知识的,更是精神的。

(2)隐性渗透

德国医生Robert Koch发现结核分枝杆菌的过程,对于科学家发现抗结核药具有重要贡献,他因此荣获1905年诺贝尔奖。后来科学家发现链霉素可治结核病,但因其毒性较大,被后续的异烟肼代替。但异烟肼单独用于严重的结核病疗效不理想,科学家又主张联合使用异烟肼+利福平+乙胺丁醇的方案提高药效。近年来又出现新一代抗结核药利福定等,与其他抗结核药联合用于结核病初始与复治,包括结核性脑膜炎的治疗。从此,结核病尤其是肺结核的治疗和预后有了很大的改观。在此,不仅可以引出许多问题供学生讨论和思考抗结核药的药理作用、机制、临床应用、不良反应,而且启发学生:在科学家对知识的不断艰苦探索中、在促进社会物质和精神文明的进步中、在新的药物不断替代旧的药物的过程中,都隐含着唯物辩证法"否定之否定"规律。正所谓"沉舟侧畔千帆过,病树前头万木春"。知识和精神双重愚昧的历史终将成为过去,迎面而来的是一个富强、民主、文明、和谐的社会主义新中国。

在此,学生不仅学习了抗结核药的专业知识,而且深刻理解并懂得了医学科学对于国计民生的重要性,即对国民知识和精神愚昧的改善作用、对疫情的控制作用、对健康的促进作用。尤其是在新冠肺炎疫情肆虐的今天,更是具有重要的现实意义。还要启发学生站高望远,从科学救国、社会发展、"医文结合"的高度启发学生的爱国情怀,为人做事以国为重、人民为先,利国利民而非精致利己。

2.4 以核心问题为载体融哲学原理于相关专业知识之中

预先布置具体任务,为提出核心问题提供逻辑前提或情景。具体任务1:为什么说只有把药物和毒物统一起来,才能真正理解药物的概念,正所谓"横看成岭侧成峰"。具体任务2:为什么说增加药物的剂量之后,药物可以转化为毒物。接着把具体任务逐步抽象化。如核心问题1:一个概念中包含两个意义不同的子概念,请举出实例加以说明。核心问题2:通过量的变化,事物的性质也随着变化,请举出实例加以说明。当学生完成具体任务抽象化之后,画龙点睛直指哲学层面的"大概念":一个概念中常包含着两个意义不同的子概念,看似矛盾,实则统一。这与马克思主义哲学中学到的什么原理相一致呢?通过量的变化,事物的性质也随着变化。这与马克思主义哲学中学到的什么原理相类似呢?对于当前学习生涯和将来职业生涯会有什么帮助呢?

通过一系列连续具体任务牵引的核心问题,逐步建立起医学专业与马克思主义哲学之间的内在关联,使学生对药物和毒物的学习更加深刻,对马克思主义哲学基本原理的领会更加具体。于是,抽象哲理落地生根,深入医学生的内心。

总之,通过在医学专业知识中创设有效载体进行隐性渗透,春雨润物般地播种德育元素,将以立德树人为核心的思想政治教育融入医学专业课程之中,具有极其重要的现实意义。因为只有润物无声的教育方式才能感染学生,使其沉浸其中,否则可能适得其反。故而教师要更加尊重医学教学规律,采用新的教学方法,如问题导向学习、学科融合、开展学科整合型PBL课程等。只有这样才能促进"思政元素"与医学专业课程达到高度的融合。为此,医学院校教师还要从低端层面的问题探索中解放出来,把精力真正用于培养高质量的医学人才和学术创新,用社会主义核心价值观来引领医学生爱国爱民的奉献精神和价值追求,使"精致的利己主义者"转变为仁术兼修、知行合一的利他主义者。

参考文献

[1]陈勇,陈蕾,陈旻.立德树人:当代大学生思想政治教育的根本任务[J].思想理论教学导刊,2013(4):9-14.

［2］钱雅,王云丽.大学生"精致利己主义者"现象形成的根源探究——从践行社会主义核心价值观视角［J］.武汉冶金管理干部学院学报,2015(4):48-51.

［3］陆道坤.课程思政推行中若干核心问题及解决思路——基于专业课程思政的探讨［J］.学科与课程建设,2018(3):64-69.

［4］约翰·弗里德里希·赫尔巴特.赫尔巴特文集［M］.杭州:浙江教育出版社,2002.

［5］高德毅,宗爱东.课程思政:有效发挥课堂育人主渠道作用的必然选择［J］.思想理论教学导刊,2017(1):31-34.

［6］刘昌明.新世纪大学生思想政治教育的行动纲领——学习中共中央国务院《关于进一步加强和改进大学生思想政治教育的意见》感悟［J］.石油教育,2005(2):77-80.

［7］解方舟,吴姗姗,杨平,等.共情能力的作用及其培养［J］.中国健康心理学杂志,2016,24(9):1425-1431.

［8］熊京,晏汉娇,孟宪芳,等.在"医教协同"背景下提高临床医学专业学位研究生科研能力的探索［J］.中华医学教育杂志,2019(10):754-758.